感谢国家社会科学基金青年项目（21CJY075）、2022年新一轮广西一流学科建设项目统计学、广西高校人文社科重点研究基地广西教育绩效评价研究协同创新中心对本书的资助

The Impact of Public Services and
Environmental Pollution
on City Size

公共服务和环境污染对城市规模的影响研究

王念◎著

中国社会科学出版社

图书在版编目（CIP）数据

公共服务和环境污染对城市规模的影响研究／王念著.—北京：中国社会科学出版社，2023.6

ISBN 978 – 7 – 5227 – 2148 – 4

Ⅰ.①公… Ⅱ.①王… Ⅲ.①公共服务—影响—城市建设—研究—中国②环境污染—影响—城市建设—研究—中国 Ⅳ.①F299.2

中国国家版本馆 CIP 数据核字（2023）第 118911 号

出 版 人	赵剑英
责任编辑	黄 晗
责任校对	赵雪姣
责任印制	王 超

出　　版	中国社会科学出版社
社　　址	北京鼓楼西大街甲 158 号
邮　　编	100720
网　　址	http://www.csspw.cn
发 行 部	010 – 84083685
门 市 部	010 – 84029450
经　　销	新华书店及其他书店
印　　刷	北京明恒达印务有限公司
装　　订	廊坊市广阳区广增装订厂
版　　次	2023 年 6 月第 1 版
印　　次	2023 年 6 月第 1 次印刷
开　　本	710×1000　1/16
印　　张	15.25
插　　页	2
字　　数	238 千字
定　　价	78.00 元

凡购买中国社会科学出版社图书，如有质量问题请与本社营销中心联系调换
电话：010 – 84083683
版权所有　侵权必究

序　言

公共服务和环境污染视角下研究城市规模优化问题
（代序）

当今世界，新一轮科技革命和产业变革深入发展，百年未有之大变局加速演进，新冠疫情影响广泛深远，全球城市经济发展呈现新局面，生产生活方式加快绿色转型，公共服务均等化普惠化水平不断提升。与此同时，国内城市化水平已经接近60%，城市发展正处于转型和高质量发展的重要战略机遇期，在规模结构调整、扩大内需的同时还面临日益趋紧的资源与环境约束。各类风险挑战交织叠加，对城市高质量发展提出新要求。在此背景下，如何推动新时代新型城镇化建设高质量发展，进而为区域协调发展和畅通国内大循环注入新动力，成为应对百年变局、开拓城市发展新局面亟待解决的重大问题。城市是承载人口和高质量发展的主要载体。城市通过吸纳人口，集聚要素，有力推进了城镇化与现代化进程，成为新时代推动经济高质量发展的强大引擎。自党的十八大明确提出以人为核心、以提高质量为导向的新型城镇化战略以来，党中央就城市高质量发展问题作出了一系列重大决策部署。党的十九届五中全会明确提出实施城市更新行动，不断提升城市人居环境质量、人民生活质量和城市竞争力。《中华人民共和国国民经济和社会发展第十四个五年规划和2035年远景目标纲要》强调："提升城镇化发展质量"。党的二十大报告进一步指出，要深入实施新型城镇化战略，优化重大生产力布局，构建优势互补、高质量发展的区域经济布局和国土空间体系。推动新时代新型城镇化建设高质量发展，需要妥善处理城市发展与城市承载力、居民福利之间的关系，一方面要促进城市人口集聚，释放人口红利和发挥超大规模市场优势；另一方面则要缓解城市发展过程中的公共服务短缺、环境污染加剧等问题，提高居民生活质量。为此，当王念2019年进入南京理工大学攻读管理科学与工程博士学位时，我对她的研究课题要求就与上述问题有关，这一研究课题也是本专著的主题。这一主题的研究结论对于新时代中国城镇化高质量发展具有重要的理论价值和政策含义。

本专著以公共服务和环境污染这两项与居民福利息息相关的要素为切入点，围绕"如何优化城市规模，进一步释放人口红利，以及在城市规模优化过程中如何确保城镇化发展的质量和效率"这一问题展开研究。作者结合新经济地理学、区域经济学、环境经济学、公共经济学等理论，将公共服务和环境污染这两项城市化进程中重要的"向心力"与"离心力"一同纳入空间均衡模型的分析框架中，构建了公共服务、环境污染与城市规模的理论分析框架，将研究视角聚焦于识别公共服务和环境污染这一向心力—离心力对城市规模的影响，突破了以往未能将二者纳入统一理论研究框架的缺憾。在此基础上，通过严谨的实证设计，对公共服务和环境污染影响城市规模的作用效果、空间效应以及中介效应进行定量分析，完成对"公共服务—环境污染—城市规模"这一影响路径进行验证。作者研究发现，城市规模同时受到公共服务和环境污染的"向心力"和"离心力"影响。公共服务不仅能够直接促进城市规模扩张，还通过减缓环境污染拉动城市规模的扩大。但是，对于西部一些地区而言，通过盲目提高公共服务的政策来实现城市规模扩张的做法亦不可取。关于后发地区的公共服务建设、污染治理和城镇化发展等问题，作者亦提出了许多新观点，试图为中国城镇化高质量发展提供决策依据。

进入21世纪以来，中国城市取得了快速发展，城市规模不断扩大，带来了巨大的集聚效应和规模效应。同时，城市人口规模扩张所伴随的公共服务短缺、环境污染加剧等问题也愈发明显。上述问题在人口迁移决策中扮演的地位愈发重要，如何处理好公共服务、环境污染与城市规模的关系，正受到政府决策部门和国内外学者的日益关注。为此，揭示公共服务、环境污染对城市规模的影响及机制，就显得尤为重要。因此，希望更多的青年学者能够投入城镇化高质量发展的研究中来，为政府有关部门优化城市治理建言献策。

王念博士的刻苦研究今天终于迎来了收获的季节：在攻读博士学位

期间，获批了国家社会科学基金青年项目，发表了多篇高水平的学术论文。《公共服务与环境污染对城市规模的影响》这本新著的原稿就是在她的博士学位论文的基础上经过修改形成的。经她的请求，我很高兴为她的新著写序。

该专著系统阐释了公共服务、环境污染对城市规模的影响，在研究思路、研究视角和研究方法上具有一定的创新性。作为一部开拓性的研究著作，不可否认，本专著还存在一些值得思考和商榷的问题，但这并不影响著作整体的学术价值。在此，希望有更多的学者在该领域进一步深耕，产出更好更多的创新成果！

欣闻她的新著即将付梓，作为她的博士生导师甚感欣慰，可喜可贺。

是为序！

朱英明
2023年1月于江苏产业集群决策咨询研究基地

目　　录

第一章　绪论 …………………………………………………………（1）
　第一节　选题的背景与意义 ………………………………………（1）
　第二节　研究思路与框架 …………………………………………（6）
　第三节　研究方法 …………………………………………………（8）
　第四节　主要创新点 ………………………………………………（9）

第二章　相关理论与文献综述 ………………………………………（11）
　第一节　相关理论 …………………………………………………（11）
　第二节　城市规模的国内外研究综述 ……………………………（17）
　第三节　公共服务的国内外研究综述 ……………………………（26）
　第四节　环境污染的国内外研究综述 ……………………………（34）
　第五节　国内外文献评价 …………………………………………（41）

第三章　理论模型构建与机制分析 …………………………………（43）
　第一节　公共服务和环境污染影响城市规模的理论模型构建 ……（43）
　第二节　公共服务和环境污染影响城市规模的反事实分析 ………（55）
　第三节　公共服务和环境污染影响城市规模的机制分析 …………（69）

第四章　现状分析 ……………………………………………………（79）
　第一节　公共服务的测度与现状分析 ……………………………（79）
　第二节　环境污染的测度与现状分析 ……………………………（88）
　第三节　城市规模的测度与现状分析 ……………………………（96）

第五章　公共服务和环境污染影响城市规模的作用效果分析 ……（105）
　　第一节　实证设计 ……………………………………………（106）
　　第二节　公共服务和环境污染对城市规模的影响
　　　　　——基于地级市面板数据的分析 ………………………（112）
　　第三节　公共服务和环境污染对城市规模的影响
　　　　　——基于微观数据的分析 ………………………………（121）

第六章　公共服务和环境污染影响城市规模的空间效应检验 ……（130）
　　第一节　实证设计 ……………………………………………（130）
　　第二节　公共服务和环境污染与城市规模的空间相关性
　　　　　检验 ………………………………………………………（134）
　　第三节　公共服务和环境污染影响城市规模的空间效应
　　　　　分析 ………………………………………………………（139）

第七章　公共服务和环境污染影响城市规模的中介效应检验 ……（157）
　　第一节　实证设计 ……………………………………………（157）
　　第二节　公共服务影响环境污染的中介路径分析 ……………（162）
　　第三节　公共服务通过环境污染影响城市规模的中介路径
　　　　　分析 ………………………………………………………（180）

第八章　研究结论、政策建议与展望 ……………………………（192）
　　第一节　研究结论 ……………………………………………（192）
　　第二节　政策建议 ……………………………………………（196）
　　第三节　研究展望 ……………………………………………（201）

参考文献 ……………………………………………………………（203）

第一章

绪　　论

第一节　选题的背景与意义

一　选题的背景

改革开放以来，中国城镇化进程加快，城市人口规模不断扩张。国家统计局数据显示，1978—2019 年，中国城镇常住人口从 1.72 亿增长至 8.48 亿，城镇化率从 17.9% 提高至 60.6%，年均增长 1.04 个百分点。大量人口向城市涌入，为城市发展注入了新鲜血液，有力促进了城市要素集聚和生产力发展，成为带动经济社会发展和现代化建设的重要引擎。与此同时，劳动要素在城乡和区域之间流动不畅、分配不均、效率不高的问题日益凸显，主要表现为部分超大、特大城市的中心城区公共基础设施供给不足与消费者需求增长之间的矛盾不断深化，"城市病"问题日益严峻；大城市为吸引劳动力而出台的各类优惠措施引发"人才抢夺战"，由于吸纳的人口不足，潜力没有得到充分发挥，难以释放规模经济优势和范围经济优势，造成经济和生态发展效率损失，经济和生态环境成本较高；中小城市由于劳动力不足和产业支撑不够，经济发展活力有限，甚至出现"萎缩"。上述问题不仅不利于城镇化的高质量、可持续发展，还限制了国内大循环的规模和层次，对构建新发展格局亦有负面影响。为此，如何扩大城市规模，进一步释放人口红利，以及在城市规模扩张过程中如何确保城镇化发展的质量和效率，成为学界和政界广泛关注的焦点。

国家十分重视城镇化发展质量，多次围绕城市高质量发展进行部署。2014 年，国务院印发了《国家新型城镇化规划（2014—2020）》，明确阐述了优化城市规模结构的战略任务。2019年，国家发展改革委发布《2019年新型城镇化建设重点任务》进一步指出，当前新型城镇化应以提高质量为导向，以人的城镇化为核心。党的十九大报告作出了"以城市群为主体构建大中小城市和小城镇协调发展的城镇格局"的重大判断。《中华人民共和国国民经济和社会发展第十四个五年规划和2035年远景目标纲要》中再次提到，我国坚持走中国特色新型城镇化道路，深入推进以人为核心的新型城镇化战略，形成疏密有致、分工协作、功能完善的城镇化空间格局。一系列政策文件表明，优化城市规模、推进新型城镇化建设与新时代城市高质量发展紧密关联。城市是承载发展要素的重要空间形式。城市规模的优化，不仅有利于发掘潜力，提升城市个体的发展质量和效率，还有助于促进城乡和区域协调发展，进一步释放规模效益，发挥集聚优势，进而推动城市高质量发展。有鉴于此，在新型城镇化建设背景下识别中国城市规模的动态演进规律，并探究其机制和影响因素，符合时代发展需求，顺应了国家重大战略导向，具有重要的现实意义。

当前中国城镇体系发展的重要特征之一是政府主导。在研究中国的城镇体系及城市规模的影响因素时，政府的政策因素是一个不容忽视的重要因素。公共服务作为政府治理体系现代化的重要政策工具之一，其规模、结构与空间分布势必会对城市规模产生深远影响。一方面，政府的公共服务建设能够提高劳动力的质量，深化人力资本的积累，从而提高全要素生产率，激发城市的经济社会活力，进而促进资本、劳动力等要素集聚；另一方面，公共服务设施的完善能够直接改善人民生活水平，通过Tiebout（1956）的"用脚投票"机制引致流动人口迁移，影响城市规模。受财政分权及以GDP为导向的绩效考核机制等因素的影响，过去较长一段时期内，公共服务供给未能与经济增长协同推进，这已成为人民日益增长的美好生活需要和不平衡不充分的发展之间的矛盾的重要表现之一。近年来，随着供给侧结构性改革的不断深化和政府公共职能重心的转变，公共服务作为政府职能和综合治理手段的地位不断凸显。党的十七大报告明确了要建设服务型政府，并首次提出了要实现基本公共服务均等化的战略目标，引导生产要素跨区域合理流动。党的十八大报告进一步要求以提高公共服务的质量和效率为方向，让人民群众逐步获得更大范围、更高层次的公共服务。党的十九大报告将完善公共服务体系作为提高保障和改善民生水平的重要举措。党的十九届四中全会明确指出，要完善公共服务体系，优化政府职责体系。从统计数据来看，2007年至2019年间，各省公共服务支出均有了显著提升，但公共服务支出与城镇人口规模不匹配的现象依然普遍，部分地区的公共服务水平难以匹配现有人口规模，而另一些地区的公共支出增长则未能显著提升其人口吸纳能力。城市既是实现美好生活的重要载体，也是实现规模经济、范围经济和集约增长的组织载体，公共服务和城市规模正是刻画城市这两方面特征的重要指标。为此，探讨公共服务对城市规模的影响，一方面能够系统厘清公共服务与城市规模的作用关系，准确刻画公共服务影响城市规模的路径机理；另一方面可以评价现有相关政策的实施效果，为城镇体系优化和城市综合治理提供科学的经验证据。

伴随工业化、城镇化程度不断加深，产业集聚水平大幅提高，外来人口大量涌入，加之长期以来粗放的生产模式，导致环境污染的问题日益凸显，城市环境质量受到严峻挑战。世界卫生组织全球城市空气污染数据库指出，中国绝大多数城市的颗粒物（PMIO）和细颗粒物（PM2.5）污染水平超过了世界卫生组织的标准。全球PM2.5年均排放量前100的城市中，有30个来自中国。2018年中国《生态环境状况公报》[①] 显示，全国有217个城市空气质量超标，占总数的64.2%；338个地级市发生重度以上污染的频率达2721天次，其中以PM2.5为首要污染物的污染天数占重度及以上污染天数的60.0%，呈现范围广、频率高、常态化的特征。环境污染与经济社会发展方式紧密相连，日益严峻的环境污染问题对城市经济社会发展造成了严重影响，人口迁移即是其中之一。中国与全球化智库（CCG）及中国社会科学院发布的《国际人才蓝皮书》指出，中国环境污染的加剧成为精英和富裕阶层移民的重要原因。高技能劳动力具备更强的迁移能力，同时对工作地环境质量的要求更高。因此，环境污染可能会影响人力资本的择优选址决策，进而改变企业的区位选择，最终影响城市规模。

---

① 资料来源：https://www.mee.gov.cn/hjzl/sthjzk/zghjzkgb/201905/P020190619587632630618.pdf。

此外，公共服务在改变经济社会发展水平的同时，也会对环境污染产生重要影响。一方面，公共服务作为政府的一种投入手段，能够通过投资效应扩大经济规模，在增加产出的同时可能会加剧环境污染。另一方面，公共服务能够深化人力资本积累和改进资源配置效率，促进要素投入从数量型向质量型转变，从而推进生产方式集约化，最终减少污染排放。为此，本书不仅关注公共服务、环境污染与城市规模的作用关系，还着重探讨环境污染因素在公共服务与城市规模中的作用。

当前世界正经历百年未有之大变局，中美大国竞争背景下的国际关系格局瞬息万变，新冠疫情加速变局演进，外部环境不确定性、不稳定性大幅上升。与此同时，国内城镇化水平已经接近60%，正处于转型和高质量发展的关键时期，在规模结构调整的同时还面临日益趋紧的资源与环境约束，各类过渡期相互叠加的风险与挑战对城镇化发展提出新的要求。在此背景下，如何优化城市规模，促进要素在城市间合理、有效配置，推动新时代新型城镇化建设高质量发展，进而为区域协同发展和畅通国内大循环注入新动力，成为应对百年变局、开拓发展新局亟待解决的问题。基于以上背景，本书将聚焦于公共服务和环境污染这两项城镇化进程中重要的"向心力"与"离心力"与城市规模的作用关系，在统一的框架下就公共服务和环境污染对城市规模的影响进行理论分析与实证检验，为探析城市规模的演变规律和影响因素提供经验证据。

二 选题的意义

从理论层面来看，本选题的理论意义主要表现为以下三个方面。

第一，本选题拓展了相关理论分析框架。既有研究多从公共服务与城市规模、环境污染与城市规模的视角进行考察，但并未在统一理论框架下对公共服务和环境污染影响城市规模的机制进行系统分析。本书以新经济地理学、区域经济学、环境经济学、公共经济学等理论为基础，将公共服务和环境污染这两项城市化进程中重要的"向心力"与"离心力"一同纳入空间均衡模型的分析框架中，探讨二者对城市规模的作用效果、空间效应和中介效应机制，并利用反事实分析法揭示公共服务、环境污染与城市规模的作用关系，有助于丰富和拓展城市规模的理论分析框架。

第二，本选题对于当前中国城市规模的影响因素研究给予了重要补充。本书在理论模型构建的基础上，就公共服务和环境污染对城市规模的影响展开实证分析，采用系统广义矩估计、负二项回归、两阶段最小二乘法、中介效应模型和空间杜宾模型等计量方法对其异质性影响、空间效应和中介效应予以识别，为城市规模变化提供了一种可能的解释，丰富了公共服务和环境污染影响城市规模的经验证据。

第三，本选题结合了中国公共服务政策评估与生态文明建设这两支不同文献的重要议题，从环境污染和城市规模两个维度对既有公共服务政策予以评估，不仅考察了公共服务对城市规模的影响和空间效应，还验证了公共服务影响环境污染的技术进步、收入水平和产业结构三种路径，识别了公共服务通过改善环境污染促进城市规模的中介机制，贡献了公共服务政策综合评价的新视角。

就现实层面而言，本选题的现实意义主要表现为以下三个方面。

第一，本选题体现了新型城镇化建设的需求。国家高度重视城镇化发展，明确指出高质量推进城镇化发展对新阶段贯彻发展新理念，加快构建新发展格局，全面建设社会主义现代化国家至关重要。党的十八大以来明确提出实施以人为核心、以提高城镇化质量为导向的新型城镇化战略。此后一系列政策文件的部署皆表明了优化城市规模、推进新型城镇化建设与新时代城市高质量发展的紧密关联。为此，本研究以公共服务和环境污染这两项与居民福利息息相关的要素为切入点，重点关注中国城镇化进程中的城市规模优化问题，在此基础上构建优化城市规模和提高居民福利的政策体系，符合"以人为本"的新型城镇化建设的需要，有利于高质量推进城镇化发展。

第二，本选题符合区域协调发展战略的要求。本研究从公共服务、环境污染与城市规模优化的视角切入城市高质量发展这一中国城市发展的重大问题，通过异质性分析识别不同地区城市规模的差异化特征，挖掘影响各地区城市规模变化的关键要素，有助于进一步撬动欠发达地区中小城市的发展潜力，纾解特大城市的资源环境压力，优化跨区域资源配置效率，激发经济活力，从而推动区域协调发展。

第三，本选题有助于评价政府公共服务政策的实施效果。优化公共服务供给，完善公共服务体系已成为提升政府公共职能的重要体现。本研究通过理论推演与实证分析验证公共服务影响城市规模的路径,有助于为评价政府公共职能提供科学的经验证据和机制解释,从而为政府有关部门优化城市治理决策提供可靠的参考依据,对高质量推进城镇化发展具有重要的现实意义。

第二节 研究思路与框架

本书在新型城镇化建设的背景下,基于新经济地理学、城市经济学、公共经济学、环境经济学等理论,探讨公共服务与环境污染对城市规模的影响。主要研究内容遵循"绪论—文献综述—现状分析—理论分析—影响研究—政策建议"的研究架构。本书共分为 8 章,具体章节内容安排如下:

第一章为绪论。本章的主要内容包括选题的背景与意义、研究思路与框架、研究方法以及主要创新点等部分。

第二章为相关理论与文献综述。本章主要从以下四个方面展开:第一,对与选题相关的基本理论进行梳理。第二,就城市规模的相关研究进行综述。第三,就公共服务的相关研究进行总结。第四,就环境污染的相关研究进行总结。最后,对国内外文献进行述评,为本研究的开展奠定坚实的基础。

第三章为理论模型构建与机制分析。首先,本章构建了公共服务、环境污染与城市规模的理论分析框架。通过对公共服务和环境污染影响城市规模的作用效果、空间效应和中介效应机制进行推导和分析,提出了本书的三个研究命题。其次,分别基于公共服务和环境污染的变化开展数值模拟和反事实分析,进一步刻画公共服务与环境污染对城市规模的作用效果。最后,围绕公共服务对城市规模的影响机制、环境污染对城市规模的影响机制,以及公共服务和环境污染对城市规模的影响机制三个方面开展理论梳理与机制分析,综合探讨公共服务和环境污染对城市规模的作用关系。

第四章为现状分析。本章在对公共服务、环境污染与城市规模的概念进行界定的基础上,聚焦于对公共服务、环境污染与城市规模的事实进行刻画。首先,构建城市公共服务综合指标体系,对中国各城市公共服务水平的静、动态变化情况予以评价和分析。其次，对中国各城市环境污染的静、动态变化情况进行识别。最后，对城市规模的静、动态变化情况予以分析。

第五章为公共服务和环境污染影响城市规模的作用效果分析。本章主要对数理模型推导所提出的命题1进行检验。首先，设计关于公共服务和环境污染影响城市规模的回归模型，对模型构建、变量设定、数据来源及变量特征进行阐述。其次，采用2004—2019年中国285个城市的面板数据对模型进行估计，并设计一系列稳健性检验分析模型估计结果的稳健性。随后通过异质性检验考察公共服务和环境污染对城市规模的差异化影响。最后，基于微观数据，构建负二项回归模型，借助微观数据刻画不同时期公共服务和环境污染对城市劳动力流动的影响，并通过异质性检验分析这一影响的差异性。

第六章为公共服务和环境污染影响城市规模的空间效应检验。本章主要对数理模型推导所提出的命题2进行检验。首先，设计关于公共服务和环境污染影响城市规模的空间效应模型，对空间指数测算、空间权重矩阵选取及模型设定进行阐述。其次，利用全局和局部莫兰指数对公共服务、环境污染与城市规模的空间相关性进行检验。最后，构建空间效应模型，对公共服务和环境污染影响城市规模的空间效应予以检验。考察了不同类型公共服务、不同地理区域，以及不同时期内公共服务和环境污染对城市规模的空间影响差异。

第七章为公共服务和环境污染影响城市规模的中介效应检验。本章主要对数理模型推导所提出的命题3进行检验。首先，设计关于公共服务和环境污染影响城市规模的中介效应模型，对模型构建和变量设定等进行阐述。其次，对公共服务通过技术进步、收入水平和产业结构三种路径改变环境污染的路径进行识别。将技术进步、收入水平和产业结构视为中介变量，对公共服务影响环境污染的中介路径进行验证。最后，对公共服务通过环境污染影响城市规模的路径进行检验。将环境污染视为中介变量，对公共服务通过环境污染影响城市规模的中介机制予以识别，以揭示三者之间潜在的作用关系，最终完成对"公共服务—环境污染—城市规模"这一影响路径的完整验证与分析。

第八章为研究结论、政策建议与展望。本章在理论与实证分析的基础上，总结本书的研究结论。随后，分别从公共服务和环境污染的视角提出优化城市规模的政策建议。最后，提出研究展望。

第三节　研究方法

本书采取理论分析与实证分析相结合、定性分析与定量分析相结合、规范分析与实证分析相结合的方法，就公共服务和环境污染对城市规模的影响进行综合分析。具体研究方法如下：

（1）文献分析法。在第二章的理论基础与文献综述部分，本书采用了文献分析法开展研究，系统梳理了本书的研究所涉及的理论，阐述了既有理论对本研究的启发，并依次对城市规模、公共服务和环境污染的国内外前沿成果进行整理和归纳，厘清相关研究的发展脉络，对已有研究成果进行述评，从而为本研究的开展奠定基础。

（2）参数模拟和反事实分析法。在第三章理论模型构建与机制分析中，本书在梳理和借鉴相关国内外研究成果的基础上，将公共服务和环境污染融入 Rosen（1979）、Roback（1982）、Desmet 和 Rossi-Hansberg（2013）的空间均衡分析框架，构建了包含公共服务、环境污染与城市规模的理论分析框架，从理论层面探讨了公共服务和环境污染对城市规模的影响、空间效应及中介效应。在理论推演的基础上，设定模型参数，估计特征变量，分别基于公共服务和环境污染的变化开展数值模拟和反事实分析，进一步刻画公共服务与环境污染对城市规模的作用效果。

（3）实证分析法。实证分析法在本书的第四章到第七章中均得到运用。在第四章中，本书采用了描述性统计分析法对公共服务、环境污染和城市规模的变化特征加以描述。在第五章中，本书使用了系统广义矩估计和负二项回归方法就公共服务和环境污染对城市规模的作用效果进行研究。在第六章中，本书测度了莫兰指数，并构建了空间杜宾模型，对公共服务和环境污染影响城市规模的空间效应进行检验。在第七章中，本书构建中介效应模型，借助两阶段最小二乘法，对公共服务通过环境污染影响城市规模的作用路径予以识别。

第四节　主要创新点

第一，研究视角创新。城市规模问题一直是学术界关注的焦点，已有研究为城市规模的影响因素分析提供了较为完善的理论框架，但大多单独考察某一正面或负面效应对城市规模的影响，同时考虑正效应和负效应的研究尚不多见。同时，已有文献也并未将公共服务和环境污染因素共同纳入同一框架中进行系统分析，缺乏从公共服务和环境污染的综合视角考察城市规模问题。本书将研究视角聚焦于识别公共服务和环境污染这两项城镇化进程中重要的"向心力"与"离心力"对城市规模的影响，突破了以往的研究框架。此外，本书将环境污染视为公共服务影响城市规模的中介变量，探索了二者在城市规模变化过程中的直接与间接作用，从而更为深入地揭示了公共服务、环境污染与城市规模之间的作用机制，在研究视角上存在一定创新。

第二，理论创新。自 Rosen（1979）和 Roback（1982）构造了关于城市规模的空间均衡模型，大量学者试图对城市规模的空间均衡框架进行拓展。尽管少量研究将公共服务纳入理论模型（Desmet 和 Rossi-Hansberg，2013；Diamond，2016），这些研究仅仅是将公共服务作为城市便利性的因素之一包含在内，鲜有文献将公共服务的影响单独剥离进行考虑，也并未对公共服务和环境污染影响城市规模的作用效果、空间效应和中介效应进行细致的刻画。本书构建了包含公共服务、环境污染与城市规模的空间均衡模型，在统一的分析框架中对公共服务与环境污染对城市规模的影响进行推演，揭示了公共服务和环境污染影响城市规模的空间效应，识别了公共服务通过技术进步、收入水平和产业结构的路径影响环境污染，进而影响城市规模的作用机制，丰富了城市规模的理论分析框架，拓展了城市经济学理论的应用范围。

第三，学术观点创新。本书综合利用地级市层面、微观层面的数据以及地理信息数据，对公共服务和环境污染影响城市规模的作用效果、空间效应以及中介效应进行定量分析，从而能够更深入地把握公共服务、环境污染与城市规模的关系。本书的研究发现，城市规模同时受到公共服务和环境污染这两个"向心力"和"离心力"的影响。公共服务不仅能够直接促进城市规模扩张，还通过减缓环境污染的渠道拉动城市规模的扩大。但是，对于一些西部地区而言，通过盲目提高公共服务的政策来实现城市规模扩张的做法亦不可取。本书的观点不仅为剖析城市规模的影响因素引入了新的研究范式，对新型城镇化体系的相关文献予以了重要补充，而且还为探究公共服务和环境污染对城市规模的影响带来可靠的经验证据，从而对政府部门优化公共服务政策、推进以人为本的新型城镇化建设提供实践指导。

第二章

相关理论与文献综述

本章主要从以下四个方面展开：第一，对与选题相关的基本理论进行梳理，以厘清本书相关理论的发展脉络。基本理论包括城镇化理论、人口迁移理论和"用脚投票"理论。在此基础上归纳相关理论对本书的启示。第二，就城市规模的相关研究进行综述，围绕城市规模的空间分布、城市规模的影响机制，以及城市规模影响因素的经验研究三个方面进行归纳总结。第三，就公共服务的相关研究进行总结，从公共服务的测度及时空效应、公共服务对城市规模的影响，以及公共服务对环境污染的影响研究三个方面进行整理。第四，就环境污染的相关研究进行总结，从环境污染的测度及时空效应、环境污染对城市规模的影响，以及环境污染的空间影响研究三个方面进行梳理。最后，对国内外文献进行述评。

第一节 相关理论

一 城镇化理论

过去 200 年间，全球城市扩张不断加剧。以发展中国家为例，1950—2015 年，发展中国家的城市总人口从约 3 亿增长至 30 亿，增长了 10 倍；城市人口比例从约 17% 增长至 50%，翻了近 3 倍（United Nations，2013）。随着城市在社会经济发展中扮演着越来越重要的角色，城市的形成与发展问题引起了国外学者的广泛关注。

以 Thunen、Weber 和 Krugman 等人为代表的学者从空间区位的角度探讨了城市形成的动力机制。Thunen（1826）阐述了农业产业区位与土地利用、生产经营的关系，即著名的农业区位理论，探讨了城市应如何分布、城市经济功能分区等问题。在此基础上，Weber（1909）提出了工业区位理论，认为工业区位选择取决于生产成本的大小。Weber 将运输费用、劳动力成本和集聚力视为影响企业区位选择的重要因素，其中运输费用是影响企业空间选择的决定因素。工业区位理论从空间层面阐述了工业企业的分布规律，解释了德国产业革命下产业与人口向大城市集中的原因，成为区域经济学的基本理论。20 世纪末期，以 Krugman（1991）为代表的新经济地理学开创性地在 Dixit-Stiglitz 的垄断竞争分析框架中引入了空间因素，提出了著名的"中心—外围"模型。模型解释了两个具有相同外部条件、分别开展两种不同的生产活动（农业和制造业）的地区，在规模报酬递增、人口流动和"冰山"运输成本的情况下，制造业为何在更为发达的地区集聚。"中心—外围"模型首次将地理空间因素引入一般均衡分析框架中，分析了经济活动的空间分布机理，探究了企业和生产要素空间集聚的原因，使空间要素进入主流经济学界的视野。其对集聚经济的理论分析成为许多后续学者研究经济活动空间分布的基础。

随着城市在社会发展中的作用愈加明显，聚焦城市规模的研究越来越丰富。20 世纪中后期，以 Henderson、Duranton 等人为代表的城市经济学家从集聚外部性的视角围绕城市的形成和规模展开了大量的理论和实践研究。Henderson（1974）将城市视为集聚效益和城市成本之间权衡的结果，率先从集聚外部性的视角回答了"城市规模差异"这一问题。通过将马歇尔外部性与 Alonso-Mills-Muth 的城市内部结构理论（Alonso, 1964；Mills, 1967；Muth, 1969）相结合，分析了集聚效应对城市体系形成的影响。研究假定存在一组同质的城市，代表性城市以固定的价格生产和出口同样的商品到其他地区或国家，并以固定价格进口另一种消费品。随后，在模型中引入生产另一种商品的第二类城市，不同类型城市的规模差异取决于其生产参数的不同。具体而言，由于不同类型的城市专注生产不同种类的贸易商品，会引致不同程度的规模经济并使城市能够承受不同程度的通勤和拥堵成本，从而导致城市规模的差异。Duranton 和 Puga（2004）在其著作《集聚经济的微观基础》中识别了集聚经济的三种微观基础，即共享、匹配和学习机制。通过构建单中心或多中心模型，作者塑造了城市集聚经济的理论分析框架，并比较了不同来源的集聚经济对城市发展的影响。作者指出，由共享、匹配和学习机制构成的积极的城市外部性吸引了企业和工人进入城市，从而形成集聚经济。在其后续研究中，Duranton 和 Puga 进一步对集聚外部性与城市发展速度进行深入探讨，拓展了城镇化理论的边界。

此外，不少学者从其他视角对 Henderson 的研究进行拓展，城镇化理论的内涵得到不断丰富。Kanemoto（1980）在其论著《城市外部性理论》中利用标准的居住用地模型来揭示马歇尔外部性对城市区域经济和空间结构的影响，在模型中逐步引入规模经济、公共服务供给、交通成本以及邻近负外部性等因素，在一个多城市系统中分析城市最优规模。Fujita（1989）借助微观经济分析框架，构建了统一的城市土地利用和城市规模理论框架，引入了地方公共产品、拥挤和拥堵等外部性因素，对住宅用地的均衡状态和最优城市规模进行研究，揭示了人们选择居住地的经济原因，从土地利用的层面对最优规模理论进行了拓展。Fujita 指出，城市规模是城市经济权衡之下（fundamental trade-off in urban economics）的结果，城市规模的平均回报是一个单峰函数，生产效益随着规模的扩大而上升，但最终被拥堵成本所主导。

二 推拉理论

推拉理论是常被用以解释人口流动现象的经典理论之一。英国学者 Ravenstein 是最早研究移民理论的学者之一，其观点被认为是推拉理论的起源。他利用英格兰和威尔士的人口普查数据来论证人们从某一地区迁移到另一地区的原因。Ravenstein（1985）在《移民法则》一书中指出，农村地区的不利条件会把人们从永久居住地"推"向有利条件，也会把人们从临时居住地"拉"到永久居住地。其中，推动因素包括重税、高温、教育机会、不健康的农产品、洪水和饥荒等。相对而言，拉动因素包括自由流动、和平的环境、良好的土地、较少的税收和工作机会等。Herberle（1938）在 Ravenstein 研究的基础上明确提出了推拉理论（push-pull theory）的概念，认为人口迁移是迁出地和迁入地之间推力和拉力共同作用的结果。在推拉模型中，促使人口离开原居住地的消极因素称为推力（push factors），而吸引人口流向目的地的积极因素则称为拉力（pull factors）。Bagne（1969）进一步将影响人口迁移的因素归纳为 12 个方面的推力因素和 6 个方面的拉力因素,从而对推拉理论进行了系统总结。Lewis（1954）将推拉模型评价为迄今为止最传统、最重要的人口迁移理论之一。

大半个世纪以来,大量学者围绕推拉理论展开了丰富的探讨,但鲜有研究从理论层面进行进一步延伸。1966 年,Lee 在其论文《移民理论》中详细阐述了一个基本的迁移理论,拓展了推拉模型。他的贡献在于指出并不能仅凭原居住地和目的地两方面的正负因素来判断迁移决策,在这两个因素之间还存在干扰障碍。这些障碍对一些人来说或许可以忽略,但对另一些人来说可能是无法克服的。典型的障碍包括两个地点之间的距离,以及实际的、有形的障碍,譬如柏林墙、移民法和搬家费用等。Lee 将影响人口迁移的因素总结为四个方面：与原居住地有关的因素、与目的地有关的因素、干扰障碍因素,以及个人因素（包括个人抵御变化的能力、生命周期等）。每个地区都有大量因素吸引着人们迁入,同时也有不少因素排斥人们迁移。基于上述探讨,Lee 分别对人口迁移规模、流向以及特征等假设进行一一阐明,完善了人口迁移理论的分析框架。

Zelinsky（1971）在其论文中开创性地提出了人口迁移转变理论（mobility transition）。该理论将现代化理论和人口转型分析相结合,假设社会经历五个不同的发展阶段,从前工业社会到未来的高度发达社会,每个阶段的人口流动模式各具特征。在现代化以前的阶段,人口迁移流动少；随着社会发展进入下一阶段,人口快速扩张,农村人口大规模向城市迁移；而随着社会发展进入高度发达时期,人口迁移有所减缓,以城市内部和城市间的迁移为主。Zelinsky 因此预测,平均移民率与人均收入水平之间存在倒"U"形关系,这一关系被称为迁移转变曲线（mobility transition curve）。Zelinsky（1971）是第一位假设移民与发展之间存在倒"U"形关系的学者,其后不少研究都对这一趋势进行了验证。

三 "用脚投票"理论

长期以来,公共物品的供给存在三个基本问题（Stiglitz,1983）。其一为偏好显示问题,即消费者在选购公共物品时,会倾向于隐瞒或者歪曲其偏好。其二为社会选择问题。根据 Arrow 不可能定理,不存在同时满足非专制性、可传递性、不相关选择独立性和帕累托最优的社会选择机制。其三为公共产品管理问题，即无论是个人对于获取信息来选择公共管理者的激励，还是公共管理者提供公共产品的激励机制，都是比较欠缺的。

1956 年，Tiebout 发表了《地方政府支出的纯理论》一文，提出了著名的"用脚投票"理论（voting with feet），认为只要地方政府适当地提供某些公共物品和服务，同时个人具有迁移自由，那么上述三个问题就能得以解决。在人口自由流动的情况下，人们将依据自身偏好，在政府公共产品供给和税收水平的权衡之下选择居住地。当系统处于非均衡状态时，超过最优规模的社区中将会有一部分居民流向小于最优规模的社区，直至系统实现均衡。这一过程可以实现资源的有效配置，达到帕累托最优。Tiebout 模型在新古典经济学的框架内提出了一种依靠市场机制破解公共物品配置的办法，提供了一个分析地方政府行为的新视角，成为地方政府公共财政理论的经典文献。此后，经济学家逐渐开始关注地方政府行为研究。

1969 年，Oats 发表《财产税和地方公共支出对财产价值的影响》一文，从财产税的视角对 Tiebout 模型进行验证。Oats（1969）指出，一个效用最大化的消费者通过对社区公共服务收益和税收负担进行权衡比较来选择地理位置。如果消费者将社区公共服务考虑在内，那么公共产品越吸引人的社区，其财产价值就越高，即消费者的偏好会把提供高质量公共服务的地区的财产（住房）价值抬高。通过检验地方财产税、公共产品供给对财产价值的影响，作者对 Tiebout 模型进行了验证。

Tiebout 模型假设零迁移成本，这在现实中可能会引发公共服务的"搭便车"问题，即个人可以属于多个社区，他们可能住在一个社区，并在另一个社区工作，从而同时享受两个社区的公共产品。Hamilton（1975）从土地使用的层面完善了 Tiebout 模型的约束，能够在一定程度上解决这一问题。Hamilton（1975，1976）在 Tiebout 模型的基础上额外提出了两个假设：（1）地方政府仅通过按比例征收财产税来为其运作提供资金；（2）每个社区都制定一项"分区条例"，规定只有消耗了一定住房的家庭才能居住在这个社区。这一最低住房消费要求抬高了进入高水平社区的门槛，一定程度上避免了"搭便车"现象。

事实上，Tiebout模型中还暗含了迁移选择与政府竞争的问题（Stiglitz，1983）。居民在地区间自由流动，要么社区有效地提供个人想要的公共商品，要么个人迁移到其他更有效地提供符合他们偏好的公共物品的社区，社区之间的竞争如同企业之间争夺客户的竞争。简言之，给定公共服务水平，地方税收足够低的地区能够吸引更多居民来居住，即地方政府对自由流动的居民进行竞争可以提高福利。但Tiebout模型未能考虑财政外部性的问题（Flatters等，1974），即一个地区的公共服务供给政策可能会影响其他地区居民的福利。Flatters等（1974）指出，人口在有限数量的社区之间的迁移会导致低效平衡，因为移民没有考虑到他们在迁移过程中所造成的财政外部性。譬如，某一地区的政府为了吸引居民迁移而降低税率的行为可能会导致其他地区税基减少，进而影响公共服务供给状况和居民福利。由于移民在迁移过程中不会考虑自身所造成的财政外部性，最终可能会导致低效均衡。自20世纪80年代中期以来，越来越多的学者围绕财政溢出与地方政府间的税收竞争展开分析。Zodrow和Mieszkowski（1986）、Wilson（1986）较早对税收竞争进行研究。Zodrow和Mieszkowski（1986）构建了一个国家系统内的地方政府税收竞争模型，假设存在一组同质的辖区，通过对具有代表性的管辖区加以分析，可以消除Tiebout模型中的溢出效应和财政外部性问题。该模型成为现代标准的税收竞争模型。Wilson（1986）通过构建一般均衡模型对税收竞争与公共产品供给的关系做进一步探析。早期的模型大多假设消费者不可自由移动。Hoyt（1991，1993）、Burbidge和Myers（1994）在税收竞争模型中引入了Tiebout模型中居民自由流动的假设。Brueckner（2000）在税收竞争模型中进一步考虑了对公共产品具有异质性偏好的自由流动的消费者，使之与Tiebout模型的联系更为密切。

也有学者对Tiebout模型提出质疑。Buchanan和Goetz（1972）指出Tiebout模型存在一定的局限性，即便在最有利的设定下进行检验，仍存在许多低效率的情况。一是Tiebout模型忽略了空间维度。无论是在私人商品或市场部门，还是在地方公共商品部门，空间因素都是不容忽视的与资源配置密切相关的因素。二是未能考虑私人产权的业主和企业家的情况，导致在公共物品供给空间不足的情况下，地方社区不能发挥分配效率标准所规定的特定利润最大化任务。Bewley（1981）认为，Tiebout

模型建立在非常严苛的假定上,放宽任一假定都有可能导致均衡状态或者帕累托最优无法实现。

尽管如此,不少学者都肯定了 Tiebout 模型的理论贡献。有学者认为,Tiebout 模型有助于提高居民在社区间的迁移效率,并提供了一个地方政府解决公共产品供给问题的新思路(踪家峰和李蕾,2007),在其提出的大半个世纪以来被广泛地发展,其研究视角在大量质疑和验证中不断延伸,成为公共经济学和城市经济学等学科的重要理论基础。

继 Tiebout 之后,人口迁移决策的影响因素受到了学者的广泛关注。相关实证研究支持了收入水平、就业供应和住房市场对人口迁移的重要影响(Tiebout,1956;Herzog 和 Schlottmann,1986)。另有研究(Rosen,1979;Roback,1982)扩展了基本的 Tiebout 框架,将生活质量因素纳入其中,并将其视为残差。相关研究进一步将焦点从人们离开地区,转移到地区吸引个人,特别是高流动性工人的迁移因素等方面(Glaeser 等,2001;Gottlieb 和 Joseph,2006)。

第二节 城市规模的国内外研究综述

长期以来,城市规模问题一直是学术界研究的焦点。本部分主要围绕城市规模的相关研究、公共服务的相关研究,以及环境污染的相关研究三个方面对已有文献展开综述,为本书的研究奠定基础。

一 城市规模的空间分布研究

城市规模的空间分布研究可追溯至 20 世纪初,一些国外学者开始探究城市规模分布是否服从某种规律,最具代表性的包括 Zipf 定律和 Gibrat 定律。Zipf 定律(Zipf,1940)指出,绝大多数国家的城市规模与其位序之间的乘积为常数。具体而言,在一个连贯的城市系统中,只有一个大城市,其规模是第二大城市的两倍,是第三大城市的三倍,以此类推,这在数学上也被称为幂律分布(Auerbach,1913)。Zipf 定律定义了一个国家内不同城市规模的相互关系,是衡量城市规模等级制度的关键标志,该法则也被称为位序法则(rank-size rule)。Gibrat(1931)提出的 Gibrat 定律则认为,一个城市的人口增长率与它的规模无关。Zipf 定律与 Gibrat

定律之间存在密切相关,符合 Zipf 定律意味着城市规模的增长过程与自身规模无关,是由外生生产力冲击造成的(Duranton 和 Puga,2014),如果上述情况满足,那么 Gibrat 定律也同样成立。不少研究也表明,如果 Gibrat 定律成立,那么在均衡状态下,城市规模的分布将遵循 Zipf 定律。

在此之后,不少文献都利用不同国家的历史数据分别对城市规模的分布规律进行验证。大多数检验表明,城市规模分布基本服从一定规律,但不是严格服从。这些研究主要聚焦于一个或两个发达国家,如 Eaton 和 Eckstein(1997)针对法国和日本大都市区的研究表明,城市的位序分布保持稳定。Ioannides 和 Overman(2003)以 1900—1990 年美国大都市区的数据对城市增长进行了非参数估计,发现城市规模分布符合 Gibrat 法则。也有研究针对多个国家的数据展开分析,如 Cuberes(2011)利用不同国家行政城市和大都市区的长面板数据对城市增长规律进行识别,指出城市增长表现为明显的序贯特征。也有观点认为,由于大城市和小城市之间具有结构性差异,不同类型城市的分布规律可能存在异质性。具体而言,城市规模分布的上尾究竟是遵循对数正态还是幂律分布的问题引起了部分学者的关注。Levy(2009)指出美国城市分布的尾部服从帕累托法则。在此基础上,Ioannides 和 Skouras(2013)利用计量模型,基于三种不同的城市定义对美国城市分布规律进行研究,发现大多数城市遵循对数正态分布,但城市规模分布的上尾区域,即涵盖了大部分人口的小部分城市,则遵循帕累托分布法则。Su(2020)认为城市根据异质性增长因素可以分为不同类型,城市总体的规模分布可以看作是对数正态分布的低维混合,其中 Gibrat 定律对于每一类城市而言都是成立的。

另一种观点认为,城市规模演变不符合 Zipf 定律或者 Gibrat 定律,如 Glaeser 和 Shapiro(2003)指出,城市规模与人口增长速度存在一定相关,大城市的增长速度差异比小城市的增长速度差异要小;Soo(2007)基于马来西亚城市的研究也发现,Zipf 定律在绝大部分样本期内均不成立,同时,小城市的增长速度比大城市要快。针对上述讨论,学者进一步提出城市规模是否服从 Zipf 或者 Gibrat 分布与城镇化进程可能存在一定关联。通过分时段、不同样本的对比研究,学者指出城市分布规律与城镇化阶段和经济发展水平具有显著相关。Glaeser 等(2011)对 1800—2000 年美国城市的分布状况进行验证,发现全样本数据在整体上分布服从 Gibrat 定律，但对于分时段样本来说则不适用，如 1970—2000 年，期初人口规模与其后的增长率之间表现为显著的负相关，特别是对于人口较多的县而言。作者进一步研究发现，Gibrat 定律在人口高频率变动的时段或者地区不适用。同样地，Egidi 等（2020）针对 155 个国家的城市规模演变规律研究发现，直至 20 世纪 90 年代后期，城市规模与人口增长之间都呈现出显著的负向关系。Chauvin 等（2017）对比了巴西、中国、印度和美国的城市规模分布状况，发现美国与巴西的城市分布符合 Gibrat 定律，而中国和印度的情况则相反。同时，中国、印度和巴西超大规模城市的数量要少于 Zipf 定律所估计的水平。作者认为出现这一偏离的主要原因是中国与印度仍处于城镇化进程中，与 Glaeser 等（2011）的研究结论基本一致。王乾和冯长春（2019）通过对比 1990—2010 年 18 个国家的城市人口数据发现，欧洲国家近似服从 Zipf 定律的比例高于亚洲与美洲，中国的城市规模分布逐渐接近 Zipf 定律的理想状态。Arshad 等（2019）针对巴基斯坦城市规模分布的研究也得到了相似结论。Ch 等（2020）利用全球范围内的夜间灯光数据对城市规模演变规律进行再次验证，发现大多国家的城市人口分布比 Zipf 定律更为均匀。作者对 Gibrat 定律的检验显示，仅巴西的城市符合 Gibrat 分布，作者认为这是由过去几十年来各国逆城镇化程度不断加深所致。

不少国内学者就中国城市规模分布规律展开验证。已有研究表明，中国城市规模分布总体上不符合 Zipf 定律，而是表现出一定的扁平化特征。邓智团和樊豪斌（2016）利用中国城市人口规模的数据进行研究发现，中国城市规模分布并不遵循 Zipf 定律，而是更符合双帕累托对数正态分布。类似地，李松林和刘修岩（2017）认为中国城市规模分布不服从 Zipf 定律，而是呈现出典型的扁平化特征，小城市增长迅速，而中等城市增长则相对停滞。究其原因，主要是不同规模等级城市的增长率差异导致的。梁进社和刘洋（2020）的研究表明，中国 20 万人口以上的城市规模分布总体上符合位序—规模法则，20 万人口以下的城市则较难界定。针对 Gibrat 定律的研究同样指出，中国城市规模分布存在一定分化，大城市与小城市分别遵循一定增长规律。魏守华等（2018）采用中国县级以上城市数据检验 Gibrat 定律的适用性，发现 646 个县级以上城市总体不满足 Gibrat 定律，而是分别基于大城市和中小城市表现为两组对数正态分布。另有研究就中国不同经济区的城市规模分布演变特征展开探讨，如徐慧敏和胡守庚（2020）利用夜间灯光遥感数据分析了1993—2012年中国省级行政区的时空分布及演化特征，发现各经济区的城市规模演变呈现空间分异特征。此外，不少学者就京津冀（赵静滢等，2019）、成渝城市群（韩剑萍等，2019）、长江中游城市群（张琦和熊曦，2020）的样本数据展开分析。

目前国内外关于城市规模分布规律及其验证方面积累了丰富的研究成果，针对发达地区的长面板分析大多肯定了城市规模分布基本服从一定规律，但在各时期的分样本中未必适用。就发展中国家而言，尤其是中国的经验证据表明城市规模分布受城镇化阶段的影响。不少中国学者也指出，中国不同等级规模的城市增长具有异质性，成为导致规模结构演变存在分异的主要原因。基于这一时空差异化的特征，有必要根据研究目的，采用最新的数据，对城市规模的时空演变规律进行识别。

二　城市规模的影响机制研究

一直以来，城市规模分布特征背后所蕴含的机理都吸引着大量学者的持续关注，了解这一机制有利于各类城市实现更有效、更平衡的增长。就研究视角而言，具体可以分为两类文献。

其中一类文献围绕城市内部模型展开，探讨城市最优规模（optimal size）的形成机制，通过观察城市生产力及其引致的各类外部性变化来解释城市的最优规模与均衡规模的差异，进而分析城市人口是否偏离其最优规模及相应的影响因素。既有文献主要在Alonso-Mills-Muth的经典单中心城市模型，以及Henderson（1974）、Fujita（1989）等学者的基础上进行拓展。从已有研究来看，集聚外部性、拥挤效应和政府干预对城市最优规模的作用机制是学者关注的焦点。集聚外部性方面，Taylor（1986）考虑了一个中心地系统（central place system）下的效用均衡模型，探究规模经济在决定城市规模中的作用。Bayer和Timmins（2005）提出了一个包含溢出效应的类分均衡模型。拥挤效应方面，Verhoef（2005）、Brueckner（2007）等研究利用单中心模型探讨了交通拥堵效应对最优城市规模的影响。Zhang和Kockelman（2016）综合了前述研究，通过构建一个同时考虑拥堵和集聚外部性的空间一般均衡模型来解释城市增长的最优边界问题。政府干预方面，Abdel-Rahman 和 Anas（2004）从制度机制的层面对最优规模理论进行了综合拓展。Henderson 和 Venables（2009）在城市人口逐步增加的情况下考察了一个国家城市体系的形成过程，指出在无政府情况下，均衡的城市规模是否最优取决于城市外部性如何随人口变化；政府行为可以使外部性内部化，从而促进最优城市规模的形成。该研究完善了序贯增长理论。在其后续研究中，还着重探讨了政府政策倾斜、土地市场政策等对城市形成和最优规模的影响（Henderson 和 Becker，2000；Henderson，2010）。另有部分学者从其他视角对模型进行拓展，包括考虑多中心模型（Glaeser 和 Kahn，2010），允许复杂的地理环境（Allen 和 Arkolakis，2014），允许代理人偏好异质性（Behrens 等，2014），抑或是考虑交通与通信技术效率（De Palma 等，2019）等方面。Albouy 等（2019）对模型进行了综合拓展，考虑了一个包含异质性禀赋、财政、城市溢出和内生城市数量的模型，推导出规模收益递减引致了均衡状态下大城市的规模偏小，并强调了集聚、城市成本和地租分布的作用。

另一类文献围绕城市间模型展开，关注均衡状态下的城市规模空间分布机制（equilibrium size），着重在空间均衡分析框架下探讨人口在城市间的分布变化原因及其福利效应。代表性研究包括 Rosen（1979）和 Roback（1982）提出的 Rosen-Roback 模型。模型在空间均衡分析的基础上探讨了工资和地租对居民福利的影响，识别了在不同舒适度情境下，工资和地租在调节城市人口分布中的作用。该模型假定系统中不同的城市生产同质的产品（有后续文献放宽了这一假设，亦得到了相似的结论），在最大化居民效用与工资约束下，求解出均衡状态下的城市人口规模。其后不少研究均在 Rosen-Roback 模型的基础上，对城市人口规模的理论模型进行了延伸（Desmet 和 Rossi-Hansberg，2013；Diamond，2016；Hsieh 和 Moretti，2019）。Desmet 和 Rossi-Hansberg（2013）进一步将城市规模的决定因素分解为生产效率、舒适度和摩擦三类，指出其中任何一类因素的变化都会引致大规模的人口重新分配。通过反事实分析，作者发现，生产效率和舒适度越高，城市规模越大，但也会由于拥挤和其他集聚的负效应而产生更大的摩擦。Bryan 和 Morten（2015）、Tombes 和 Zhu（2019）在 Rosen-Roback 模型的基础上引入了劳动力的迁移成本。

Nagy（2016）在空间一般均衡模型中引入了知识创造变量，研究知识溢出在空间上的扩散。Diamond（2016）放宽了模型设定，允许劳动力对城市具有异质性偏好，并将劳动力划分为高、低技能两类，探讨了工资、租金和舒适度对高、低技能劳动力迁移，以及城市规模的影响。Fajgelbaum 和 Gaubert（2018）则在模型中加入了税收的影响。Hsieh 和 Moretti（2019）研究了政府的住房供给限制对劳动力空间分布的影响，并利用美国 220 个大都市地区的数据测度了劳动力空间错配的社会成本，结果发现来自房地产市场的摩擦会阻碍城市间劳动力资源的有效配置。

国内不少学者对模型做了进一步拓展，通过纳入中国式城镇化的特征来解释中国城镇体系发展变化的规律。中国的户籍制度与房价是影响城市规模的重要因素（柯善咨与赵曜，2014）。刘修岩和李松林（2017）在 Desmet 和 Rossi-Hansberg（2013）模型的基础上引入了异质性个体迁移决策和房价内生性因素，探讨生产效率、舒适度、迁移摩擦（户籍制度）和房价对城市规模的影响，发现生产效率、迁移摩擦和舒适度在中国城市规模的决定中发挥着重要作用，而消除城市间的房价差异几乎不影响人口的再配置。类似地，赵方和袁超文（2017）在 Diamond（2016）模型基础上，以户籍制度和土地供给政策为切入点，考察了工资、房租与舒适度对高、低学历劳动力的迁移动机影响。王丽莉和乔雪（2019）通过分析发现，劳动力进入壁垒是导致城市规模分布呈现中小城市偏多、大城市偏少的重要原因，降低人口流动壁垒将有利于中国城市规模的扩张与经济效率的改进。政府的政策倾向亦受到不少学者的关注。魏守华等（2020）将政府影响城市发展的模式概括为产业驱动型、土地驱动型和产业—土地协同驱动型三类，从政府偏爱的视角，分析由于上级政府给予一些城市优惠性政策而引致的不平等现象对城市人口增长及城镇体系演变的影响。段巍等（2020）在 Desmet 和 Rossi-Hansberg（2013）研究的基础上引入了层级政府因素，将省级政府的政策偏向和地方政府的发展偏向作为人口规模和房价的决定因素，识别了政府行为对人口迁移的影响。亦有部分学者围绕生产要素的配置关系展开分析。陈诗一等（2019）探讨了资本配置扭曲对城市体系发展和社会福利的影响，指出资本配置扭曲是导致中国大中城市偏少、小城市数目过多的重要原因。余吉祥和沈坤荣（2019）发现，城市建设用地指标地区配给模式对居住用地供给和住房市场产生了显著的挤压效应,导致人口、土地和住房的空间错配。

综观已有文献,国内外学者在城市规模分布机制研究方面积累了丰富的理论与实践成果,过往文献研究主要从集聚效应、技术进步、迁移摩擦、舒适度、要素配置、政策倾向等层面展开分析。总结相关趋势可以发现,模型与数据结合越来越紧密,基于模型的定量化研究日益成为主流。同时,更多的异质性要素(技术、偏好、摩擦)被纳入模型中,为本书研究的开展提供了可靠的借鉴参考。但目前来看,针对中国数据的定量研究仍比较缺乏,基于公共服务与环境污染的研究亦不多见。

三 城市规模影响因素的经验研究

长期以来,经济学家一直试图从不同视角来解释城市规模变化的影响因素。在新古典主义和行为学的观点中,人口迁移是为了最优化其效用或其家庭的整体效用。新古典主义强调了人力资本和成本效益的作用(Sjaastad,1962),即在其他条件相同的情况下,人们会迁移到工作机会多、工资高和生活条件好的地方。行为学的观点则认为移民是一个复杂的决策过程(Gurak 和 Kritz,2000),社会网络、个人社会网络和个人关系在移民决策中起重要作用(Michaelides,2011)。综合来看,已有文献具体可以归纳为经济因素、制度变革和国家干预与个人偏好等(Gupta,1993;Vendryes,2011)。

第一组因素为经济因素。已有研究大多认为,当地社区的经济实力是影响城市规模最重要的原因。城市规模往往与当地的经济水平(Partridge 和 Rickman,2006;谢小平和王贤彬,2012;金田林等,2017)和产业组合有关(Simon,2004),亦有学者探讨了集聚经济对城市规模的作用(杨巧和陈诚,2019;袁志刚和林燕芳,2020)。Au 和 Henderson(2006)将集聚经济和拥挤效应同时纳入模型,利用中国的数据考察了生产效率与城市规模的关系,发现随着城市规模扩大,工人的产出将会大幅度增加,而移民限制导致了许多城市规模不足,造成效率和福利损失。同时,部分研究强调了人力资本的集中在提高当地生产力,进而诱发长期的人口增长的作用(Simon 和 Nardinelli,2002)。原新等(2021)对影响青年流动人才城市选择的因素进行探究,发现提高工资水平、增加第三产业比重与固定资产投资能够显著提高人才流入概率。从创新方面来看，通过对1960年至2000年全球所有10万以上人口的都市区进行研究，Henderson和Wang（2007）发现民主化程度和技术进步对城市数量和单个城市规模的增长具有显著影响。在二者对立效应的作用下，全球城市的总体相对规模分布在研究期内保持稳定。类似地，Duranton（2007）利用产业和城市层面的创新驱动冲击来解释城市的增长和衰退，认为城市规模随着工业选址变化而波动，但规模分布维持稳定。Chen和Zhou（2017）的空间回归结果同样表明，规模效应、空间溢出效应以及产业结构效应与城市规模存在显著相关，目前中国大多城市由于劳动力不足，存在规模不经济现象。经济体制方面，有学者从国有经济演进的地区差异入手，探究所有制歧视效应对中国省际城市规模的影响（金田林等，2020）。区域经济发展不平衡是中国经济发展的一个重要特征，有研究侧重考察了区域发展不均衡对城市规模的影响。自20世纪80年代中期以来，由于其地理位置和体制上的优势，中国沿海地区的区域经济改善速度远超其他地区（Liao和Wei，2015）。沿海地区经济的快速增长吸引了来自欠发达内陆地区的大量人口涌入（Liu等，2020），从而导致城市规模快速扩张。至21世纪初，随着西部大开发、中部崛起等系列国家战略的实施，中西部地区工业化与城镇化的进程加快，同样吸引了大量劳动力流入（He等，2016）。

　　第二组因素为制度变革和国家干预。作为一项重要的制度因素，户籍制度对中国城市规模具有显著影响。现有研究表明，户籍制度壁垒阻碍了劳动力自由流动，从而影响城市规模（Chan和Buckingham，2008）。特别是20世纪50年代至70年代，由于户籍限制的存在，导致个体流动的意愿不强。自80年代以来，中国政府逐渐放松了对流动人口的控制。这一时期，大量农村人口涌入城市。随着户籍制度改革的深入，农村劳动力不断向城市转移，扩大了城市劳动力市场的就业规模（李晓春和马轶群，2004；都阳等，2014）。杨晓军（2017）的研究则表明，大城市的户籍制度改革并未吸引劳动力流入，反而促使劳动力流出，这与现有大城市户籍制度改革力度较小有关。同时，注重省会城市发展的政策倾向是中国城市发展的一个重要特征（段巍等，2020），而"一市独大"的城市体系则会对城市规模产生显著影响（毛丰付等，2019；孙久文和苏玺鉴，2021）。年猛（2021）指出，城市管理体制对城市规模的干预甚至强于户籍制度等其他相关政策，同时影响程度也超过了市场机制下的集聚经济效应对城市规模扩张的影响。

第三组因素为个人偏好。随着社会经济水平的改变，个人对居住地的偏好对于迁移决策及城市规模所起的作用愈加明显。近年来，有关迁移偏好的文献大量涌现。刘涛等（2019）、林李月等（2019）、曹广忠等（2021）分别以珠三角等城市群或单一城市为例，对流动人口的空间变动趋势进行研究。已有研究大多表明，教育程度、家庭经济能力、职业状况等个人特征对流动人口的留城意愿具有显著影响（吴玉玲，2020；吴开泽和黄嘉文，2020）。年轻劳动者和技术移民偏好拥有更好设施的发达城市地区（Liu 和 Shen，2017）。家庭移民同时还关注公共服务的质量和可及性，如子女的教育和医疗保健（林李月等，2019）。近年来，大城市的住房成本上升、空气污染加剧和交通拥堵等问题同样受到了学者的关注（Zang 等，2015）。

此外，一些学者还关注了城市最优规模的测度问题，并从经济效益、社会福利和生态环境等层面评价城市的最优规模水平，常见的方法有收入—成本核算法（王小鲁和夏小林，1999）、最大化实际收入法（安虎森和邹璇，2008）、数值模拟法（梁琦等，2013）等，所得出的结论各异。一些研究表明中国城市规模小于最优水平，如项本武和张亚丽（2017）采用夜间灯光数据的经验证据表明，中国 70% 左右的地级及以上城市的实际人口密度低于其最优人口密度。张扬和姚志毅（2018）利用 2007—2016 年中国地级及以上城市的面板数据对中国城市最优规模进行测算，指出尽管中国直辖市、省会城市及东部地区存在显著的城市集聚经济，城市实际规模仍小于最优规模。类似地，丁凡琳和陆军（2019）利用社会效益和社会成本函数界定最优城市规模，并采用 2012—2015 年中国地级市的统计数据进行实证检验。也有研究认为，中国城市规模分布存在一定分化。具体而言，大城市普遍已达到或超出最优规模水平，而中小城市则普遍处于规模不足状态（李怡达和余华义，2016；王垚等，2017）。丁鸿君等（2017）通过对中国县级城市相关数据进行分析，发现中国县级城市人口未达到最优规模。郭力（2018）分析了生态视阈下中国城市的规模效率特征与最优规模，认为超大城市应控制人口规模，而中小城则应加快吸引人口流入。邓忠奇等（2019）的研究认为，北京和上海的城市规模已经偏大，中国城市规模偏小的结论不适用于超大城市。

第三节 公共服务的国内外研究综述

本部分主要从公共服务的测度及时空效应、公共服务对城市规模的影响，以及公共服务对环境污染的影响三个方面对相关文献进行梳理。

一 公共服务的测度及时空效应研究

过往文献对公共服务供给的表征方式主要有四种。一是借鉴 Barro（1990）内生增长模型的思想，从公共支出角度，采用政府的公共财政预算支出来衡量公共服务水平。如罗丽英和杨云（2013）、López 和 Palacios（2014）、王伟同和魏胜广（2016）、常素欣（2017）等学者利用财政预算支出项中的教育、医疗卫生、社会保障、交通通信、公共安全与文化支出作为公共服务的度量指标。杨丞娟和王宝顺（2013）采用了生产性支出和非生产性支出考察武汉城市圈的公共服务水平。Bayraktar 和 Moreno-Dodson（2015）提炼了一般公共服务支出、教育支出、卫生支出、住房支出、交通和通信支出、燃料和能源支出作为公共服务的"核心支出"。二是通过构建公共服务供给水平指标体系对公共服务进行综合评价，如 Bleaney 等（2001）、韩峰和李玉双（2019）、辛冲冲和陈志勇（2019）等的研究。Bleaney 等（2001）将公共服务定义为基础教育、医疗卫生、能源利用、基础设施和公共文化等多个方面的基础设施。杨义武等（2017）从基础设施和社会福利两方面选取公共服务的测度指标。伍如昕（2017）从基本教育服务、社会保障与就业、医疗卫生服务、公共文化服务和市政设施服务五个方面来刻画中国 56 个城市的基本公共服务水平。韩峰和李玉双（2019）从医疗、教育、能源、交通和环境五个方面对中国城市的公共服务水平进行评价，并将其划分为民生类公共服务与基础设施类公共服务进行考察。三是采用某一类或者某几类公共服务作为替代指标，如 Hua 等（2018）从公共教育的视角对公共服务水平进行探讨。夏怡然和陆铭（2015）采用教育和医疗水平来表示中国的公共服务水平。Yakubenko（2020）采用水利和公共卫生设施的可及性来代表发展中国家的公共服务水平。四是利用各类微观调查数据进行评价。如祁玲玲和赖静萍（2013）通过南京市的政府公共服务满意度调研数据对公共服务水平进行测度。类似地，董源等（2020）借助2005年和2015年CGSS调查数据中9项政府提供的公共服务满意度情况综合测量城市公共服务的供给水平与质量。刘金凤和魏后凯（2019）、张开志等（2020）基于流动人口动态监测（CMDS）调查数据，将"是否听说过国家基本公共卫生服务项目""是否接受过各类健康教育信息""是否在本地建立居民健康档案"等相关问题纳入公共服务可及性的指标中对城市公共服务水平进行评价。

不少学者对公共服务的空间分布特征、空间差异以及差异演化特征进行了识别。由于各国公共服务的供给特征差异显著，本书重点关注基于中国的讨论。常用的研究方法包括变异系数、泰尔指数、收敛模型、Dagum基尼系数分解方法、核密度估计等（宋美喆和刘寒波，2018；辛冲冲和陈志勇，2019）。大多数研究结果表明，随着时间的推移，公共服务水平有所提升（宋美喆和刘寒波，2018；Lin和Chen，2019；杨晓军和陈浩，2020），但存在一定的空间非均衡特征（杨光，2015）。任喜萍（2018）的研究发现，样本期内各省市公共服务资源配置水平表现为不同程度的上升趋势，但整体水平不高，呈东强中西弱的分布态势。类似地，学者基于中小城市的研究亦表明，公共服务水平东高西低的分布格局呈加剧之势（卢小君和张新宇，2017）。从具体城市群与城市来看，许莉和万春（2015）的研究指出，京津冀城市圈不同城市间的公共服务水平差异显著，呈现出以北京和天津为中心逐渐衰减的空间格局。唐娟莉（2016）的研究显示，河南省区域基本公共服务均等化水平呈现出不均衡的状态，且差距较大，区域发展也极为不平衡。张建清和严妮飒（2017）指出，长江中游城市群中，环鄱阳湖生态经济区的基本公共服务均等化水平提升最大，环长株潭城市群次之，武汉城市圈最缓慢。收敛趋势方面，早期研究认为，中国省域公共服务整体水平存在很大差距，且绝对差距不断扩大（豆建民和刘欣，2011）。近年来，随着公共服务均等化等系列国家政策的推行，各地区公共服务水平差异呈现缩小趋势。宋美喆和刘寒波（2018）基于1997—2015年省级数据的研究发现，东部、中部、西部三大地区的基本公共服务不仅存在δ收敛，还存在条件β收敛。

辛冲冲和陈志勇（2019）研究发现，2007—2016年全国总体基本公共服务的相对差异呈趋缓下降态势，中部和西部区域基本公共服务供给水平均呈现两极分化现象，梯度特征明显，而东部区域则逐渐演化为一极集聚现象。杨晓军和陈浩（2020）指出，2003—2018年全国和四大区域城乡基本公共服务均等化水平存在明显的绝对β收敛趋势和条件β收敛趋势，且均等化水平较低的西部和东北地区拥有较高的收敛速度。

此外，公共服务作为公共品的基本特征在于能够为社会及其成员带来正的外部性，由此可能会引发"标尺效应"和"搭便车"效应，从而对邻近地区的公共服务供给状况产生影响。标尺竞争理论指出，由于对地方官员的信息缺乏了解，选民往往以邻近地区的经济指标为基准判断本地区的政府效率，即相对绩效评价（Besley和Case，1995；王媛，2016），其实质为邻近城市的信息溢出效应影响了投票人的决策。在公共服务供给方面，标尺效应意味着本城市公共服务供给决策对邻近城市决策具有空间影响效应。周亚虹等（2013）指出，无论是经济距离相近地区还是地理相邻地区，中国地市级地方政府可能存在教育支出相互竞争的行为，即标尺效应。杨刚强等（2017）的研究亦表明，邻近辖区的加权人均公共品支出每提高一个单位，当地的人均教育、社保和医疗支出分别增加0.48个、0.64个和0.72个百分点，表明各城市在公共品投资决策上总体而言以策略模仿，即"标尺竞争"为主。王媛（2016）利用两区制空间计量模型检验了1999—2013年地级市公共服务供给的标尺竞争机制，发现东部地区更多投资于社会性公共服务，而中西部地区则更多投资于经济性公共服务。邓慧慧等（2021）基于"两区制"空间杜宾模型的估计显示，改革政绩考核指标体系、扩大地方政府信息公开、增强舆论监督和公众参与、激发社会组织活力能够建立公共服务供给"见贤思齐"和"力争上游"的竞争关系，从而提升整体公共服务水平。就"搭便车"效应而言，根据Olson（1965）的"搭便车"理论，地区间外溢性公共服务的供给可以被视为多个地方政府组成的集体的行动，地方政府作为成员存在免费"搭便车"的动机，从而导致集体行动失败，影响居民福利（管新帅和王思文，2015）。在现实国情中，不是所有的地区都具有充足的经济实力和财政能力提供合意水平的公共服务（刘蓉等，2013），在供给地区间外溢性公共服务时，基于刚性行政区划的区域地方政府分割治理会改变相邻区域地方政府公共品的支出策略，出现"搭便车"的情况。杨刚强等（2017）的实证研究发现，邻近城市官员的政治晋升激励对本省教育、医疗和公共安全服务的供给有显著的抑制作用，呈现出"搭便车"效应。

二 公共服务对城市规模的影响研究

20世纪中后期，许多发达国家的流动人口大量向城市涌入，在加速城镇化进程的同时改变了城市规模，重塑了城镇格局，这一现象及其背后的原因引发了国外学者的广泛探讨。其中，随着政府在城镇化过程中的作用日益凸显，以及个人偏好的改变，与生活质量相关的因素逐渐为学者所关注，如生活成本、教育和医疗等服务的可及性、社会稳定、娱乐和气候等因素被视为城市规模变化的重要原因（Glaeser等，2011；Gottlieb和Joseph，2006）。就本书所关注的城市公共服务方面，已有研究主要从以下几个方面展开。

第一，公共服务与人口流动的关系。随着经济发展水平的提高和劳动者收入的增加，劳动者更加重视生活质量，因此公共服务在劳动力迁移决策中的作用日益重要（张亚丽和方齐云，2019）。大多研究均肯定了公共服务对城市规模的促进作用。迁移意愿方面，Mellander等（2011）考察了公共设施、区域经济及个人特征对居民迁移定居意愿的影响，发现在决定去留的问题上，社区的公共设施及环境因素比经济条件或个人特征更为重要。同时，较高水平的便利设施与正向移民有关。Albouy（2016）基于美国都市区的研究显示，便利性公共设施与人口呈显著相关。上述研究主要以发达国家为研究对象。就发展中国家而言，Da Siva等（2020）的研究表明，公共服务设施的缺乏大大降低了巴西一些城市的吸引力。韩峰和李玉双（2019）指出，公共服务的完善通过提供更为优质的教育、医疗资源，便利的交通与通信设施，以及多样化的文化服务设施来改善城市的便利性，从而影响人口迁移决策与城市规模。永久迁移意愿方面，刘丰华和沈宏亮（2020）基于中国267个地级及以上城市的面板数据进行研究，发现地方财政支出的增加推动了人口迁移。刘金凤和魏后凯（2019）、张开志等（2020）先后利用2017年中国流动人口动态监测调查数据对公共服务的永久迁移意愿效应进行分析，结果显示公共服务对流动人口的永久迁移意愿具有显著的正向影响。幸福感方面，冯亚平（2015）的调查显示，居民公共服务满意度显著影响了居民主观幸福感。Flavin（2019）利用1976—2006年美国居民幸福感和政府公共服务支出数据进行研究，发现居民幸福感随着政府的公共服务供给水平而提升。Kourtit等（2020）对城市的"精神要素"（精神、历史、文化身份、氛围、社会资本等）和城市的"物质要素"（建成环境、基础设施、公共设施、住房供应、绿地等）进行类型区分，并对瑞典四个城市的喜好度进行调查，认为这两个相互关联的要素构成了城市吸引力的驱动力，并塑造了居民的幸福感。与此同时，也有研究认为，公共服务发挥的作用有限。研究指出，由于中国的户籍管制具有自我强化机制（邹一南，2017），基本公共服务对人口迁移的正向作用不足以抵消户籍管制的负向影响（刘欢，2019）。

第二，公共服务与企业选址决策及劳动力流动的关系。与在城市经济学中，关于城市规模的探讨存在一个经典的"工作—人—工作"问题，即城市增长究竟是由于企业创造了工作机会而吸引了人口，还是由于人们因为生活质量的原因搬到一个地区，随之创造了工作机会（Partridge和Rickman，2003）。简言之，这是一个关于"人追随工作"（people follow jobs）与"工作追随人"（jobs follow people）的辩论。对这一问题的阐述，有助于从劳动力分布的视角解释公共服务对城市规模的影响，并进一步理解城市增长的不均匀性（Li等，2019）。支持"人追随工作"这一观点的研究肯定了经济因素对城市规模的作用，认为就业机会与工资在吸引劳动力方面起重要作用（Alonso，1964；Kain，1962）。相关研究通过构建传统的静态均衡理论模型，从通勤路程来解释居住地点的选择问题。该观点得到了来自不同时期的实证研究的支持（Scott，2010）。如Scott（2010）分析了1994—1999年美国移民工程师所选择的目的地的影响因素，发现目的地的就业机会具有主要影响，而便利设施几乎不起作用。另有研究支持"工作追随人"的观点，相关研究聚焦于特定地点的便利性公共设施对企业与劳动者的影响。从区位理论来看，有学者认为便利设施在企业的生产成本结构中占据了很大一部分（Allison，1993），有利的便利设施能够吸引企业落户。学者们还讨论了现代服务设施对电信和商业服务选址决策的影响，认为大型制造业对高速公路密度和交通基础设施等现代公共服务设施较为敏感（Li 等，2019）。此外，随着信息技术的发展，人力资本理论尝试通过便利设施在吸引高技能工人聚集中所起的作用来解释就业分布（Boschma 和 Fritsch，2009）。Rappaport（2008）指出，公共服务设施规模的增加吸引了劳动力和资本的流入，最终导致城市人口密度大幅增加。作者利用美国都市圈的数据进行模拟，发现在基本参数设定下，1 单位公共服务规模的差异引致了至少 7.8 倍的人口密度差异。利用 2015 年的人口抽样调查数据，夏怡然和陆铭（2015）指出，公共服务能够影响劳动力流向，促使劳动力的空间分布更加均匀化。

第三，公共服务的异质性影响。相较于前两类文献，有学者着重比较公共服务的异质性影响。从公共服务的类型差异来看，教育支出与社会保障和就业支出对人口净迁移率具有正向作用，而一般公共服务支出、医疗卫生支出和农林水利事务支出则对人口净迁移率具有负向影响（何文举等，2018）。就城市差异而言，Castells-Quintana（2017）基于撒哈拉南部地区的研究表明，在城市首位度较高的情况下，城市公共设施不足对城市增长具有更强的负向影响。有学者发现，公共财政支出对高分位数城市规模的影响最大（段瑞君，2013）。大城市流动人口获得的医疗保险、失业保险和住房保障显著增进了流动人口的城市居留意愿，但上述影响效应在中小城市并不明显（林李月等，2019）。类似地，董亚宁等（2021）也指出，只有当城市规模满足一定门槛条件时，增加公共服务供给才能显著吸引人才流入。侯慧丽（2016）利用流动人口监测数据的研究发现，大城市中与就业相关的公共服务的作用效果比较显著，而小城市中与户口相关的公共服务的效果更好。出现这一差异可能的原因是，大城市在公共支出方面具有更高的规模效应（王伟同和魏胜广，2016），同时，城市的行政等级越高，其配置公共服务资源的权力越大，越有利于集中公共服务资源（覃成林和刘佩婷，2016），因而在吸纳新增人口方面更具优势。但应注意的是，城市空间的无序扩张也会增加人均地方政府公共财政支出成本（刘芳和钟太洋，2019），从而削弱公共支出的作用效果。与之相异，Yakubenko（2020）指出公共服务可得性的提高降低了个体向最大城市迁移的动机，从而降低了大城市人口的比重。

三 公共服务对环境污染的影响研究

全球许多国家和地区的经济增长都离不开政府的公共支出。譬如，为应对 2008 年爆发的世界经济危机，不少国家政府采取了扩张性的宏观经济政策以加快经济复苏。系列政府支出影响了各类宏观经济变量和总体福利。政府的公共服务供给是公共支出的重要方面，其对经济活动的影响，包括促进经济增长、增加就业等方面，已经被诸多文献证实（Dahlberg 等，2012）。环境污染与社会经济活动密切相关，随着经济发展过程中的环境问题日益凸显，公共服务与环境污染的关系逐渐受到国内外学界的广泛关注。学者研究的焦点主要聚集于公共服务供给是否能够降低污染排放，提高环境质量方面。

从理论层面来看，Greiner（2005）首次将环境污染引入内生增长模型，并在此框架下研究公共支出的增长和福利效应。通过将环境污染引入效用函数，作者在一个综合的框架下探讨了平衡增长路径上公共财政政策的增长和福利效应。其后不少研究试图在不同的假定下刻画公共服务对长期增长和环境的影响（Barman 和 Gupta，2010；López 等，2011）。Barman 和 Gupta（2009）在内生增长框架中同时纳入了生产性公共支出和环境污染，并分析了稳态增长均衡中最优财政政策的特性。López 等（2011）构建了一个公共服务支出对环境质量影响机制的理论框架，将公共支出的影响分解为规模效应、结构效应和技术效应三个部分。

目前关于公共服务与环境污染之间关系的实证研究主要存在两种观点。第一种观点认为，增加公共服务供给有助于环境质量的改善。部分研究选取某一类公共服务作为研究对象分析其对污染排放的影响。学者们基于不同时段、不同国家的样本，分别从交通基础设施（Chen 和 Whalley，2012；Borck，2019）、水利设施（Zhang，2019）、公共教育（Hua 等，2018）等具体角度通过实证分析检验公共服务对城市空气污染的影响。如 Chen 和 Whalley（2012）、Sun 等（2019）、Lin 和 Chen（2020）的研究均表明，公共交通的增加显著改善了城市空气质量。通过参数模拟，Borck（2019）指出，与没有公共交通的城市相比，有公共交通的城市的污染水平下降了 1.7 个百分点。Hua 等（2018）探讨了政府教育和研发支出对城市空气污染的影响。也有研究从公共服务的整体视角阐述了增加公共服务供给与环境污染的关系（López 和 Palacios，2014；Islam 和 López，2015）。绝大部分研究都肯定了公共服务供给对环境质量的正向影响。López 和 Palacios（2014）较早对公共支出构成与环境质量的关系展开实证分析。利用 1995—2006 年 21 个欧洲国家的数据，作者指出政府支出向公共服务倾斜在很大程度上改善了环境质量。利用 1973—2013 年美国的季度数据，Halkos 和 Paizanos（2016）发现政府支出对生产性和消费性碳排放均起到缓解作用。López 和 Palacios（2014）基于 12 个欧洲发达国家的数据表明，公共产品支出占比的提升将会大大降低二氧化硫和臭氧的浓度。

第二种观点认为公共服务影响环境污染的作用方向是不确定的，可能受到政府规模大小（Bernauer 和 Koubi，2006）和收入水平（Halkos 和 Paizanos，2013）等因素的影响。Halkos 和 Paizanos（2013）首次区分了公共服务对环境污染的直接与间接效应。通过对 77 个国家的数据进行实证分析，作者发现政府公共支出与环境污染之间并非纯粹的线性关系，而是取决于收入水平。Adewuyi（2016）的研究发现，公共服务供给不仅对碳排放具有直接的负向作用，还能通过提高人均收入水平降低碳排放，印证了 Halkos 和 Paizanos（2013）的观点。作者探讨了 1990—2015 年间世界各经济体的家庭、企业和政府部门支出对碳排放总量的影响，发现从短期来看，政府支出对碳排放的综合效用为负，而从长期来看，政府支出对碳排放的直接负效应被间接正效应所抵消，从而对碳排放总量产生正的总效应。Cheng 等（2021）研究了中国城市地方公共支出对二氧化碳排放的影响，发现公共支出的减排效果受到社会经济发展状况的影响。

也有少数研究认为政府公共支出的增加会改变土地利用状况、影响能源消费，从而加剧污染排放（Yuxiang 和 Chen，2010；Galinato 和 Galinato，2016）。Yuxiang 和 Chen（2010）基于中国省级面板数据的研究显示，政府支出规模的扩大会引致额外的能源与环境成本，从而导致能源强度的增加。Galinato 和 Galinato（2016）的研究显示，政府支出在短期内大大增加了森林砍伐量，从而加剧了地区碳排放。

国内关于公共服务与环境污染的研究起步较晚、成果相对较少，相关研究自 2010 年起才逐渐增多。大多文献关注了公共服务对环境污染的直接效应。关海玲和张鹏（2013）利用 1998—2009 年中国省际面板数据分析了公共服务供给对环境污染的影响，发现政府公共服务支出的增加能够显著降低污染排放。类似地，陈思霞和卢洪友（2014）检验了非经济性公共支出对环境质量的影响效应，认为提高非经济性公共支出显著减少了污染排放，改善了环境质量。蔡世峰（2016）的研究指出，公共支出有利于碳强度的降低。另有研究从绿色能源效率的视角进行分析，如协天紫光等（2016）以"一带一路"沿线国家为例，指出政府加大教育和医疗投入可以通过积累知识资本与健康资本实现沿线国家绿色全要素生产率的提升。胡建辉等（2016）指出，公共支出规模的扩大显著促进了东部地区环境全要素生产率的提高，而福利性和生产性公共支出占比的提高则分别有利于增进西部和中部地区的环境全要素生产率。尚有少数研究认为，增加政府公共支出会加剧污染排放，如李国年（2014）基于国家层面的数据进行协整检验和格兰杰因果检验，发现政府支出与我国碳排放呈正相关关系，政府支出的增加会刺激我国碳排放的增加。也有研究在环境库兹涅茨曲线（EKC）的框架下展开，即公共服务通过影响经济增长和收入水平作用于环境污染（胡宗义等，2014；姜楠，2018；李荣锦和高愿愿，2019）。冯海波和方元子（2014）考察了地方公共支出的环境效应，指出公共支出主要通过提高地区经济收入水平这一间接效应改善环境污染，而其直接环境效应则不理想。与之相异，姜楠（2018）基于2007—2015年中国省级面板数据构建联立方程模型，发现财政支出可以通过引致社会资本、刺激技术创新促进地区经济发展，并通过提高地区技术水平促进地区污染减排。类似地，胡宗义等（2014）、李荣锦和高愿愿（2019）分别基于1998—2011年和2011—2018年的中国省级面板数据进行分析，指出公共支出不仅对碳排放具有直接的负向影响，能够实现减排目标，还能通过经济发展来发挥间接影响作用，这一结论与Halkos和Paizanos（2013）的观点相似。

综上，越来越多的证据表明，公共服务是影响环境污染的重要因素之一，二者的作用关系及其对城市规模的影响则有待进一步探讨。

第四节　环境污染的国内外研究综述

本节主要从环境污染的测度及时空效应、环境污染对城市规模的影响、环境污染的空间影响三个方面对相关文献进行梳理。

一 环境污染的测度及时空效应研究

已有文献围绕环境污染开展了丰富的探讨，就其测度而言，主要包括以下三个方面：一是构建环境污染综合指数。如许和连和邓玉萍（2012）选取了工业废水排放量、工业废气排放量、工业二氧化硫排放量、工业烟尘排放量、工业粉尘排放量和工业固体废弃物排放量六类环境污染度量指标，采用熵权法计算环境污染综合指数。刘建民等（2015）采用工业废水、工业废气和工业烟尘三类指标，运用"纵横向"拉开档次法对我国地级及以上城市的环境污染情况进行综合评价。相比单一的污染指标法，综合评价法能够较为客观地反映一个地区的环境污染情况，不少研究都应用了这一方法对中国省级或市级的环境污染水平进行了测度（田时中，2017；刘玉凤和高良谋，2019）。二是根据研究目的，从公开的统计年鉴中选取单一指标进行测度。如金春雨和吴安兵（2017）、邵帅等（2019）、Pei 等（2021）使用二氧化硫排放量测度各省的环境污染水平；李从欣等（2020）采用工业废水排放量对环境污染进行表征；占华（2021）以各地水污染超标被通报数量作为衡量地区污染程度的指标。近年来，大气污染问题受到学者的广泛关注，关楠等（2021）采用环境保护部数据中心的地级市空气质量监测日度数据来衡量环境污染。三是借助遥感数据与地理信息系统软件进行匹配。如黄寿峰（2017）、邓慧慧和杨露鑫（2019）采用哥伦比亚大学社会经济数据应用中心（SEDAC）发布的年度世界 PM2.5 卫星监测数据表征环境污染。

就环境污染的时空演变特征而言，学者主要围绕京津冀、长三角、东北地区等不同样本开展分析。如王喜平和罗金芳（2020）测算了京津冀 13 个地市 2005—2017 年区域生态福利绩效水平，发现大多数城市的生态绩效均呈现波动上升，趋于平稳的态势。吴传清和李姝凡（2020）指出，1998—2015 年长江经济带的工业废气污染治理效率高于全国水平。Jiang 等（2021）则认为，尽管在实施空气污染行动计划后长江经济带城市的空气质量有所改善，但该地区的质量指数（AQI）仍然低于全国平均水平。王雪微等（2021）构建了环境污染水平与转型程度的指标体系，分析了 2005—2017 年东北能源资源型城市环境水平与转型程度的演变特征,指出城市环境污染水平整体呈现倒"N"形趋势。部分研究关注中国整体的环境污染演变状况。如周亮等(2019)借助泰尔指数和空间马尔可夫链等方法,对2005—2015年中国城市绿色发展效率的时空分异特征及其演变过程进行了测度,发现其时序上呈现"W"形波动增加的阶段性演变特征,以及"东—中—西"阶梯状递减的区域差异规律。袁晓玲等(2019)认为,中国环境质量的空间集聚特征明显,地域不平衡问题突出,环境恶化的趋势没有得到根本性扭转,中西部地区"高投入、高耗能、高污染、低效率"的发展模式成为提升环境质量的掣肘。Du(2020)的研究则指出,1998—2017年,中国的环境风险整体上有所缓解。Guo等(2020)发现,2013—2016年,雾、霾和薄雾现象的发生频率逐年增加,在2016年达到高峰,2017—2018年有所下降。Zhou等(2022)分析了2015—2018年中国368个城市的PM2.5、PM10、SO_2等污染物的浓度以及空气质量指数(AQI)值,指出尽管相关污染数值显著下降,但颗粒物和气体污染物的年均浓度仍然高于建议值。

有研究指出,中国实现高质量发展这一目标的前提之一是使污染排放具有收敛性(Brock和Taylor,2010)。为此,不少学者关注了中国环境污染的时空收敛特征,相关研究大多集中在β收敛上。从已有研究可以看出,中国环境污染的收敛特征逐步明显。Pan等(2015)利用马尔科夫链和空间马尔科夫链,提出中国的区域能源效率满足俱乐部收敛的要求,并指出能源效率的变化与区域经济特征高度相关。刘亦文等(2016)提出,仅考虑污染物排放强度的情况下,中国不存在全国性和区域性的β收敛。引入控制变量后,国家和地区条件性β收敛开始显著。Yu等(2018)使用DEA方法来衡量中国30个省份的工业生态效率,并检验了工业生态效率的空间收敛性。Zhang和Hao(2020)基于省级面板数据的研究指出,二氧化硫和化学需氧量的排放强度不满足绝对β收敛,但满足条件β收敛。Song等(2021)的研究显示,中国的环境污染呈现显著的俱乐部收敛。类似地,Wang等(2021)测度了包含非期望产出中国工业能源效率,并考察其演变规律,发现中国工业能源效率呈现明显的全国性和区域性β收敛。

二 环境污染对城市规模的影响研究

人类活动与环境问题息息相关。过去几十年来不断加深的工业化与城镇化进程给城市的环境承载力带来严峻挑战。随着世界范围内的环境问题日益凸显，环境污染对社会经济活动的反向影响逐渐引起了学者的关注。就本书所关注的城市规模方面而言，不少文献对环境污染与城市规模的关系进行了探讨，形成了丰富的研究成果。Gaigné 等（2012）、Borck 和 Pflüger（2019）在给定城市数量的模型中探讨了集聚、污染和福利的相互作用。也有一些学者构建了关于城市结构与污染的理论模型，如 Borck 和 Brueckner（2016）等的研究。Borck 和 Tabuchi（2019）从理论层面探析了环境污染与最优城市规模的关系。Glaeser 和 Kahn（2010）对温室气体排放、能源使用与城市结构的关系进行了实证研究，发现美国人口密集的大城市中温室气体排放更少。类似地，Morikawa（2013）指出，日本密集城市的人均能源消耗较低。

更多文献从环境质量对人口迁移的影响这一视角来研究环境污染对城市规模的影响。不少研究都表明，城市环境污染对人口流动和迁移具有重要影响（Hanna 和 Oliva，2015；杨晓军，2019；Liu 和 Yu，2020）。如 Anderlini（2013）的研究显示，北京的空气污染降低了人口迁入规模，从而加大了当地企业吸纳人才的难度。有学者提出，对于受过高等教育的个体而言，空气污染与人口迁移率的正相关性更强（Xu 和 Sylwester，2016）。如 DeGolyer（2008）的研究指出，教育水平越高的居民，污染迁移倾向越高。当面临环境污染时，超过半数的研究生学历居民会选择迁出，约37%的本科学历居民会选择迁出，而高中学历居民的迁出意愿则仅为22%。与此同时，随着收入水平的提升，污染排放导致人口流失的驱赶效应愈加明显（肖挺，2016）。与之相异，Liu 和 Yu（2020）基于2016年中国流动人口调查的研究指出，空气污染对年龄大、教育程度低、城市内的移民和农村移民的负面影响更大。另有学者关注迁移倾向的性别差异，发现女性比男性更关心与健康有关的环境问题（Xiao 和 McCright，2012；Morokvasic，2013）。从中国的情况来看，改革开放以来的经济高速发展在显著改善人民生活水平的同时，也引发了较为严峻的环境污染问题。伴随着个体对环境质量的要求逐步提高，个体开始对环境污染现象表示担忧,"逃离北上广"等观念开始在一线城市的年轻白领群体中兴起。肖挺（2016）基于2004—2012年地级市的面板数据进行研究,指出污染排放会在一定程度上造成人口流失,且这种驱赶效应主要体现在我国经济较发达的沿海及内地中心城市。另外,有学者认为,由于迁移决策个体是权衡房价、就业机会、公共服务等多方面因素之后的决策（席鹏辉和梁若冰,2015；夏怡然和陆铭,2015）,环境质量对人口迁移的因果关系是否存在,其影响究竟有多大,还有待进一步论证。

综观已有研究,环境污染主要通过三个渠道影响个体的迁移决策,进而影响城市规模。一是影响居民的身体健康。有研究表明,长期暴露在空气污染中会显著增加肺部疾病、心脏病、高血压等心血管疾病的患病风险。Lelieveld等（2015）借助全球大气化学模型考察了七种污染排放源与过早死亡之间的联系,发现室外空气污染,尤其是PM2.5污染,导致了全世界每年330万人死亡,其中又以亚洲地区最为严峻。许多研究也指出,空气污染会增加呼吸道疾病的发生概率（Beatty和Shimshack,2014）,并提高死亡率（He等,2016；Imelda,2018）。为了保持健康,高污染地区的家庭需要花费更高的健康支出（Rahut等,2017；Deryugina等,2019）,从而降低了城市对流动人口的吸引力。

二是影响幸福感。除了身体健康之外,空气污染对居民的心理健康也具有显著的负面效应,进而影响到居民满意度与幸福感。Li等（2014）基于中国煤矿地区的研究表明,长时间暴露在空气污染的环境中可能会引发焦虑、抑郁等症状,并严重影响居民幸福感。类似地,Zhang等（2017）的研究显示,空气污染降低了享乐幸福感,增加了抑郁症状的发生率。有研究对环境污染的福利成本进行测算,如Welsch（2006）探讨了10个欧洲国家环境污染与主观幸福感之间的关系,发现环境质量改善会大幅提升居民福利。20世纪90年代,西欧国家在二氧化氮方面取得的改善相当于人均年收入增加750美元,在铅方面的改善相当于人均年收入增加1400美元。不少国内研究也利用微观数据分析了环境污染对居民幸福感的影响。陆杰华和孙晓琳（2017）认为,环境污染对居民幸福感具有明显的负向作用。李浩等（2019）的研究显示,生态环境质量与城市居民幸福感之间近似于存在线性相关,随着生态环境质量的改善,城市居民幸福感将会提升。储德银等（2017）基于2010—2012年中国社会综合调查数据库（CGSS）构建断点回归模型，发现环境污染与居民幸福感之间存在非对称关系，污染的改善对城镇和东部地区居民的影响更大。类似地，叶林祥和张尉（2020）基于2016年中国劳动力动态调查数据（CLDS）的研究指出，居民收入水平越高，环境污染对其幸福感的负面影响越大。

三是影响劳动供给。研究表明，环境污染可能通过降低劳动供给和效率对城市规模产生影响。充足的劳动力池（labor pool）是企业选址的重要因素（Venable，2005），而环境污染对劳动供给的负面影响可能会降低城市的人力资本规模，影响城市的经济活动，进而对城市规模造成影响。Cao等（2015）和Chu等（2017）分别以安徽和武汉为例，提出空气污染是影响劳动力迁入的重要原因。劳动力迁徙会优先考虑环境清洁水平较高的地区（肖挺，2016），面对污染时，人才也往往会选择迁去环境质量更好的城市（李卫兵和张凯霞，2019），这就造成了高污染地区的人才流失。Wang和Wu（2020）探讨了高技术专业人员对空气污染的敏感度，发现空气污染对创新人力资本积累具有显著的负面影响。也有研究指出，污染会缩短工作时间，从而减少劳动供给。Hanna和Oliva（2015）以墨西哥城一家炼油厂的关闭作为准自然实验，探讨了空气污染与劳动力供给的关系，发现SO_2排放量的下降可以使员工的周工作时间增加1.3小时。此外，Aragón等（2017）基于利马的PM2.5污染研究、Kim等（2017）基于印度尼西亚的森林火灾研究均表明，从中长期来看，空气污染会降低劳动时长。

总体而言，探析环境污染对城市人口规模的影响，不仅有利于全面认清环境状况与社会经济活动之间的关系，也是社会决策者在制定环境治理和经济发展政策时不可忽略的重要内容（席鹏辉和梁若冰，2015）。已有研究主要关注城市规模对环境污染的影响（文雯和王奇，2017；邓翔和张卫，2018；周芳丽，2020），而对于环境污染对城市规模的影响则以国外研究为主，国内研究相对有限。在各类环境污染中，大气污染状况最为严峻，也更容易被居民感知（储德银等，2017），因此大气污染与人口迁移问题成为相关领域的研究重点之一。

三 环境污染的空间影响研究

不少研究指出，环境污染存在较强的空间自相关性，忽略这一特征可能会导致偏误的结果。不少学者采用空间分析方法对碳排放强度的时空格局演变特征予以识别。如程叶青等（2013）采用 Moran's I 空间自相关指数和空间面板计量模型，研究了中国省际碳排放强度的时空分布格局。冯宗宪和王凯莹（2014）、付云鹏等（2015）和邵帅等（2019）研究发现，全国范围内的省域碳强度存在显著的正向空间自相关。沈悦和任一鑫（2021）认为中国的环境污染指数表现为高（低）相邻省际单元相对集聚，呈现出比较强的空间集聚模式。

目前，关于环境污染的空间溢出效应主要存在技术依赖、污染流动和污染转移三种解释。技术依赖的观点指出，污染是经济增长的副产品之一。因此，经济增长和环境污染都会受到技术溢出的影响，从而形成空间溢出效应（Ertur 和 Koch，2007；Ezcurra 和 Rios，2015）。闫桂权等（2019）的研究发现，促进农业水资源利用过程中的绿色技术进步能够缓解农业污染，且该影响具有空间效应。Leal 等（2021）对墨西哥分行业的数据进行研究表明，工业集聚对环境污染具有明显的空间影响。另有研究指出，技术进步引致的能源回弹效应会导致本地和邻近地区的污染水平增加（Yi 等，2020；Liu 等，2021）。污染流动的观点认为，环境污染会通过风或河流传播到邻近地区，从而形成空间溢出效应（Pan 等，2015），故而有研究采用通风系数作为环境污染的工具变量（Broner 等，2012；Shi 和 Xu，2018）。同样地，整体性、流动性等自然属性会导致河流污染因外部性而产生溢出效应，使得跨省河流污染问题成为学者研究的焦点（于红等，2021）。污染转移的观点认为，许多城市在进入高度发达阶段后会进行非工业化。因此，这些城市的污染源会转移到周边欠发达城市，从而形成空间溢出效应，即"污染天堂"效应（Copeland 和 Taylor，2004；Fischer，2011；沈坤荣等，2017）。区际产业转移是中国经济发展的显著特点，企业转换产能造成的污染转移到国内其他环境规制较差地区等现象往往使承接地面临严峻的环境污染考验（金刚和沈坤荣，2018；董直庆和王辉，2019）。余东华和邢韦庚（2019）采用 2006—2016 年全国 285 个地级以上城市的面板数据分析了政绩考核机制、环境规制强度与污染产业跨地区转移之间的作用机理。赵峰等（2020）采用2000—2016年产业转移和大气污染的数据进行研究，发现产业转移导致的大气污染存在明显的空间溢出效应。运用2004—2016年中国239个地级市的数据进行实证分析，江三良和邵宇浩（2020）指出地级市政府为追求经济绩效，以较低的环境标准吸引大量外资涌入，可能导致中国成为发达国家的"污染天堂"。Hao等（2021）的研究表明，在知识产权保护日益加强的背景下，对外贸易引致的技术扩散有效地促进了碳减排，但外国直接投资和对外直接投资则导致了碳排放的增加。与之相异，有研究认为企业对外直接投资的增加会显著改善本地城市的空气污染水平，同时会减少本地城市向周边城市的污染溢出（欧阳艳艳等，2020）。

第五节 国内外文献评价

本章在厘清相关理论发展脉络的基础上，分别围绕城市规模的相关研究、公共服务的相关研究和环境污染的相关研究三个方面对国内外文献进行的总结和归纳。综观已有文献，公共服务、环境污染和城市规模研究是当前学界关注的焦点。国内外学者就相关主题展开了大量探讨，积累了丰富的理论与实践成果，为本研究的开展提供了坚实的基础，但尚存在一定可拓展的空间。

第一，从研究视角来看，已有研究分别从公共服务与城市规模、环境污染与城市规模的视角展开分析，但并未在统一的理论框架下对公共服务和环境污染影响城市规模的机制进行系统分析，也未能针对公共服务和环境污染对城市规模的空间效应和中介机制进行细致的刻画。公共服务既能够影响经济产出，也会影响污染排放水平，公共服务和环境污染又通过共同影响居民效用水平而引致城市规模变化。公共服务向心力、环境污染离心力及二者的共同作用是否能够释放积极的协同效应尚有待进一步研究。但不可否认的是，公共服务和环境污染之间具有明显关联，将二者割裂开来的独立研究将不利于综合把握其内在的中介机制，因而有必要将二者纳入共同的框架进行分析。为此，本书将基于新经济地理学、环境经济学、公共经济学等理论，构建一个包含公共服务、环境污染和城市规模的理论模型，在一个综合的分析框架下探讨公共服务和环境污染对城市规模的影响。

第二，从理论层面来看，尽管已有研究将公共服务纳入理论模型（Desmet 和 Rossi-Hansberg，2013；Diamond，2016），但这些研究仅将公共服务作为城市便利性的因素之一包含在内，鲜有文献将公共服务的影响单独剥离进行考虑，也并未对公共服务供给的规模和结构的作用机制进行细致、准确的刻画。同时，较少研究在模型中同时考虑"向心力"与"离心力"之间相互作用的影响。本书构建了包含公共服务、环境污染与城市规模的空间均衡模型，在统一的分析框架中综合考察了公共服务与环境污染对城市规模的作用效果和机理，并借助参数模拟和反事实分析对理论模型推导进行补充，丰富了城市规模的理论分析框架，拓展了城市经济学理论的应用范围。

第三，从实证层面来看，已有研究中，分别针对公共服务与城市规模、环境污染与城市规模之间关系的实证分析较多，但是对公共服务、环境污染与城市规模的实证研究则比较有限，对变量之间可能存在的空间溢出效应和中介效应的关注普遍较少。一方面，公共服务、环境污染和城市规模不仅影响当地居民的效用水平，还与城市体系中其他地区的社会经济活动显著相关。该影响是否能够辐射周边城市，仍有待进一步探讨。另一方面，对"公共服务—环境污染—城市规模"这一影响路径缺乏完整验证与分析。具体而言，公共服务是否能通过影响地区环境污染作用于城市规模，公共服务影响环境污染的路径如何，仍有待识别。为此，有必要就公共服务、环境污染与城市规模的关系展开实证分析，并对其空间溢出效应和中介效应进行验证。此外，已有研究成果多聚焦于经济发达地区，针对欠发达地区的研究较少。在推进基本公共服务均等化的背景下，欠发达城市的公共服务和环境污染对城市规模的作用效果值得深入探讨。

第 三 章

理论模型构建与机制分析

首先，本章在 Rosen（1979）、Roback（1982），以及 Desmet 和 Rossi-Hansberg（2013）空间均衡模型的基础上，构建了公共服务、环境污染与城市规模的理论分析框架。通过对公共服务和环境污染影响城市规模的作用效果、空间效应和中介效应机制进行推导和分析，提出了本书的三个研究命题。其次，通过模型推演，设定模型参数和估计特征变量等方式，分别基于公共服务和环境污染的变化开展数值模拟和反事实分析，进一步刻画公共服务与环境污染对城市规模的作用效果。最后，围绕公共服务对城市规模的影响机制、环境污染对城市规模的影响机制，以及公共服务和环境污染对城市规模的影响机制三个方面开展理论梳理与机制分析，综合探讨公共服务和环境污染对城市规模的作用关系。

第一节 公共服务和环境污染影响城市规模的理论模型构建

本部分在 Rosen（1979）、Roback（1982），以及 Desmet 和 Rossi-Hansberg（2013）空间均衡模型的基础上引入公共服务和环境污染因素，构建了公共服务和环境污染影响中国城市规模的理论分析框架。Rosen-Roback 模型考察了人口对不同城市的收入、住房和舒适度之间的取舍，Desmet 和 Rossi-Hansberg（2013）的模型从交通、效率和摩擦三个层面探析了城市规模的影响因素。上述模型为城市规模的影响因素分析提供了较为完善的理论分析框架，但并未将现阶段中国城镇化的显著特征——公共服务和环境污染因素纳入其中进行系统分析，缺乏从公共服务和环境污染的综合视角考察城市规模问题,从而未能准确地刻画新型城镇化建设背景下中国城市规模变化的影响因素。本书认为,在以人为本的新型城镇化建设背景下,公共服务与环境污染应被视为影响城市规模变化的重要因素。同时,二者在城市规模变化中并非孤立地各自发挥作用,将二者割裂开来的分析可能会忽视某些重要的作用路径。此外,已有理论模型对于公共服务与环境污染的外部性效应所引致的空间关联问题也应给予一定关注。

有鉴于此,根据本选题的研究目的和中国城镇化发展的阶段性特征,将公共服务和环境污染因素纳入 Rosen（1979）、Roback（1982），以及 Desmet 和 Rossi-Hansberg（2013）的空间均衡模型中,通过对模型求取均衡解,获得公共服务、环境污染与城市规模的作用关系。相较已有模型,本书的拓展主要表现在以下四个方面。第一,基于内生增长理论、环境经济学和城市经济学的经典理论和前沿分析（Barro,1990；Copeland 和 Taylor,1994,2004；Pflüger,2021）,对生产函数进行了一定的拓展,即将公共服务和能源作为影响经济产出的重要因素纳入生产函数模型中,并假设能源投入在扩大产出的同时会引致污染。第二,将公共服务和环境污染因素同时引入效用模型中,并假定公共服务和环境污染分别对消费者效用具有正向和负向作用,就二者对城市规模变化的作用机制进行探析,从公共服务规模和效率的视角探讨公共服务的有效供给对城市规模的影响。第三,利用模型推导公共服务通过技术进步、收入水平和产业结构影响环境污染,进而改变城市规模的作用路径。第四,在公共服务和环境污染具有跨界影响的前提假定下,借鉴 Borck 和 Tabuchi（2019）及韩峰和李玉双（2019）的研究,在模型中引入城市间的关联参数来表征空间效应。

一 公共服务与城市规模的作用关系模型

本书首先在 Galiani 和 Kim（2011）理论框架的基础上,考虑一个仅包含劳动力和公共服务的两地区模型,初步探索公共服务与城市规模的作用关系。

假定系统包含两个地区,记为 H 与 C,均以 C-D 生产函数形式生产

同质化产品 Y_j：

$$Y_j = A_j N_j^\alpha, 0 < \alpha < 1; 0 < \eta < 1; j = H, C \quad (3.1)$$

其中，N_j 表示城市 j 的劳动力投入，α 为劳动产出弹性。值得一提的是，部分已有文献的做法是令城市 j 的规模为 N_j，再设定一个反映城市就业机会的外生就业参数 ψ_j，令 $\psi_j N_j$ 表示劳动力投入（段巍等，2020）。此处为了聚焦于本书所关注的核心变量公共服务，对劳动力投入进行了简化表达，即假定城市 j 的劳动力投入等于城市人口规模 N_j。由于就业机会往往作为外生变量存在，且劳动力投入和城市规模呈简单的线性相关，这一简化并不会影响模型推导的主要结论。

进一步地，本书将全要素生产率（A_j）设定为：

$$A_j = T_j G_j^\gamma \quad (3.2)$$

其中，T_j 代表技术参数，G_j 表示地区公共服务水平。参数 $0 < \gamma < 1$ 为常数，用以衡量公共服务供给对城市生产效率的影响程度。

公共服务供给对全要素生产率的影响可以借助经济增长理论与城市空间均衡理论进行阐述。20 世纪 50 年代，以 Solow（1956）和 Swan（1956）为代表的新古典经济增长理论探究了基础设施投资对经济产出的乘数效应。80 年代，包括 Romer（1990）在内的新经济学家阐述了基础设施、人力资本积累和生产率的关联。其中，Barro（1990）、Aghion 和 Howitt（1992）等研究指出，政府的公共服务支出能够提高全要素生产率，从而扩大经济产出。就城市空间均衡理论框架而言，早在 Roback（1982）的研究中就肯定了城市便利条件对生产率的正向作用，但该研究并未将公共服务纳入城市便利设施的范畴，因而未对公共服务与生产率的作用关系进行考察。

不失一般性，将产出价格标准化为 1，通过求解利润最大化函数，可得到工资 w_j 的表达式：

$$w_j = \alpha T_j G_j^\gamma N_j^{\alpha-1} \quad (3.3)$$

由式（3.3）可以看出，工资随着公共服务水平的增加而提升，即 $\partial w_j / \partial G_j > 0$；工资则随着劳动力投入的增加而减少，即 $\partial w_j / \partial N_j < 0$，这在一定程度上反映了城市发展的拥堵效应（Desmet 和 Rossi-Hansberg，2013）。尽管如此，发达地区依然可以凭借其更高的生产率，以及多样化

的公共服务吸引人口流入。假定两地之间的人口迁移不受限制，可以预期两地的工资相等，即：

$$w_C(T_C, N_C, G_C) = w_H(T_H, N_H, G_H) \quad (3.4)$$

若居民在两个地区中仅选择其一，则两地区的人口可以表示为：

$$N_C = N - N_H \quad (3.5)$$

其中，N 表示总人口。

类似地，两地区的公共服务可以表示为：

$$G_C = G - G_H \quad (3.6)$$

其中，G 为系统中提供的公共服务总量。此处假设公共服务水平受到复杂的政治因素的影响，故将其视为外生变量。

将式（3.3）代入式（3.4）中，变换可得：

$$N_H = \left(\frac{T_H}{T_C}\right)^{\frac{1}{1-\alpha}} \left(\frac{G_H}{G_C}\right)^{\frac{\gamma}{1-\alpha}} N_C \quad (3.7)$$

进一步将式（3.5）—式（3.6）代入式（3.7），可以得到公共服务与地区人口比重的关系，即：

$$\frac{N_C}{N} = \left[1 + \left(\frac{T_H}{T_C}\right)^{\frac{1}{1-\alpha}} \left(\frac{G}{G_C} - 1\right)^{\frac{\gamma}{1-\alpha}}\right]^{-1} \quad (3.8)$$

由式（3.8）可以看出，若 G 与 N 保持不变，有 $\partial N_C/\partial G_C > 0$，表明随着地区公共服务的份额提高，即 G/G_C 取值下降，其人口比重将会提升，即 N_C/N 将会提高。换言之，可以通过优化公共服务来改变城市规模的空间分布。这一结果的一个可能解释是，随着欠发达城市的公共服务水平不断完善，寻求便利的代理人会重新对其效用水平进行权衡，向发达大城市迁移的动机将会下降。另外，根据 Yakubenko（2020）的观点，提升欠发达地区的公共服务供应水平可能会降低其死亡率并提升其生育率，从而改善人口分布状况。

二 公共服务和环境污染与城市规模的作用关系模型

接下来，我们考虑一个更为复杂的情形。模型假设了一个封闭的经济系统，由 n 个城市构成，系统中的总人口数量为 $\overline{N} = \sum_{j=1}^{n} N_j$。模型包含生产、家庭、住房与政府四个部门。其中，生产部门区别于已有城市经济学模型，借鉴了环境经济学家 Copeland 和 Taylor（1994，2003）和 Pflüger（2021）的思路，将污染排放要素引入生产函数中；假定生产部门使用能源（化石燃料为主）和劳动力两种要素生产同质化的一般性消费品，生产要素在各城市间自由流动，要素市场和产品市场均为完全竞争。家庭为生产部门提供劳动力，并将其所得用于购买一般性消费品和住房。住房部门根据城市土地资源禀赋为居民提供住房消费。政府为城市生产和居民生活城市公共服务。城市公共服务不仅会作用于地区生产率，还会对居民效用造成影响。由于公共服务包括多个方面，支出来源较为复杂，受到多种政治因素的影响，故依旧假定政府的城市公共服务供给为外生变量（Galiani 和 Kim，2011）。城市居民的效用水平受到来自公共服务这一"向心力"的正面影响，同时受到环境污染这一"离心力"的负面影响。就中国城镇化发展的情况而言，大城市的环境污染现象较为严峻，严重影响了居民效用。与此同时，由于高水平的城镇化和高质量的公共服务设施，大城市对外来人口仍具有较大的吸引力。

（一）技术

在竞争均衡条件下，假设生产部门的生产技术表现为规模报酬不变。基于 C-D 生产函数形式的城市 j 生产部门的生产函数可以表示为：

$$Y_j = A_j N_j^\alpha E_j^{1-\alpha} \tag{3.9}$$

其中，Y_j 表示城市 j 的经济产出，N_j、E_j 分别表示劳动力和能源投入。其中，能源投入是影响地区污染排放的主要因素。这一设定与 Krugman 和 Venables（1995）以及 Pflüger 和 Tabuchi（2011）的研究相一致，是对 Duranton 和 Puga（2004，2014）将劳动力视为唯一投入要素的拓展。A_j 为城市全要素生产率，其具体表达式参照式（3.2），在此不做赘述。参数 $0<\alpha<1$ 为常数，表示劳动产出弹性。

将式（3.9）分别对劳动力和能源取一阶条件，可以得到要素价格表达式：

$$w_j = \partial Y_j/\partial N_j = \alpha T_j N_j^{\alpha-1} E_j^{1-\alpha} G_j^\gamma \tag{3.10}$$

$$\bar{r}_E = \partial Y_j/\partial N_j = (1-\alpha) T_j N_j^\alpha E_j^{-\alpha} G_j^\gamma \tag{3.11}$$

其中，w_j 表示工资；$\bar{r}_E$ 表示外生给定的能源价格。在建设全国统一能源市场体系的背景下，假定各地要素自由流动，能源价格准确反映市场供求关系变化。当能源市场实现供求平衡时,地方能源价格相等。

调整式(3.11),可得到城市环境污染的相关表达式为:

$$E_j = (1-\alpha)^{\frac{1}{\alpha}} r_E^{-\frac{1}{\alpha}} T_j^{\frac{1}{\alpha}} N_j G_j^{\gamma} \tag{3.12}$$

由式(3.12)可以看出,环境污染与城市规模相关,亦受到公共服务供给等因素的影响。

(二)偏好

本书借鉴了 Rosen(1979)和 Roback(1982)的思路,构造了如下效用函数。效用函数 $U_j(S_j, C_j, H_j)$ 反映了代表性消费者的偏好,主要取决于产品消费 C_j、住房消费 H_j 和城市舒适度 S_j。代表性消费者通过选择不同组合的一般性消费品及住房数量来实现效用最大化。效用函数的具体表达式如下:

$$U_j = S_j C_j^{\rho} H_j^{1-\rho} \tag{3.13}$$

其中,参数 ρ 表示一般性消费品的支出份额,满足 $0 < \rho < 1$。效用函数对于 C_j 和 H_j 是递增且拟凹的,即 $U_j'(C_j) > 0$,$U_j''(C_j) < 0$,$U_j'(H_j) > 0$,$U_j''(H_j) < 0$。同时,居民效用水平与舒适度呈正相关。

在城市空间均衡模型中,城市舒适度(amenity)被视为影响居民效用水平的重要指标。Roback(1982)的理论模型将犯罪率、环境污染和气候因素作为舒适度的衡量指标,对美国 98 个城市的生活质量进行排序。Albouy(2008)沿用了这一做法,采集了一系列影响居民生活质量的因素以反映城市舒适度。Diamond(2016)对学校质量、零售环境、犯罪、环境和交通基础设施等因素提取公因子以度量城市舒适度。综观已有研究,学者所考察的教育、医疗、交通等方面的因素均为体现公共服务水平的重要方面,文献中所涉及的清洁空气指标亦是环境污染状况的重要反映。但既有研究主要将上述要素与气候、地理等外生变量共同作为城市舒适度的度量指标进行综合考虑,并未将与公共服务和环境污染相关的因素剥离出来,故未能准确地刻画公共服务和环境污染对城市规模的影响。改革开放以来,政府职能深刻转变。党的十六届六中全会明确提出了"建设服务型政府,强化社会管理和公共服务职能"的任务,将服务型政府建设作为建设和谐社会的重要举措。党的十九届五中全会结合当前我国社会主要矛盾,围绕"建设人民满意的服务型政府"对加快转变政府职能作出重要部署。政府职能的转变对人口迁移与各级城市发展将会产生何种影响，尚有待进一步考察。为此，探析政府公共服务策略对居民效用的影响，具有重要的现实意义。

有鉴于此，根据本书的研究目的，将城市舒适度分解为城市公共服务、环境污染，以及其他外生变量。参考 Diamond（2016）的做法，外生变量包括气候、地理条件等。城市舒适度的具体表达式如下：

$$S_j = x_j G_j^\sigma E_j^{-\theta} \tag{3.14}$$

其中，参数 $0<\sigma$、$\theta<1$；x_j 表示城市外生舒适度，包括气候、地理等因素；G_j^σ 表示政府的公共服务综合水平，由公共服务规模 G 和公共服务供给效率 σ 共同决定，公共服务水平和效率的提升均会正向影响城市舒适度；$E_j^{-\theta}$ 代表城市环境质量，受到环境污染水平 E 及参数 θ 的影响。随着城市经济活动日益密切，会产生环境污染等系列问题，从而降低城市舒适度（Glaeser 等，1995）。

不失一般性，将一般性消费品的价格标准化为 1，则消费者的预算约束可表示为：

$$C_j + r_{H,j} H_j \leqslant w_j \tag{3.15}$$

其中，$r_{H,j}$ 表示住房价格。利用式（3.13）—式（3.15）求解消费者效用最大化问题，可以得到一般性消费品和住房消费的关系，即：

$$\frac{C_j}{H_j} = \frac{\rho}{1-\rho} r_{H,j} \tag{3.16}$$

进一步地，可以得到一般性消费品和住房消费的需求函数：

$$C_j = \rho w_j \tag{3.17}$$

$$H_j = (1-\rho) w_j / r_{H,j} \tag{3.18}$$

若城市 j 外生给定的住宅用地面积为 $\bar{L}_{H,j}$，那么城市住房部门出清的条件为：

$$r_{H,j} \bar{L}_{H,j} = (1-\rho) w_j N_j \tag{3.19}$$

其中，代表性家庭的住房消费数量为：

$$H_j = \bar{L}_{H,j} / N_j \tag{3.20}$$

（三）均衡分析

当经济系统达到空间均衡状态时，各城市的居民效用水平相等，城市间的劳动力不再流动。若系统中各城市在均衡状态下的居民效用为 $\bar{U}$，

则有 $U_j = \overline{U}$，$\forall j$。将式（3.17）—式（3.20）代入式（3.13），可以得到：

$$\overline{U} = x_j G_j^\sigma E_j^{-\theta} \rho^\rho w_j^\rho N_j^{\rho-1} \overline{L}_{H,j}^{1-\rho} \tag{3.21}$$

式（3.21）反映了均衡效用水平与公共服务、环境污染、城市人口之间的关系。具体而言，随着公共服务规模和效率提升，居民效用水平得到提高；而随着污染排放率增加，居民效用水平下降。

由式（3.9）—式（3.11），可以将 w_j 的表达式调整为：

$$w_j = \alpha \left[(1-\alpha)/\bar{r}_E \right]^{\frac{1-\alpha}{\alpha}} T_j^{\frac{1}{\alpha}} G_j^{\frac{\gamma}{\alpha}} \tag{3.22}$$

将式（3.22）带入式（3.21）中，可得到均衡效用水平的决定式：

$$\overline{U} = \Phi x_j T_j^{\frac{\rho-\theta}{\alpha}} G_j^{\frac{(\rho-\theta)\gamma}{\alpha}+\sigma} N_j^{\rho-1-\theta} \overline{L}_{H,j}^{1-\rho} \tag{3.23}$$

其中，$\Phi = \alpha^\rho \rho^\rho \left[(1-\alpha)/\bar{r}_E \right]^{\frac{(1-\alpha)\rho-\theta}{\alpha}}$。

将式（3.23）调整可得到空间均衡状态下各城市人口规模的表达式：

$$N_j = \left[\Phi x_j T_j^{\frac{\rho-\theta}{\alpha}} G_j^{\frac{(\rho-\theta)\gamma}{\alpha}+\sigma} \overline{L}_{H,j}^{1-\rho} \overline{U}^{-1} \right]^{\frac{1}{1+\theta-\rho}} \tag{3.24}$$

由式（3.24）可以得到均衡状态下城市规模的影响因素。城市规模受到技术参数（T_j）、公共服务水平（G_j）、居住用地面积（$\overline{L}_{H,j}$）、外生地理条件（x_j），以及均衡效用水平（$\overline{U}$）等因素的影响。同时，受到参数 α、ρ、γ、θ、σ 取值的影响。式（3.24）描绘了一个包含公共服务和环境污染影响城市规模的理论分析框架。通过对本书所关注的公共服务等变量求取一阶导数，可以得到：①城市规模 N_j 受到公共服务水平 G_j 的影响，若 $\rho - \theta > 0$，即消费的正效应大于环境污染的负面影响时，城市规模关于公共服务水平单调递增；反之，则城市规模关于公共服务水平的方向不确定。②城市规模 N_j 与公共服务的生产效率 γ、供给效率 σ 的关系为正向相关，在其他条件不变的前提下，随着公共服务的生产效率弹性和供给效率提升，城市人口规模增多。③城市规模 N_j 与环境污染参数 θ 表现为负向相关，在其他条件不变的前提下，参数 θ 增大会导致 N_j 降低。根据上述分析，可以得到：

命题1：城市规模受到公共服务与环境污染因素的共同影响，城市规模与环境污染参数呈负相关关系，城市规模与公共服务的作用关系同时还受到环境污染因素的影响，作用方向不确定。

三 考虑空间效应的分析

式（3.24）反映了均衡状态下城市 j 的规模 N_j 受到本地公共服务及环境污染的影响。而根据已有研究，公共服务和环境污染不仅影响当地居民的效用水平，还与城市体系中其他地区的社会经济活动及效用水平显著相关。一方面，本地公共服务对周边城市的人口规模的影响具有空间溢出效应。Tiebout（1956）的"用脚投票"思想认为，本地政府的公共服务供给可能会对邻近地区政府产生模仿与示范效应，从而影响其他地区居民的福利和城市规模。同时，从地区竞争的视角来看（Flatters 等，1974），本地政府为了吸引居民迁移而提高公共服务供给的行为可能会导致其他地区人口迁出；反之，若本地政府的公共服务有效供给不足，跟不上城市规模扩张的速度，可能会降低居民效用，造成当地人口流出（Glaeser 等，1995）。另一方面，环境污染也具有明显的空间扩散效应（李佳佳和罗能生，2016），不少污染物对环境的影响都表现为明显的跨区域特征（欧阳艳艳等，2020）。随着城市环境质量在人口流动和迁移决策中的作用愈加重要（Hanna 和 Oliva，2015），若本地面临较高的环境污染风险，本地人口，尤其是受教育程度与收入水平更高人群的迁出意愿将明显提高（刘欢和席鹏辉，2019）。反之，若本地环境质量较高，则可以吸引邻近城市的人口流入。有鉴于此，我们进一步对公共服务和环境污染影响城市规模的空间效应予以刻画。

在前文分析的基础上，本书参考 Borck 和 Tabuchi（2019）、韩峰和李玉双（2019）的做法，引入城市间关联程参数来表征空间效应。

具体而言，本书将式（3.14）拓展为：

$$S_j = x_j G_j^{\sigma} G_i^{\sigma \omega_{ij}} E_j^{-\theta} E_i^{-\theta v_{ij}} \tag{3.25}$$

其中，$G_i^{\sigma \omega_{ij}}$ 表示城市 i 中公共服务对城市 j 居民效用的影响，$E_i^{-\theta v_{ij}}$ 表示城市 i 中环境污染对城市 j 居民效用的影响，ω_{ij} 和 v_{ij} 分别为公共服务和环境污染的空间关联系数，且 $i \neq j$。

均衡效用水平决定式则变化为：

$$\bar{U} = \Phi x_j T_j^{\frac{\rho-\theta}{\alpha}} G_j^{\frac{(\rho-\theta)\gamma}{\alpha}+\sigma} N_j^{\rho-1-\theta} \bar{L}_{H,j}^{1-\rho} G_i^{\sigma \omega_{ij}} E_i^{-\theta v_{ij}} \tag{3.26}$$

对应地，空间均衡状态下各城市人口规模的表达式变化为：

$$N_j = \left[\Phi x_j T_j^{\frac{\rho-\theta}{\alpha}} G_j^{\frac{(\rho-\theta)\gamma}{\alpha}+\sigma} \bar{L}_{H,j}^{1-\rho} \bar{U}^{-1} \right]^{\frac{1}{1+\theta-\rho}} B_i \quad (3.27)$$

其中，$B_i = (G_i^{\sigma\omega_{ij}} E_i^{-\theta v_{ij}})^{\frac{1}{1+\theta-\rho}}$ 反映了城市 i 公共服务和环境污染水平对城市 j 的影响。

由式（3.27）可以看出，城市 j 的均衡规模不仅受到当地公共服务水平和环境污染等因素的影响，还与其他地区的公共服务和环境污染水平相关联。通过上述分析，本书得到命题2：

命题2：公共服务与环境污染对城市规模的影响具有空间溢出效应。一个地区的公共服务与环境污染水平不仅影响本地区的城市规模，还会对邻近地区的城市规模水平造成影响。具体的影响程度和方向与公共服务和环境污染的空间关联系数有关。

四 基于影响路径的分析

前文构建了一个包含单一生产部门的分析框架，分析了公共服务和环境污染对城市规模的影响。模型刻画了公共服务和环境污染对城市规模的"向心"与"离心"作用，亦揭示了公共服务与城市规模的关系受到环境污染因素的影响，但无法甄别公共服务通过环境污染影响城市规模的路径机制。López 等（2011）构建了一个公共支出对环境质量影响机制的理论框架，将公共支出的影响分解为规模效应、结构效应和技术效应三个部分，认为公共支出会通过上述三种路径作用于环境污染。为深入揭示公共服务和环境污染对城市规模的作用路径，本书借鉴 Lopez 等（2011）的分析框架，进一步对公共服务和环境污染影响城市规模的空间均衡模型进行拓展。

假设城市 j 中存在两个生产部门，工业部门与服务业部门，其要素和终端产品市场均为完全竞争，最终产品价格为外生。其中，工业部门有一个代表性的资本密集型厂商，投入劳动力、私人资本与能源（化石燃料）进行生产，工业产品记为 $Y_{I,j}$。该部门是生产性污染排放的主要来源，污染排放量的大小与化石燃料投入规模相关。服务业部门的代表性厂商主要投入劳动力进行生产，故相较工业部门来说属于清洁部门，其产出记为 $Y_{S,j}$。政府部门负责提供公共服务。公共服务有助于改进生产部门的生产效率，但其对工业和服务业生产率的作用效果是不同的。若公共服务对工业与服务业的生产效率弹性分别为 γ_I、γ_S，则有 $0 < \gamma_I \leqslant \gamma_S \leqslant 1$。

在竞争均衡条件下，依然假设生产部门的生产技术表现为规模报酬不变。基于 C-D 生产函数形式的工业部门生产函数可以表示为：

$$Y_{I,j} = A_{I,j} N_{I,j}^{\alpha} E_j^{\beta} K_{I,j}^{1-\alpha-\beta} \tag{3.28}$$

其中，$A_{I,j}$ 表示工业部门的全要素生产率，$L_{I,j}$、E_j 和 $K_{I,j}$ 分别表示工业部门的劳动力、能源和资本投入。工业部门的能源投入（以化石燃料为主）是城市污染排放的主要来源。G_j 表示政府公共服务投入。参数 α、β 表示要素的弹性系数，有 $0 < \alpha$、β，$\alpha + \beta < 1$。

工业部门的全要素生产率可分解为：

$$A_{I,j} = T_{I,j} G_j^{\gamma_I} \tag{3.29}$$

其中，$T_{I,j}$ 代表工业部门的技术参数，G_j 表示政府公共服务投入。随着公共服务供给增多，全要素生产率随之提高。

服务业部门的生产函数表示为：

$$Y_{S,j} = A_{S,j} N_{S,j} \tag{3.30}$$

其中，$A_{S,j}$、$N_{S,j}$ 分别表示服务业部门的全要素生产率和劳动力投入。相较工业部门，服务业部门资本密集度较低，故不考虑服务业部门的物质资本投入不会使计量结果发生改变，且可以在一定程度上简化数理模型。

服务业部门的全要素生产率可分解为：

$$A_{S,j} = T_{S,j} G_j^{\gamma_S} \tag{3.31}$$

其中，$T_{S,j}$ 代表服务业部门的技术参数。

若均衡状态下城市 j 的规模，即其劳动力总供给水平为 $\overline{N}_j$，劳动力市场实现竞争均衡，则有：

$$\overline{N}_j = N_{I,j} + N_{S,j} \tag{3.32}$$

此处对于劳动力表达式的简化同样不会影响模型的主要结论。

同时，均衡状态下各生产部门的工资水平相等，有：

$$w_{I,j} = w_{S,j} = w_j = T_{S,j} G_j^{\gamma_S} \tag{3.33}$$

其中，w_j 表示城市 j 的工资水平。由式（3.33）可以看出，均衡状态下的工资水平随着公共服务而增加。

均衡状态下，系统中的劳动力分配不再发生变动，城市 j 在其生产可能性边界（production possibility frontier）的约束下最大化其产出收入。不失一般性，将服务业部门的单位产出价格标准化为1，同时假设工业部门的单位产出价格为 p，城市 j 生产部门的总收入可以表示为 $(pY_{I,j} + Y_{S,j})$。

将式（3.28）—式（3.31）代入式（3.32）中，可以得到生产可能性边界：

$$\overline{N}_j = Y_{I,j}^{\frac{1}{\alpha}} T_{I,j}^{-\frac{1}{\alpha}} G_j^{-\frac{\gamma_I}{\alpha}} E_j^{-\frac{\beta}{\alpha}} K_{I,j}^{\frac{\alpha+\beta-1}{\alpha}} + Y_{S,j} T_{S,j}^{-1} G_j^{-\gamma_S} \quad (3.34)$$

则生产部门产出收入最大化的条件为：

$$\max(pY_{I,j} + Y_{S,j})$$
$$s.t. \quad \overline{N}_j = Y_{I,j}^{\frac{1}{\alpha}} T_{I,j}^{-\frac{1}{\alpha}} G_j^{-\frac{\gamma_I}{\alpha}} E_j^{-\frac{\beta}{\alpha}} K_{I,j}^{\frac{\alpha+\beta-1}{\alpha}} + Y_{S,j} T_{S,j}^{-1} G_j^{-\gamma_S} \quad (3.35)$$

分别对 $Y_{I,j}$ 和 $Y_{S,j}$ 求解一阶条件，可得到 $Y_{I,j}$ 与 $Y_{S,j}$ 的关系，即 $\partial Y_{S,j}/\partial Y_{I,j} = -p$。进一步对其求解，可以得到 $Y_{I,j}$ 的显性表达式：

$$Y_{I,j} = (p\alpha/T_{S,j})^{\frac{\alpha}{1-\alpha}} T_{I,j}^{\frac{1}{1-\alpha}} G_j^{\frac{\gamma_I-\alpha\gamma_S}{1-\alpha}} E_j^{\frac{\beta}{1-\alpha}} K_j^{\frac{1-\alpha-\beta}{1-\alpha}} \quad (3.36)$$

式（3.36）表明，当 $\gamma_I > \alpha\gamma_S$ 时，增加公共服务会扩大工业部门产出，并减少服务业部门产出，引致污染加剧；反之，增加公共服务供给会减少工业部门产出，并扩大服务业部门产出，从而减缓环境污染。

就工业部门而言，在给定资本投入的情况下，通过选择劳动力和能源投入以使其成本最小化。则有：

$$C_{I,j} = w_j N_{I,j} + r_{E,j} E_{I,j} \quad (3.37)$$

其中，w_j 和 $r_{E,j}$ 分别表示工资和能源价格。

通过式（3.37）获得劳动力与能源投入的边际技术替代率，对式（3.33）进行调整，可得：

$$C_{I,j} = (\alpha/\beta)^{\frac{\beta}{\alpha+\beta}}(\alpha+\beta)/\alpha T_{I,j}^{-\frac{1}{\alpha+\beta}} w_j^{\frac{\alpha}{\alpha+\beta}} r_{E,j}^{\frac{\beta}{\alpha+\beta}} K_{I,j}^{\frac{\alpha+\beta-1}{\alpha+\beta}} Y_{I,j}^{\frac{1}{\alpha+\beta}} G_j^{-\frac{\gamma_I}{\alpha+\beta}} \quad (3.38)$$

由谢泼德引理，可得到能源要素的需求表达式：

$$E_j = \frac{\partial C_{I,j}}{\partial r_{E,j}} = (\beta/\alpha)^{\frac{\alpha}{\alpha+\beta}} T_{I,j}^{-\frac{1}{\alpha+\beta}} (w_j/r_{E,j})^{\frac{\alpha}{\alpha+\beta}} K_{I,j}^{\frac{\alpha+\beta-1}{\alpha+\beta}} Y_{I,j}^{\frac{1}{\alpha+\beta}} G_j^{-\frac{\gamma_I}{\alpha+\beta}} \quad (3.39)$$

将式（3.39）等式两边取对数，并对 G 求导，可以得到：

$$\frac{\partial \ln E_j}{\partial \ln G_j} = \underbrace{-\frac{1}{\alpha+\beta}\frac{\partial \ln A_{I,j}}{\partial \ln G_j}}_{\text{技术进步效应}} + \underbrace{\frac{\alpha}{\alpha+\beta}\frac{\partial \ln w_j}{\partial \ln G_j} - \frac{\alpha}{\alpha+\beta}\frac{\partial \ln r_{E,j}}{\partial \ln G_j}}_{\text{收入效应}} + \underbrace{\frac{1}{\alpha+\beta}\frac{\partial \ln Y_{I,j}}{\partial \ln G_j}}_{\text{产业结构效应}}$$

$$(3.40)$$

从式（3.40）可以看出，公共服务能够对环境污染产生影响，这一影响可以进一步分解为三个部分,分别为公共服务的技术进步效应、收入效应及产业结构效应。该式的第一部分刻画了公共服务的技术进步效应,由于 $\partial \ln A_j / \partial \ln G_j > 0$,意味着公共服务通过改进全要素生产率,有助于减缓环境污染。该式的第二部分和第三部分反映了公共服务的收入效应,增加公共服务供给带来的收入效应可能会造成两方面的结果。其一,公共服务使企业和居民收入水平提升,从而扩大生产并刺激消费,继而加大了能源消耗,加剧环境污染。其二,随着收入增长,居民对环境质量的要求及环保意识不断提升,促使政府实行更为严格的环境规制标准,使得能源价格上涨,从而抑制环境污染。该式的第四部分描绘了公共服务的产业结构效应。当 $\gamma_I < \alpha \gamma_S$ 时,有 $\partial \ln Y_{I,j} / \partial \ln G_j < 0$,即产业结构向服务业方向调整,污染排放减少;反之,则污染加剧。

基于上述分析,可以得到:

命题3:环境污染是公共服务影响城市规模的中介变量,公共服务通过环境污染影响城市规模。同时,公共服务通过技术进步、收入水平和产业结构三种路径改变环境污染水平,进而影响城市规模。

第二节 公共服务和环境污染影响城市规模的反事实分析

一 模型参数校准

根据城市人口规模决定式(3.24),本书模型需要校准的参数包括 α、γ、ρ、σ、θ。各参数校准情况如下表所示:

表3.1 模型参数校准情况

参数	含义	取值
α	劳动产出弹性	0.4779
γ	公共服务的生产效率弹性	0.1039
ρ	一般消费品支出份额	0.6670
σ	公共服务供给效率	0.8500
θ	环境污染效用指数	0.3000

(1) 劳动产出弹性（α）。已有研究大多基于 Bai 等（2006）和 Desmet 与 Rossi-Hansberg（2013）的成果，将劳动产出弹性设定在 0.46—0.54。本书沿用已有文献的做法，将劳动产出弹性设定为 $\alpha = 0.4779$。

(2) 公共服务的生产效率弹性（γ）。借鉴饶晓辉和刘方（2014）、段巍等（2020）的估计结果，将政府公共服务投入的生产效率弹性设定为 $\gamma = 0.1039$。

(3) 一般消费品支出份额（ρ）。关于一般消费品的支出份额，既有文献的设定各不相同。刘修岩等（2017）参考了许宪春等（2012）的研究，将房屋消费支出占家庭支出的比例设定为 0.1680，即一般消费品支出的份额为 0.8320。王军平（2006）指出，中国自有住房率高于其他市场经济国家，中国居民住房消费的实际支出比重高于国家统计局数据汇报的结果，大致应为 25.76%—35.3%。类似地，孙文凯和罗圣杰（2011）在考虑自有住房的情况下，估算出中国住房支出占居民消费支出的 1/3。潘士远等（2018）、段巍等（2020）均借鉴了上述做法，将一般消费品参数设定为 0.6670。赵达和沈煌南（2021）在对中国的 CPI 感知偏差进行测度的基础上，估算出 2005—2010 年全国层面的居住权重约为 30%，高于国家统计局的报告值。本书综合已有文献，将一般消费品的支出份额设定为 $\rho = 0.6670$。

(4) 公共服务供给效率（σ）。根据陈诗一和张军（2008）的测算，地方政府平均支出相对效率为 0.8500，故设定公共服务供给效率 $\sigma = 0.8500$。

(5) 环境污染效用指数（θ）。既有文献大多将环境污染作为城市舒适度的一部分，并未单独考察环境污染的影响，故已有文献中缺乏针对该参数的相关研究。本书对这一参数的设定参考了环境污染与居民幸福感知的相关文献。李梦洁（2015）构造了城市环境污染综合指数，并基于中国综合社会调查数据（CGSS）研究了客观环境污染对居民幸福感的影响，发现城市环境污染显著降低了居民幸福感，程度大约在 0.2439—0.3703。郑君君等（2015）基于相同数据的研究表明，主观感知环境污染程度每上升一个单位，城市居民的幸福感会下降 0.2720 个单位。同样地，储德银等（2017）采用断点回归估计方法审视了空气污染与居民幸福感之间的关系，发现主观空气污染每提升一个单位，居民幸福感会下降约 0.2745—0.2778 个单位。陆杰华和孙晓琳（2017）通过对"2015 年中国家庭幸福感热点问题调查"数据分析发现，空气污染对居民幸福感的下降幅度约为 0.2778—0.4804 个单位。可以看出，无论是客观环境污染水平，抑或是主观环境污染评价，均对居民效用具有显著的负向影响，其影响幅度为 0.25—0.50。为此，设定环境污染的效用参数 $\theta = 0.3000$。

二 特征变量估计

此外，模型中还包含了公共服务水平（G_j）、能源价格管制（$\bar{r}_E$）、技术水平（T_j）、居住用地面积（$\bar{L}_{H,j}$）和外生地理条件（x_j）等城市特征变量的影响。已有文献大多采用第六次全国人口普查的数据进行特征变量估计和反事实分析。考虑到第七次全国人口普查的数据尚未全面公开，本书借鉴这一思路，采用第六次全国人口普查的数据及对应年份的其他统计数据进行分析。各变量的测算方法如下：

（1）公共服务水平（G_j）。由前文所测算的对应年份的各城市公共服务综合指数来表征。

（2）能源价格管制（$\bar{r}_E$）。以全国燃料动力类购进价格指数度量，数据来自《中国统计年鉴》。

（3）技术水平（T_j）。利用式（3.8）和式（3.9）反推得到。即 $T_j = Y_j / N_j^\alpha E_j^{1-\alpha} G_j^\gamma$。进一步带入 E 与 Y 的关系式 $E_j = (1-\alpha)/\bar{r}_E Y_j$，可以将技术水平 T_j 的决定式重新写为 $T_j = Y_j^\alpha / [(1-\alpha)/\bar{r}_E]^{1-\alpha} N_j^\alpha G_j^\gamma$。因此，只需要知道城市层面的产出、人口规模、能源价格和公共服务水平就可以大致估计出城市的技术水平。其中，外生参数 α 和 γ 根据前文设定的参数值代入；城市的产出水平 Y_j 用该城市的生产总值衡量，劳动要素投入 N_j 用城镇人口数量表示，数据来自《中国城市统计年鉴》和第六次全国人口普查数据。能源价格和公共服务以本章节中设定的估算方法带入。

（4）居住用地面积（$\bar{L}_{H,j}$）。由《中国城市建设统计年鉴》中的居住用地面积进行表示。

（5）外生地理条件（x_j）。估计方法参考 Desmet 和 Rossi-Hansberg（2013），将第六次全国人口普查数据中的城镇人口数量以及各参数、各城市特征变量代入式（3.27），反向求解出外生舒适度。设定均衡效用水平为1。

三 反事实分析

在上述参数与特征变量设定的基础上，本书设计了一系列反事实分析，其思路是赋予某一特征变量或参数新的取值，根据式（3.24）和劳动总需求等于总供给这一均衡条件，求解出各城市的反事实均衡人口规模，将其与真实规模进行比较。图3.1为体现初始真实状态与反事实结果中城市规模分布状况的向下累计比率图，实线代表基于现实数据的真实人口，而虚线则代表反事实的人口规模。横轴反映了城市规模的对数，纵轴为大于特定城市规模的概率。

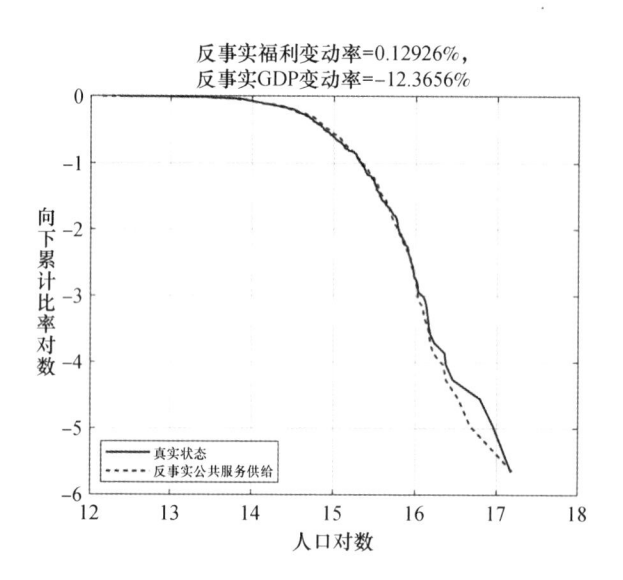

图3.1 消除公共服务差异的反事实分析

根据本书的研究目的，本节分别针对公共服务和环境污染设计反事实分析。就公共服务而言，本节依次检验了消除公共服务水平在各个城市之间的差异，仅提升某一类城市的公共服务水平，同时提升所有城市的公共服务水平，以及改变公共服务供给效率的情况下，城市人口分布、生产效率和均衡效用水平的变化。就环境污染而言，本节分别检验了提高和降低环境污染效用指数的情况下，城市人口分布、生产效率和均衡效用水平的变化。

（一）关于公共服务的反事实分析

本部分重点关注当公共服务规模和效率发生改变时，即当模型中的 G 和 σ 发生变化时，均衡效用水平、生产率和人口分布的变化。

1. 消除公共服务水平差异的反事实分析

图 3.1 呈现了消除公共服务水平在各个城市之间的差异时，人口在城市之间的分布变化及相应的反事实福利与 GDP 变动率。此处，各城市公共服务综合指数为 2010 年全国公共服务综合水平的算术平均值，即 2.30。从效用水平和生产率变化来看，消除公共服务差异后，城镇居民均衡效用水平变为 1.0013，较初始状态增加了 0.13%，GDP 则较初始状态下降了 12.37%，说明改变公共服务状况不仅影响居民效用水平，还会对城市经济活动产生显著影响。就福利状况而言，新均衡之下，居民效用提升了 0.13%，表明消除公共服务水平差异能够带来小幅度的福利改善。可能的解释是，对于公共服务水平相对较低的城市而言，伴随着当地居民公共服务可及性的改善，居民的生活质量得到提升，进而改进了福利水平。对于另一部分城市而言，一方面，公共服务水平的下降不仅直接降低了居民效用水平，还通过影响经济产出和居民收入对当地居民福利产生负向影响；另一方面，随着人口流出，城市"拥挤"效应下降，居民效用有所提高。在各类正负效应的综合作用之下，整体福利水平小幅上升。

就经济产出而言，新均衡之下，GDP 总体下降了 12.37%，意味着简单地消除公共服务水平差异并不会带来生产率的改善。以北京和上海等大型城市为例，消除公共服务差距后，二者的 GDP 分别下降了 26.12% 和 27.46%。经济集聚理论显示，大城市具有更丰富的劳动力池（Venable，2005），更易释放规模效应和集聚效应，对经济生产具有明显的正外部性。随着消除公共服务差异引致部分大城市人口流出，大城市的经济产出有所下降；与此同时，尽管中小城市的公共服务供给状况改善吸引了一定人口流入，但由于其技术水平、规模效应和集聚效应不及大城市，对生产效率和经济产出的提升作用则比较有限，最终对整体 GDP 水平造成负向影响。

从城市人口分布变化来看，新均衡下，消除公共服务差异后，流动人口在城市之间的分布变得更为集中化，与刘修岩和李松林（2017）的结果相似。消除差异后，人口的重新分配率达到了7.78%[①]，规模较大的城市人口流出，而规模较小的城市则流入更多的流动人口。就具体数值而言，包括北京、天津和上海几个直辖市在内的一些大城市的人口规模均有所下降，如北京的人口减少了23.20%[②]；而三亚等部分人口规模相对较小的城市规模均有所提升，如三亚的人口增加了3.02%。这表明大城市规模受到公共服务水平的显著影响，消除公共服务差异后，大城市的公共服务水平降低，对流动人口的吸引力将会降低。

2. 仅改变某一组城市公共服务水平的反事实分析

进一步地，为探究公共服务对不同规模城市的差异化影响，本书将各城市按照人口规模分为Ⅰ组和Ⅱ组。Ⅰ组为城镇人口规模大于360万人（前141名）的城市，对应地，Ⅱ组为城镇人口规模小于360万人（后144名）的城市。

图3.2（a）和图3.2（b）呈现了Ⅰ组城市的公共服务水平分别提升10%和20%时，人口在城市间的分布变化。反事实结果显示，在其他条件不变的情况下，当增加Ⅰ组城市10%的公共服务水平时，均衡福利水平变为1.0668，福利较初始状态提升了6.68%；当增加Ⅰ组城市20%的公共服务水平时，均衡福利水平变为1.1298，福利较初始状态提升了12.98%。上述福利结果表明，提升规模较大城市的公共服务水平会引致整体福利水平显著上升。

从GDP变动来看，当Ⅰ组城市的公共服务水平分别增加10%和20%时，GDP总量明显提升，变动率分别为2.45%和4.76%。这一结果说明，增加规模较大城市的公共服务水平有助于改进整体经济状况。随着大城市的公共服务水平提升，其生产效率将得到提高，进而增加经济产出。与此同时，由于人口吸纳能力得到改善，外来人口的流入又为生产活动提供了充足的劳动力，从而进一步增加产出。新均衡下，包括北京

[①] 人口的重新分配率的表达式为 $\sum_j \max\{(N_{j,\text{反事实}} - N_{j,\text{真实}}), 0\}$。

[②] 人口变化率的表达式为 $\frac{N_{j,\text{反事实}} - N_{j,\text{真实}}}{N_{j,\text{真实}}}$，$N_{j,\text{真实}}$ 代表城市 j 的真实人口数，$N_{j,\text{反事实}}$ 则表示反事实状态下的人口数。

和上海在内的大型城市的 GDP 均有所提升,从侧面支持了这一观点。

从城市人口分布变化来看,当增加 I 组城市的公共服务水平时,流动人口在城市之间的分布变得更为分散化,规模较大的城市吸纳了更多人口,而规模较小的城市则大多表现为人口流失。当 I 组城市的公共服务水平分别增加 10% 和 20% 时,人口的重新分配率分别达到 2.59% 和 4.80%。以具体数值为例,当增加 I 组城市 10% 的公共服务水平时,北京和上海各增长了约 70 万人和 80 万人,而黑龙江的大庆和伊春则各流失了约 30 万人和 10 万人;当增加 I 组城市 20% 的公共服务水平时,北京和上海各增长了约 130 万人和 150 万人,而黑龙江的大庆和伊春则各流失了约 50 万人和 20 万人。主要原因在于公共服务水平的提升进一步增加了 I 组城市的吸引力,但相应的代价是未获得公共服务提升的城市人口流出,使得城市规模分布发生改变。

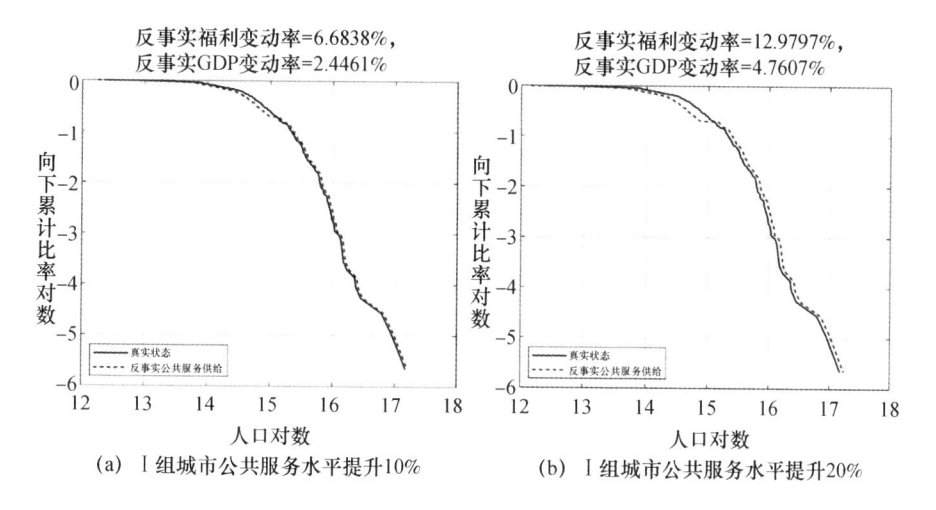

图 3.2 提升 I 组城市公共服务水平的反事实分析

图 3.3 (a) 和图 3.3 (b) 呈现了 II 组城市的公共服务水平分别提升 10% 和 20% 时,人口在城市之间的分布变化。反事实结果显示,在其他条件不变的情况下,当增加 II 组城市 10% 的公共服务水平时,均衡福利水平变为 1.0242,福利较初始状态提升了 2.42%;当增加 II 组城市 20% 的公共服务水平时,均衡福利水平变为 1.0484,福利较初始状态提升了 4.84%。该结果表明,提升规模较小城市的公共服务水平会引致均衡福利

水平的小幅上升，但上升幅度略小于提升Ⅰ组城市公共服务水平时的情况。

从 GDP 变动来看，当Ⅱ组城市的公共服务水平分别增加10%和20%时，GDP总量呈现小幅下降，变动率分别为-0.30%和-0.52%。这一结果意味着增加规模较小城市的公共服务水平不利于整体经济状况的改进。可能的原因是，相较Ⅰ组城市，Ⅱ组城市的技术水平和生产效率较低，公共服务提升和人口流入所带来的经济产出增加不足以抵消Ⅰ组城市经济产出下降所造成的损失，使得整体经济水平小幅下降。从具体数值上看，新均衡下，包括北京和上海在内的大型城市的GDP均有所下降，支持了这一推论。

从城市人口分布变化来看，当增加Ⅱ组城市的公共服务水平时，流动人口在城市之间的分布变得更为集中化，原先规模相对较大城市的人口会减少，而规模较小的城市则表现为人口流入。当Ⅱ组城市的公共服务水平分别增加10%和20%时，人口的重新分配率分别达到2.78%和5.46%。以具体数值为例，当增加Ⅱ组城市10%的公共服务水平时，黑龙江的大庆和伊春各增长了约31万人和12万人，北京和上海则各流失了约73万人和86万人；当增加Ⅱ组城市20%的公共服务水平时，黑龙江的大庆和伊春各增长了约61万人和24万人，北京和上海则各流失了约144万人和70万人。

(a) Ⅱ组城市公共服务水平提升10%

(b) Ⅱ组城市公共服务水平提升20%

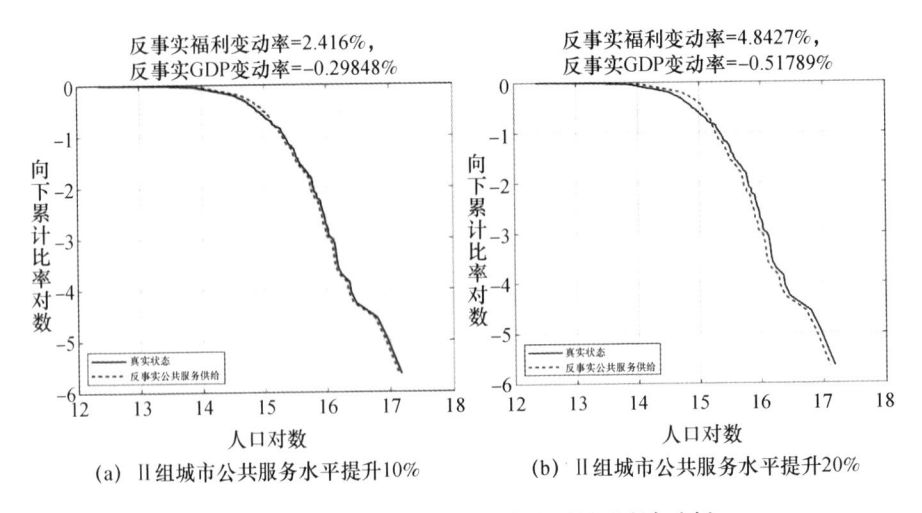

图3.3 提升Ⅱ组城市公共服务水平的反事实分析

3. 同时提升所有城市公共服务水平的反事实分析

图 3.4（a）和图 3.4（b）呈现了各城市的公共服务水平分别提升 10% 和 20% 时，人口在城市之间的分布变化。反事实结果表明，在其他条件不变的情况下，当增加各城市 10% 的公共服务水平时，均衡福利水平变为 1.0886，福利较初始状态提升了 8.86%；当增加各城市 20% 的公共服务水平时，均衡福利水平变为 1.1695，福利较初始状态提升了 16.95%，再度表明改善城市的公共服务状况会对均衡福利水平产生显著的正向影响。

从 GDP 变动来看，当各城市的公共服务水平分别增加 10% 和 20% 时，GDP 总量呈现明显上升，增幅分别为 2.09% 和 4.04%。上述结果表明，增加各城市的公共服务水平不仅能够提升均衡福利水平，还有助于改进整体经济状况。随着各城市公共服务水平的提升，居民的生活质量得到改善；同时，由于生产率得到改进，促进了经济产出的增加。

从城市人口分布变化来看，同步增加各城市的公共服务水平并未引致明显的人口分布变化。

(a) 各城市公共服务水平提升10%　　(b) 各城市公共服务水平提升20%

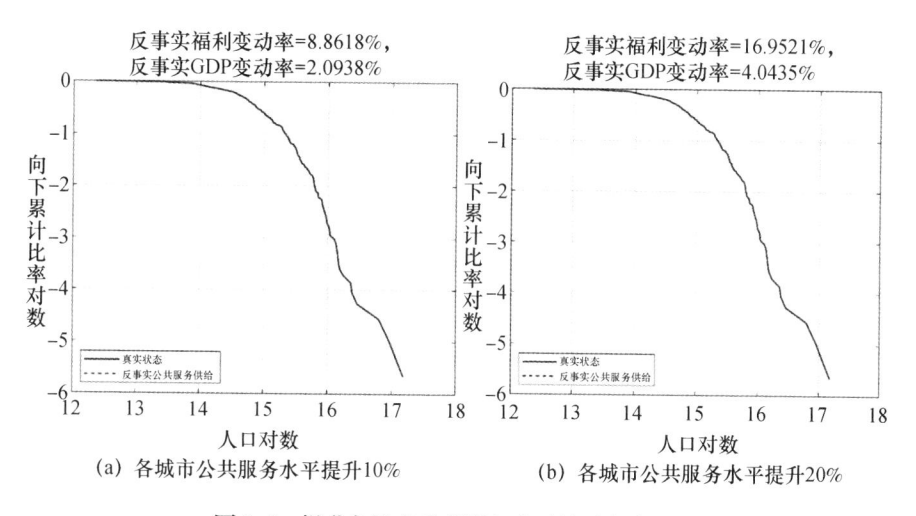

图 3.4　提升各城市公共服务水平的反事实分析

4. 改变公共服务供给效率的反事实分析

其次考虑公共服务供给效率 σ 的影响。图 3.5（a）和图 3.5（b）分别描述了当公共服务供给效率提升，即 $\sigma = 0.90$ 和 $\sigma = 1.00$ 时，人口在城市之间的分布变化①。反事实结果显示,当各城市的公共服务供给效率增加至 0.90 时,均衡福利水平变为 1.0424,福利较初始状态提升了 4.24%;当各城市的公共服务供给效率增加至 1.00 时,均衡福利水平变为 1.1274,福利较初始状态提升了 12.74%,说明改善城市的公共服务供给效率会对均衡福利水平产生显著的正向影响。

从 GDP 变动来看,当各城市的公共服务供给效率分别增加至 0.90 和 1.00 时,GDP 总量呈现轻微上升,增幅分别为 0.64% 和 1.95%。上述结果表明,提升政府的公共服务供给效率对均衡福利水平具有明显改进,对经济总量的影响则相对较小。

从城市人口分布变化来看,增加各城市的公共服务效率对城市人口分布的影响不大。当各城市的公共服务供给效率分别增加至 0.90 和 1.00 时,人口的重新分配率分别为 0.42% 和 1.25%。以具体数值为例,当各城市的公共服务供给效率增加至 0.90 时,北京和上海的城市人口各增加了 1.31% 和 1.39%,而一些中小型城市,如海南三亚的城市人口则流失了 0.28%;当各城市的公共服务供给效率增加至 1.00 时,北京和上海的城市人口各增加了 3.93% 和 4.20%,而一些中小型城市,如海南三亚的城市人口则流失了 0.88%。可以看出,增加各城市公共服务效率会引致城市规模分布轻微分散化,但总体变化幅度较小。

图 3.6(a)和图 3.6(b)分别描述了当公共服务供给效率下降,即 $\sigma=0.60$、$\sigma=0.30$ 时,人口在城市之间的分布变化②。反事实结果显示,当各城市的公共服务供给效率下降至 0.60 时,均衡福利水平变为 0.7892,福利较初始状态下降了 21.08%;当各城市的公共服务供给效率下降至 0.60 时,均衡福利水平变为 0.5388,福利较初始状态下降了 46.12%,表明降低城市的公共服务供给效率会造成均衡福利水平下降。可能的原因是,当政府在公共服务供给的过程中存在政策时滞、决策失误等效率低下的行为时,居民可获得的公共服务数量和质量均会下降,

---

① 当公共服务供给效率提升时,均衡效用水平和人口分布均会发生变化,此处为更清晰地表达相关指标的差异,选取了改动较大的参数值进行展示。

② 同样地,当公共服务供给效率下降时,均衡效用水平和人口分布均会发生变化,此处为更清晰地表达相关指标的差异,选取了改动较大的参数值进行展示。

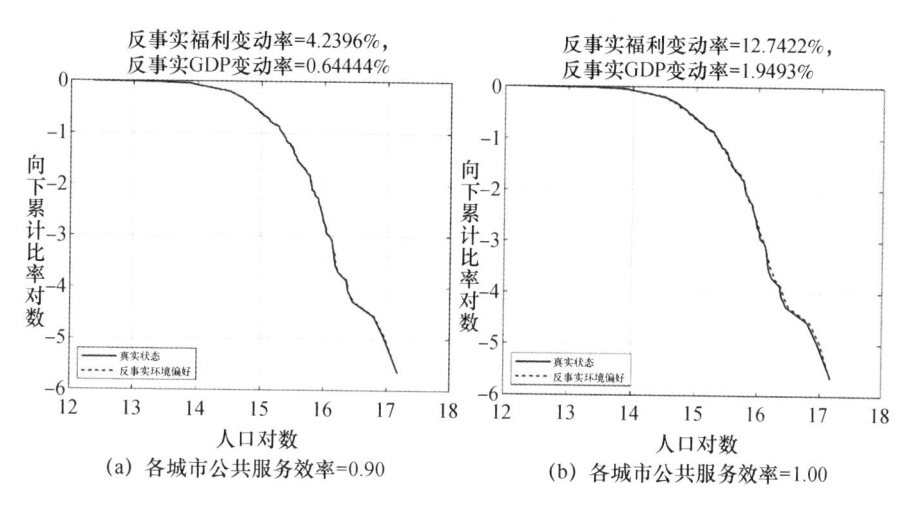

图3.5 提升各城市公共服务供给效率的反事实分析

从而对均衡福利水平产生负向影响。从 GDP 变动来看,当各城市的公共服务供给效率分别下降至 0.60 和 0.30 时,GDP 总量呈现小幅下降,幅度分别为 -3.15% 和 -6.77%。上述结果表明,当政府的公共服务供给效率下降时,均衡福利水平和经济总量亦会随之下降。

从城市人口分布变化来看,当降低各城市的公共服务效率时,流动人口在城市之间的分布变得更为集中化,大型城市数量和规模均有所缩减,而小型城市的规模则有所扩张。当各城市的公共服务供给效率分别下降至 0.60 和 0.30 时,人口的重新分配率分别为 2.08% 和 4.59%。以具体数值为例,当各城市的公共服务供给效率下降至 0.60 时,北京和上海的城市人口各流失了 6.46% 和 6.86%,一些中小型城市,如海南三亚的城市人口增加了 1.23%;当各城市的公共服务供给效率下降至 0.30 时,北京和上海的城市人口各流失了 14.01% 和 14.82%,而一些中小型城市,如海南三亚的城市人口则增加了 2.31%。可能的解释是,当地区公共服务效率下降,居民从当地获得的来自公共服务的正向作用将会缩减,在其他条件不变的情况下,环境污染的负面效应将变得更为突出。特别是对于大型城市的人口而言,公共服务质量的下降将使得当地的环境污染更令人"难以忍受",因此,部分人口会选择迁出大型城市,而流入中小型城市。

(a) 各城市公共服务效率=0.60　　(b) 各城市公共服务效率=0.30

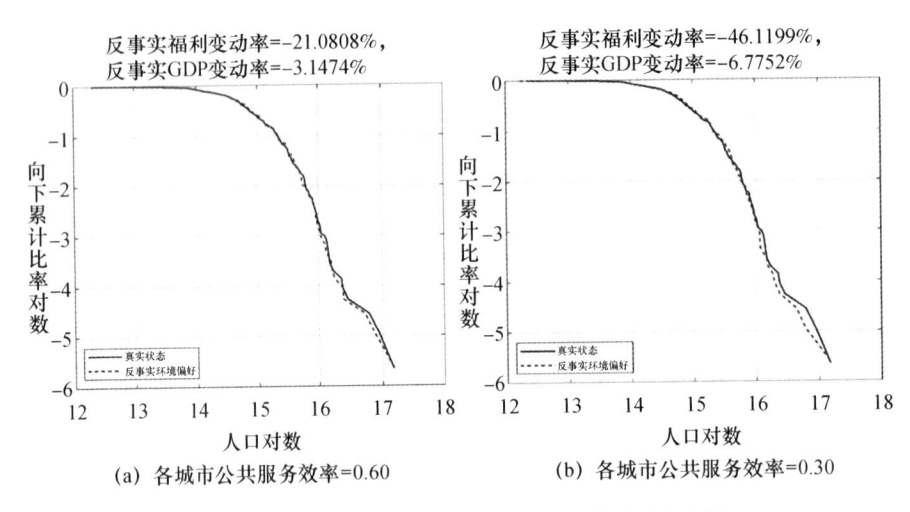

图3.6　降低各城市公共服务供给效率的反事实分析

(二) 环境污染的反事实分析

本部分侧重考察当环境污染相关参数发生改变时，均衡效用水平、生产率和人口的分布变化。

1. 降低环境污染效用指数的反事实分析

图3.7 (a) 和图3.7 (b) 分别描绘了当各城市的环境污染效用指数下降0.05和0.10，即$\theta=0.25$、$\theta=0.20$时，人口在城市之间的分布变化。反事实结果表明，当各城市的环境污染效用指数下降0.05时，均衡福利水平变为1.3702，福利较初始状态提升了37.02%；当各城市的环境污染效用指数下降0.10时，均衡福利水平变为1.7507，福利较初始状态提升了75.07%。环境污染效用指数的下降意味着居民对于环境污染效应的容忍度提升，也就是说，当居民不介意环境污染的负面效应时，其幸福感知和整体福利水平将明显提升。上述均衡福利结果表明，居民对环境污染的敏感度将会显著影响均衡福利水平。

从GDP变动来看，当各城市的环境污染效用指数下降0.05和0.10时，GDP总量呈现明显上升，增幅分别为11.18%和25.77%。可能的原因在于，由于居民对环境污染的关注度下降，厂商能够进一步加大化石燃料等要素投入，并扩大生产规模，使得经济总量增加。而这一作用效果在技术水平更高、公共服务设施相对完善的大城市更为明显，如北京和上海等大型城市的GDP表现为大幅增加。这可能是人们的迁移倾向导致的。随着流动人口不断向大城市迁移，更多的劳动力要素投入导致了GDP总量的增加。

从城市人口分布变化来看，当各城市的环境污染效用指数下降时，流动人口在城市之间的分布变得更为分散化，大型城市的数量和规模均有所扩大，而小型城市的规模则有所缩小。当各城市环境污染效用指数分别下降0.05和0.10时，人口的重新分配率分别达到5.00%和11.19%。以具体数值为例，当各城市环境污染效用指数下降0.05时，北京和上海的城市人口各增加了29.44%和31.67%，而一些中小型城市，如海南三亚的城市人口则流失了9%；当各城市环境污染效用指数下降0.10时，北京和上海的城市人口各增加了72.46%和79.04%，而一些中小型城市，如海南三亚的城市人口则进一步流失，人口变化率约为-20.00%。随着环境污染对居民效用的负面效果不断下降，即居民对污染的忍耐度提升，人们更倾向于选择到公共服务设施更完善、收入更高的大城市居住。随着人口不断向大城市集聚，劳动力要素投入增多，大城市的规模效应进一步释放，引致整体GDP的增加，这就印证了前文关于GDP的总量增加的推测。

(a) 环境污染效用指数下降0.05

(b) 环境污染效用指数下降0.10

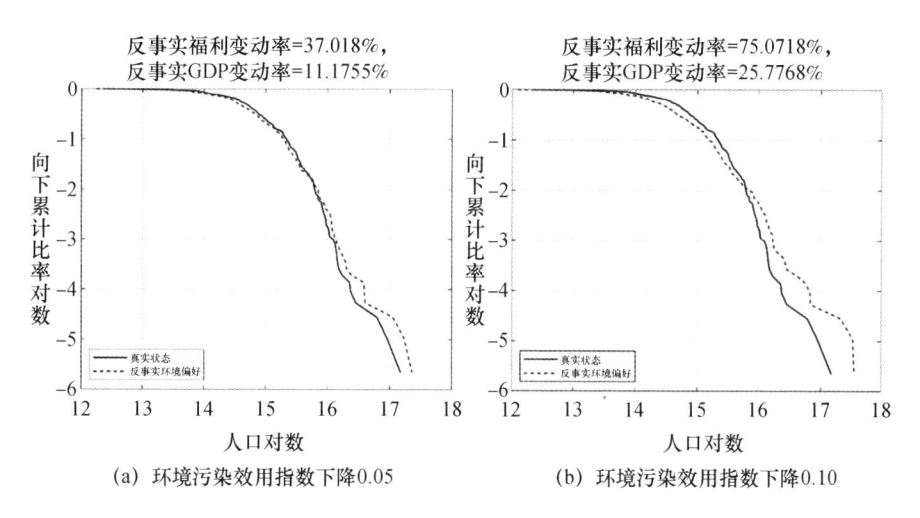

图3.7　降低各城市环境污染效用指数的反事实分析

2. 提高环境污染效用指数的反事实分析

图3.8（a）和图3.8（b）分别描绘了当环境污染效用指数提升0.05

和 0.10，即 $\theta=0.35$、$\theta=0.40$ 时，人口在城市之间的分布变化。反事实结果表明，当各城市的环境污染效用指数提升 0.05 时，均衡福利水平变为 0.6374，福利较初始状态下降了 36.26%；当各城市的环境污染效用指数提升 0.10 时，均衡福利水平变为 0.2806，福利较初始状态下降了 71.94%。上述均衡福利结果表明，随着居民对环境污染的敏感度提高，均衡福利水平将会明显降低。从 GDP 变动来看，当各城市的环境污染效用指数上升 0.05 和 0.10 时，GDP 总量呈现明显下降，变动率分别为 -8.68% 和 -15.53%。

从城市人口分布变化来看，当各城市的环境污染效用指数上升时，流动人口在城市之间的分布变得更为集中化，大型城市的数量和规模均有所缩减，而小型城市的规模则有所扩张。当各城市环境污染效用指数分别增加 0.05 和 0.10 时，人口的重新分配率分别达到 4.07% 和 7.43%。以具体数值为例，当各城市环境污染效用指数提高 0.05 时，以北京和上海为例的大型城市的人口各流失了 20.66% 和 21.81%，而部分中小型城市，如海南三亚的人口则增加了 9.80%；当各城市环境污染效用指数提高 0.10 时，以北京和上海为例的大型城市的人口各流失了 35.53% 和 37.26%，而一些中小型城市，如海南三亚的人口则增加了 12.76%。出现这一趋势的原因可能是，当人们更注重环境质量，流动人口将倾向于"逃离"环境污染更为严重的大城市，选择流入污染相对较轻、收入相对较高的中型城市；随着环境质量在居民效用中的分量进一步加重，一些流动人口再度迁出中型城市，流入小型城市。上述结果表明环境污染偏好与人们的迁移行为息息相关。

通过一系列反事实分析结果，可以发现不同的政策对人口分布、生产效率和居民福利的影响不尽相同。其一，消除各地公共服务水平差异使得流动人口在城市之间的分布变得更为集中，同时对居民福利具有显著的改进作用，但这一改善是以损害生产率为代价的。其二，提升大型城市的公共服务水平会引致流动人口向大城市集聚，对整体福利和经济总量的提高亦十分明显，而提升中小型城市的公共服务水平虽能带来一定的福利改善，但短期来看会对生产效率产生负向作用。提升各城市的公共服务水平对福利和经济总量的改善作用最为明显，政府在提供公共服务的过程中，既要兼顾效率与公平之间的关系，也要考虑短期发展与

(a) 环境污染效用指数提升0.05　　(b) 环境污染效用指数提升0.10

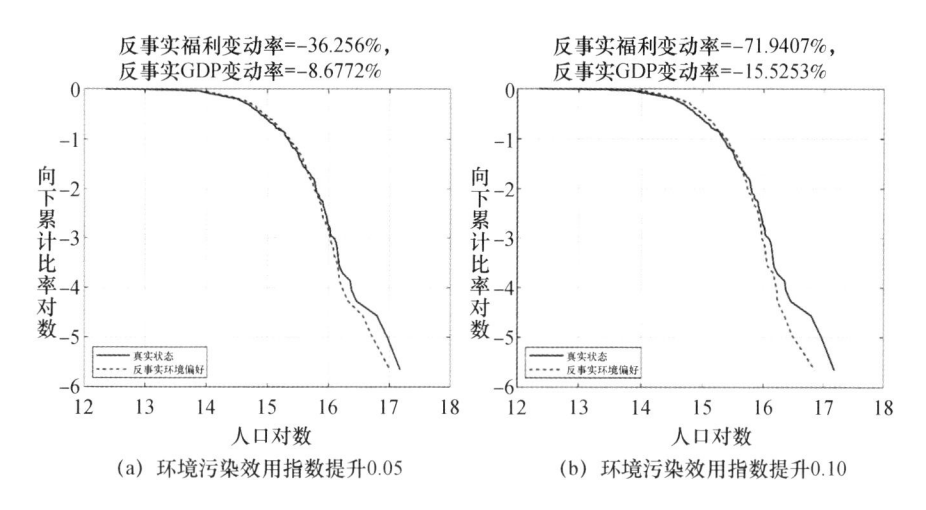

图 3.8　提升各城市环境污染效用指数的反事实分析

长期发展之间的关系。其三，改进公共服务供给效率对居民福利具有明显的提升作用，可以作为政府提高居民效用的有效手段。其四，当各城市的环境污染效用指数下降，即居民对污染的忍耐度提升时，人们更倾向于选择到公共服务设施更完善、收入更高的大城市居住，流动人口向大城市迁移，居民的整体福利有所提高；反之，若各城市的环境污染效用指数上升，即人们更注重环境质量，流动人口将倾向于"逃离"环境污染更为严重的大城市，向中小型城市迁移。城市既是实现美好生活的空间载体，也是实现规模经济、范围经济和集约增长的组织载体（姚震宇和张松林，2021）；城市福利、生产率和人口流动是刻画城市美好生活和高效增长的重要指标。为此，政府在设计公共服务和城市发展政策的过程中，不仅要综合权衡福利与效率，还应充分考虑人口流动特征。

第三节　公共服务和环境污染影响城市规模的机制分析

一　公共服务对城市规模的影响机制分析

根据均衡状态下城市规模的决定式（3.27），我们可以得知，公共服务会影响城市规模，作用方向不能确定。综观已有文献，本书认为公共服务会通过影响居民的收入和效用两种途径对城市规模造成影响。具体而言：

第一，公共服务具有收入提升效应。从本书的模型中可以推导出，公共服务通过增加经济产出提升了地区工资水平。公共服务与经济增长的关系可以追溯至 Barro（1990）的研究，他首次将政府的公共支出引入内生增长模型，认为公共支出使生产可能性曲线外移，从而促进了均衡增长率的提升。Futagami 等（1993）完善了关于公共支出存量的假定，并得出了与 Barro（1990）相似的结论。就现实经济而言，公共服务的收入提升效应主要表现在以下三个方面。一是增加公共服务有助于吸引外来资本流入并鼓励企业选址。完善的公共服务设施为企业生产创造了良好的环境，降低投资风险，从而吸引外来资本的流入和企业进行选址落户。大量研究表明，欠发达地区内部的基础设施投入能够有效地吸引厂商的区位选择（常素欣，2017），并引致产业集聚。同时，公共服务设施的改善，意味着更便利的交通条件与更完善的供水、供电等基础设施，能够为企业的生产和运输环节节约成本，提高运行效率，从而创造更多经济效益。有文献指出，公共服务投资对城市全要素生产率的积极影响不仅表现在投资当年，还会持续到其后若干年（周强和史薇，2021）。同时，有证据显示，公共服务投资对不同地区经济增长质量差距的缩小具有积极效应（李华和董艳玲，2020）。

二是公共服务设施的完善有助于促进企业间的知识交流，推动技术创新。研究显示，基础设施对中国经济增长中具有技术溢出效应（刘生龙和胡鞍钢，2010），对地区全要素生产率起到积极作用。一方面，长期的医疗和教育投资有利于人力资本的形成和积累，为技术创新活动提供必要的高质量劳动力。如教育支出可以直接用于教育系统中，培育出各类人才，逐步形成人力资本（张同功等，2020），而人力资本则可以参与到科学研究中，开展技术研发、技术模仿等活动。此外，优质的公共服务设施亦可以通过"用脚投票"机制吸引高素质劳动力的集聚。越来越多的研究指出，高质量人力资本不仅作为生产要素参与生产，更是通过促进产业集聚和推动技术创新来促进地区实现高质量经济增长（王智勇和李瑞，2021）。另一方面，完善的交通设施和通信设备打破了信息交流的时空约束（张杰和付奎，2021），大大降低了企业人员出行、商品运输以及信息交流成本，为创新营造了较好的环境和氛围，从而有利于企业部门间以及区域间知识技术的流动（Zhang 和 Zhang，2004；Agrawal 等，2017），推动创新成果共享和知识外溢。大量证据均表明，基础设施建设施规模可以通过研究开发的途径显著改进全要素生产率（王自锋等，2014；郭凯明和王藤桥，2019）。

三是便利的公共服务设施有利于产品和生产要素的跨区域流动，实现资源优化配置和效率提升。由于地方投资保护等因素，市场分割现象在中国长期存在（施佰发和陈伟雄，2021），不利于深化产业分工和企业跨区域资源有效整合。公共服务设施的完善能够发挥网络效应，加速资源的跨区域流动，显著降低了市场分割对资源流动的阻碍作用（潘爽和叶德珠，2021；郭鹏飞和胡歆韵，2021）。随着地区交流日益频繁，企业的市场规模边界不断扩大（张睿等，2018），有助于企业实现规模经济，进而强化企业扩大规模和改进生产技术的激励。除了基础设施建设这一视角之外，亦有研究显示，医疗保险、养老保险等各项城市服务水平的改善有利于地区之间或城乡之间劳动力的自由流动（程鹏等，2018），从而深化区域市场整合程度，促进经济增长。更高的经济发展和收入水平则进一步成为人口迁入的重要因素（杨东亮和李朋鹜，2019；陈威等，2022），从而影响城市规模。

第二，公共服务具有效用改善效应。从模型的效用函数可以看出，增加公共服务有助于提高消费者的效用水平，从而吸引人口迁入。其背后的逻辑在于更完善的医疗卫生条件、优质的教育资源、丰富的文化设施，以及更便利的交通设施满足了人们对更高质量生活的追求（夏怡然和陆铭，2015），大大提升了居民的幸福感（Flavin，2019；Kourtit 等，2020）。当更多的人口进入城市并逐渐成为居民，城市人口规模不断扩大（韩峰和李玉双，2020）。人口为了更高水平的公共服务而迁移可以用Tiebout（1956）的用脚投票理论进行阐述，即居民会权衡社区间公共服务和税收而制定迁移决策。有证据表明，人均教育支出和人均健康支出越多的省份，人口流入率越高。根据 2017 年中国流动人口动态监测调查数据，流动人口打算居留在本地的主要原因中，选择"子女有更好教育机会"这一项的比例达 22.3%，位列第一（刘金凤和魏后凯，2019）。随着年龄的增长，劳动力在选择流入地时愈加注重城市的基础教育（夏怡然和陆铭，2015），可能的原因在于有家庭的劳动力群体往往对其子女的教育更为重视。

公共服务效用改善效应的另一个解释是公共服务能够缩小收入差距。医疗保障的完善、基础教育的普及,以及交通设施的改善能够直接减少私人支出,增加可支配收入(于井远和王金秀,2019)。同时,公共服务可以通过培训、最低工资保障等方式提高低收入者在人力资本上的投资或引导其职业选择(胡志平,2019)。研究认为,人力资本差异是扩大城乡收入差距的主要原因(邹薇和张芬,2006)。受教育程度高的群体能够从事薪酬较高的稳定工作,而教育程度相对低的群体大多从事薪酬较低的工作。例如,政府出资建设的农民工子弟学校不仅可以降低农民工在教育方面的支出,增加其可支配收入,还可以令农民工子弟享受到当地优质的教育资源(于井远,2021),从而改变已有人力资本格局。政府对农民工的失业再培训,尤其是对新生代农民工的职业教育培训、创新创业培训、扶贫培训等,也大大提升了农民工的人力资本。有证据表明,公共服务支出能够提升居民的公共服务获得感,从而显著提升居民收入差距容忍度(李琦和倪志良,2021)。此外,公共服务质量的提升有利于加速城镇化进程(詹国彬,2016),为流动人口提供更多的就业机会,从而有效缩小城乡收入差距(陆铭和陈钊,2004;陈斌开和林毅夫,2013)。

与此同时,公共服务对城市规模的影响可能存在非线性。公共服务与城市规模的匹配可以被视为公共服务供给动态适应人口空间流动趋势的过程。在生产率效应、福利效应以及税收负担效应等因素的共同支配下(王晓轩,2019),公共服务"供不应求"和"供过于求"的状况可能在不同城市出现,即部分收缩城市和中小城市的公共服务水平大于当地需求,公共设施空置浪费,而部分大城市、特大城市的公共服务严重不足,拥挤效应严重,在城市规模经济和规模不经济效应的共同作用之下,增加城市公共服务并不一定能吸引人才流入(董亚宁等,2021)。不少实证研究均对公共服务与城市规模的非线性关系予以经验支持。对于规模扩张阶段的城市而言,公共服务在吸引人口的过程中,可能会引致拥堵效应,引致交通拥堵、房价上涨、环境恶化等现象,降低了其对城市人口规模的促进作用;对于处于收缩阶段的城市而言,更高的城市紧凑度有利于能源、交通、环境污染处理等设施的共享(Burton,2000),

城市收缩将会导致人口与经济活动布局分散化，降低城市紧凑度，从而会增加公共服务设施运营与维护的难度，导致公共服务供给的低效率（王念和朱英明，2021），进而影响其对城市人口的拉动作用。此外，公共服务与城市规模的非线性关系也可能体现在同一城市的不同发展阶段中，有研究指出，在改革开放初期，城市相对完善的公共服务和就业机会等吸引了大量户籍人口迁移。随着城市人口大量涌入，公共服务供给障碍、基础设施供给不足等问题日益严峻，"城市病"凸显，特别是一些大城市将公共服务与户籍挂钩，对户籍人口迁入的限制尤甚。近年来，各大城市纷纷取消户籍限制，出台各项人才迁入优惠政策，开展"抢人大战"，再度试图依靠优质的公共服务吸引人口迁入。由此可见，公共服务与城市规模并不一定呈现简单的线性相关，而是有可能表现为复杂的非线性关系。

二 环境污染对城市规模的影响机制分析

由均衡状态下城市规模的决定式（3.27）可以看出，环境污染会影响城市规模。借鉴已有研究成果，本书认为环境污染主要通过健康损害效应和经济抑制的连锁效应对城市规模造成负向影响。具体而言：

第一，环境污染具有人力资本损害效应。伴随着工业化、城镇化进程不断加快，PM2.5、二氧化碳等污染物给人类生存环境造成了严重危害。越来越多的证据表明，空气污染已成为影响区域人力资本的重要因素（陈诗一和陈登科，2018）。具体而言，其一，环境污染会损害居民健康水平、缩减居民预期寿命、降低出生率甚至提高地区人口死亡率（Lelieveld 等，2015；Deryugina 等，2019）。既有研究表明，环境污染对居民身体健康具有不利影响，包括增加罹患呼吸道疾病、心脏病、高血压等心血管疾病的患病风险（Beatty 和 Shimshack，2014；Imelda，2018）。研究显示，包括 PM2.5 在内的空气污染导致了全世界每年 330 万人死亡（Lelieveld 等，2015）。随着越来越多的居民选择搬离环境污染严重的地区，地区人口规模将不断收缩。

其二，环境污染还会对居民心理健康造成不良影响（Li 等，2014）。长时间暴露在空气污染的环境中可能会降低居民的幸福感知（Li 等，2014），从而引发焦虑、抑郁等症状（Pun，2017），而这一负面效果会随着收入水平的提升而增大（叶林祥和张尉，2020）。为保持健康，高污染地区的家庭需要花费更高的健康支出（Rahut 等，2017；Deryugina 等，2019），从而降低了城市对居民的吸引力。因此，劳动力迁徙会优先考虑选择环境清洁水平较高的地区（肖挺，2016）。

其三，环境污染会降低人力资本的输出能力。恶劣的环境不仅会对个体的健康产生损害，还会使个体产生消极情绪，降低认知能力，使个体无法集中精力进行创造性思考（Kapoor 和 Lim，2007），从而影响人力资本的发挥。有学者指出，恶劣的天气导致股票分析师对收益回报的反应变得迟钝（Dehaan 等，2017）。亦有研究表明，空气污染会影响发明人的产出，从而对创新人力资本积累具有显著的负面影响（罗勇根等，2019；Wang 和 Wu，2020）。由此可以初步判断，环境污染会对人力资本产生驱赶效应，而环境质量较好的城市会对人力资本产生引流效应（张海峰等，2016；万伦来等，2021）。

第二，环境污染具有经济抑制的连锁效应。充足的劳动力，特别是高技能人才是经济活动开展的必要条件。环境污染的加剧使城市的吸引力下降，导致劳动力外迁，特别是高技术人才往往更愿意选择去自然环境更加优越的地区工作（李卫兵和张凯霞，2019），这就造成了人才流失。与此同时，污染对劳动者身心健康的不利影响亦会降低劳动供给。随着人力资本因环境污染而缩减，将进一步对地区市场需求规模、工业集聚水平和经济活动等造成影响，从而降低城市的吸引力，引致"城市人口外迁—经济密度下降—人口进一步外迁"的"连锁反应"。具体而言，其一，环境污染引致的人口规模下降将直接降低市场需求，导致企业生产规模和经营利润逐渐减少，继而使工业集聚水平下降（Krguman，1991）。与此同时，一些企业会通过提高员工工资待遇、增加医保补贴、改善工作环境等方式减缓人才流失（Akpalu 和 Normanyo，2017）。这会增加企业成本，并挤占其用于技术研发的资金，从而抑制技术创新活动，最终导致企业利润受损，竞争力下降。

其二，环境污染增加了劳动者的健康风险，对其工作时间和绩效造成负面影响。Hanna 和 Oliva（2015）的研究显示，二氧化硫排放量下降使墨西哥城一家大型炼油厂员工的周工作时间增加 1.3 小时。类似地，有学者研究表明，环境污染与出勤率呈现显著负相关。当污染状况加剧时，部分工人甚至会因为养病或照看生病的家人而旷工（Oliva，2015；Aragón 等，2017），从而减少了有效劳动力的供给，对企业的生产率和绩效造成负面影响。

其三，环境污染加剧了地区人力资源错配（裴宇等，2021），引致企业生产率和行业效率下降，继而进一步抑制经济增长。高技能人才具有更多的工作选择机会（李卫兵和张凯霞，2019），其对环境质量的要求也更高。在面对更高的环境污染风险时，受教育程度与收入水平更高人群拥有更强的迁出意愿（刘欢和席鹏辉，2019）。相反，低素质劳动者面临的选择较少，更倾向于为了污染福利补贴而留在高污染企业。如此，高污染企业将不断集聚低素质劳动者，这将不利于企业生产技术更新换代与创新研发能力提升，最终抑制企业利润。

三 公共服务和环境污染对城市规模的影响机制分析

由均衡状态下城市规模的决定式（3.24）可以看出，公共服务与城市规模的作用关系受到环境污染水平的影响。根据均衡状态下的污染决定式（3.43）可以看出，环境污染可以被视为公共服务影响城市规模的中介变量，公共服务通过技术进步效应、收入效应和产业结构效应三种路径改变环境污染水平，进而影响城市规模。

第一，公共服务通过技术进步效应影响环境污染。具体而言，一方面，公共服务通过深化人力资本积累和鼓励知识溢出等渠道推动技术创新，从而降低能源消耗，缓解污染。公共服务作为政府的一种投入手段，能够通过投资效应刺激技术创新，提高地区的技术效率（Bronzini 和 Piselli，2009）。同时，公共服务不仅能够直接增加劳动者的知识积累，还可以供给通过"用脚投票"机制（Tiebout，1956）引致高质量劳动力迁移，从而促进人力资本的长期积累（Angelopoulos 等，2011；Hua 等，2018）。便利的基础设施亦方便劳动者和资本要素在时间和空间上集聚，使得承载在劳动者身上的信息、技术与经验能够在不同经济部门间快速传递（协天紫光等，2019），从而深化知识的学习、匹配和共享效应（Duranton 和 Puga，2004），优化资源配置并改进生产工艺，进而减少生产要素和资源的浪费，降低生产过程中的污染排放。

另一方面，公共服务的技术进步效应受到技术进步偏向作用和能源回弹因素的影响。研究表明，技术进步可能具有偏向性，有偏技术进步的要素替代效应是技术进步影响能源强度的主要渠道（何小钢和张耀辉，2012；王班班和齐绍洲，2014）。研究指出，若技术进步是偏向能源节约型，有偏技术进步对改进能源效率的贡献达 30%（Welsch 和 Ochsen，2005）。相对地，若增加公共服务所引致的技术进步偏向扩大生产规模而非能源节约，可能会加剧能源消耗，给环境带来压力。此外，"能源回弹"概念指出，当一项新技术提高能源效率后，可能会刺激消费者和生产者使用更多的能源，最终引致能源消费的增加（Jevons，1865）。研究显示，我国存在能源回弹现象，整体经济的能源回弹效应在 36% 左右（庞军等，2018）。也有证据表明，技术进步在工业领域通过能源效率改进带来的减排效应尚不能抵消其推动经济增长带来的二氧化碳增长效应（金培振等，2014）。为此，能源回弹因素亦会影响公共服务影响环境污染的技术进步效应。

第二，公共服务通过收入效应影响环境污染，即通过促进经济发展和扩大居民收入规模（Munnell，1990；Destefanis 和 Sena，2005）影响地区环境水平。一方面，公共服务设施的完善为经济增长和效率改善带来正外部性，从而减少污染排放。政府加大公共服务设施建设为经济增长提供了大量公共品和其他具有外部效应的社会先行资本（Blanchard 和 Perotti；胡宗义等，2014），刺激了私人资本投资，为经济增长积累了有效资本。各类设施的不断完善与资本的持续积累进一步引致企业集聚，大量企业共享公共服务设施所带来的正向外溢效应（邵帅等，2019）能够降低企业生产所需的能源及其他要素的运输成本和管理成本，提高能源利用效率，从而降低工业污染排放。这一观点得到了不少研究的支持（常素欣，2017；黄宝敏，2020；张帆等，2021）。另外，根据环境库兹涅茨曲线（EKC）观点（Grossman 和 Krueger，1991），环境污染与收入水平呈现倒"U"形关系，即随着经济增长，环境污染水平呈现先升后降的趋势。随着地区经济发展与居民收入水平提升，民众的环境保护意识及其对环境质量的诉求不断提高（原嫄和孙欣彤，2020），亦会为企业带来一定的减排压力。为维护企业的社会形象、凸显其社会责任，企业会积极进行绿色转型，从而减少污染排放。

另一方面，公共服务在刺激生产的同时加大了能源消耗，从而加剧污染排放（Lopez 和 Palacios，2014）。有研究指出，高密度的城市公共服务往往导致高强度的开发，这将造成生态土地的流失及环境质量的下降。同时，经济规模的扩大和要素的过度集中也可能在一定程度上造成拥挤效应（朱英明等，2012），从而抑制能源效率的提高（师博和沈坤荣，2013）。特别是在经济上升阶段，产能规模的快速扩张会引致能源需求急剧增加，当能源消耗所造成的污染排放的增加量大于规模经济和技术进步等正外部性所引致的减排效应时，就容易加剧环境污染。学者围绕经济增长与环境污染的脱钩关系展开了丰富的探讨。综合来看，既有文献关于经济增长与环境污染的关系尚未能达成一致。部分学者肯定了 EKC 曲线的存在（林伯强和蒋竺均，2009），亦有学者得出了相异结论（肖严华等，2021）。此外，还有一种观点认为，公共服务的供给过程可能存在寻租、腐败、"最后一公里"、扯皮等问题，政府的干预行为亦可能会扭曲税收和激励系统、干预自由市场的运行，对私人投资产生挤出效应，进而抑制经济增长与行业效率的提升，加剧环境污染（Afonso 和 Furceri，2010；胡宗义等，2014；于井远，2021）。

第三，公共服务通过产业结构效应作用于环境污染。公共服务作为政府资源配置和经济调控的重要手段，包含了基础设施、教育、医疗等多方面，其供给结构和规模的变化一定程度上体现了政府引导经济发展的方向（殷强等，2018），必然引致产业结构的调整。一方面，公共服务能够为服务业向专业化和价值链高端延伸提供环境、要素和市场支持，从而改善污染状况。从环境来看，公共服务设施的完善不仅带动了交通、物流和信息服务等相关生产性服务业的发展，还为制造业发展创造了良好的环境，有利于吸引新兴产业迁入，加速地区间高端制造业和服务业之间产业融合（李斌和卢娟，2017），为产业结构升级注入动力。从要素来看，完善的医疗和教育服务、便利的交通吸引了一批务农劳动力向城市迁移，促使人口红利向城镇过渡，加速城镇化进程，深化人力资本积累，为服务业向高品质和多样化升级提供高质量劳动力。同时，人口流入扩大了消费市场需求，进一步促进了服务业的发展。此外，加大教育和医疗方面的投入有利于积累高素质的人力资本（Hua 等，2018），为生产性服务业由低端劳动密集型转向高端技术密集型提供高质量劳动力。从消费视角来看，公共服务的优化有助于提高居民收入水平，对产业结构升级产生恩格尔效应（张权，2018），促进农业产业向非农产业升级。

另一方面，当公共服务投入的偏向性不利于产业结构向服务业方向调整时，环境污染将会加剧。一是地方官员政绩考核的影响。长期以来，GDP一直是上级政府对地方官员政绩考核的重要指标，这一绩效考核体系对地方政府的公共服务供给结构造成了显著的影响（容开建和宋晨晨，2018）。具体而言，为获得晋升机会，地方政府倾向于投入对经济增长更具有直接影响的交通、能源等基础设施，而非教育、医疗卫生等民生类公共服务（张军等，2007），由此引起的地方政府间的GDP竞争在一定程度上加剧了公共服务支出结构的扭曲。在大规模生产性基础设施的投入下，工业得到快速发展，使产业结构向工业倾斜。同时，在该过程中将持续伴有各种能源投入（万丽娟等，2019），导致污染物排放量显著上升，引致污染排放加剧。二是财政分权的影响。在财政分权制度下，财权与事权的不匹配给地方政府带来了较大的财政压力，加剧了地方政府的投资偏向。地方政府更倾向于将有限的资源优先投入基础设施建设中，引致"重基建、轻民生性公共服务"的支出倾向（陈思霞和卢盛峰，2014）。大量证据表明，公共服务中的公共安全、科教文卫、环境保护等支出受财政失衡的影响而降低（韦东明等，2021），不利于地区向绿色低碳、生态协调发展模式转型（谭建立和赵哲，2021）。特别是对于欠发达地区而言，地方政府对基础设施建设项目的诉求更为强烈（付文林和沈坤荣，2012）。公共服务供给过程中的政策时滞、决策失误、对产出的挤出和挤入效应、资源配置扭曲等因素亦会制约产业结构升级（储德银和建克成，2014）。

第四章

现状分析

本章的主要目的是对公共服务、环境污染与城市规模进行测度，明确其范围，并对其现状加以描述分析。第一，从基础教育、医疗卫生、能源利用、基础设施和公共环境5个方面选取指标，构建城市公共服务综合指标体系，利用2004—2019年中国城市层面的相关数据，对中国各城市公共服务水平的静、动态变化情况予以评价和分析。第二，采用华盛顿大学圣路易斯分校大气成分分析组的雾霾污染数据，对中国各城市环境污染的静、动态变化情况进行识别。第三，选取城市户籍人口数据作为城市规模的表征变量，对城市规模的静、动态变化情况予以分析。

第一节 公共服务的测度与现状分析

随着国民经济快速发展，人民对美好生活的愿望日益加强，地方公共服务水平成为影响居民幸福感及人口迁移的重要因素。近年来，我国不断强化政府的公共服务职能，公共服务水平有了很大提升，为改善民生提供了有力保障。与此同时，公共服务仍存在总体供给不足，布局结构不尽合理等薄弱之处。随着工业化、城镇化快速推进，公共服务水平和质量难以适应经济社会快速发展的要求，给公共服务与城市规模的关系带来不确定性，尤其是公共服务与要素集聚、资源配置的关系，落后地区公共服务水平与城市规模的匹配等问题尚待进一步探讨。为此，有必要对中国公共服务水平的静、动态变化进行深入分析。

一 公共服务的测度

如前文所述,不少国内外文献都对公共服务的内涵进行了界定,涵盖了交通、教育、医疗卫生和能源等方面。本书充分借鉴已有文献,利用各类公共服务设施数据,构建公共服务综合指数考察城市公共服务水平。考虑数据可得性,在 Bleaney 等(2001)的研究基础上,借鉴韩峰和李玉双(2019)、辛冲冲和陈志勇(2019)的研究,从基础教育、医疗卫生、能源利用、基础设施和公共环境 5 个方面选取指标,构建城市公共服务综合指标体系,并利用熵权法对各地级市公共服务水平进行评价。城市公共服务综合指数越高,表明其公共服务供给水平越高。数据来自历年的《中国城市统计年鉴》和各市统计年鉴。城市公共服务综合指标体系如表 4.1 所示。

表 4.1　城市公共服务综合指标体系

公共服务类别	具体指标	指标属性
基础教育	小学教育生师比(人/人)	−
基础教育	初中教育生师比(人/万人)	−
基础教育	每万人普通中学及小学学校数(所/万人)	+
医疗卫生	每万人病床数(张/万人)	+
医疗卫生	每万人医生数(人/万人)	+
医疗卫生	每万人医院数(个/万人)	+
能源利用	居民人均生活用水量(吨/人)	+
能源利用	居民人均生活用电量(千瓦时/人)	+
能源利用	居民人均煤气使用量(立方米/人)	+
能源利用	居民人均液化石油气使用量(吨/万人)	+
基础设施	每万人拥有公共汽车数(辆/万人)	+
基础设施	人均城市道路面积(平方米/人)	+
基础设施	单位建成区道路面积(万平方米/平方千米)	+
基础设施	每万人互联网宽带接入用户数(千户/万人)	+
公共环境	人均公园绿地面积(平方米/人)	+
公共环境	建成区绿化覆盖率(%)	+
公共环境	污水处理厂集中处理率(%)	+

续表

公共服务类别	具体指标	指标属性
公共环境	生活垃圾无害化处理率（%）	+
	工业固体废物综合利用率（%）	+

本书在构建公共服务综合指标体系的基础上，使用熵权法进行客观赋权，获得各市公共服务综合指数。使用熵权法测度综合指数的步骤如下：

首先，对指标进行标准化处理，对于正向输出指标的标准化方法如下：

$$x_{ij}^* = x_{ij}/\max x_{ij}, i = 1,2,\cdots,n; j = 1,2,\cdots,m \quad (4.1)$$

对于逆向输出指标的标准化方法如下：

$$x_{ij}^* = \min x_{ij}/x_{ij}, i = 1,2,\cdots,n; j = 1,2,\cdots,m \quad (4.2)$$

式中，x_{ij} 为第 i 个被评价对象的第 j 个指标的数值。

其次，根据式（4.3）计算指标的信息熵：

$$e_j = -\frac{1}{\ln n}\sum_{i=1}^{n} f_{ij}\ln(f_{ij}) \quad (4.3)$$

其中，f_{ij} 表示第 i 个被评价对象的第 j 个指标所占比重，且 $f_{ij} = x_{ij}^* \Big/ \sum_{i=1}^{n} x_{ij}^*$，$0 \leq e_j \leq 1$。

根据各指标的信息熵，可以进一步求得各指标的权重，具体如下：

$$w_j = 1 - e_j \Big/ \sum_{j=1}^{m}(1-e_j) \quad (4.4)$$

最后，利用线性加权法，可以得到公共服务供给水平的综合指数：

$$PG_i = \sum_{j=1}^{m} w_j x_{ij}^* \quad (4.5)$$

PG_i 表示公共服务综合指数，其数值越大，表明地区公共服务水平越高；反之，则表明地区公共服务水平越低。

二 公共服务的现状分析

（一）公共服务的静态分析

本书基于表 4.1 的指标体系以及式（4.1）—式（4.5），测度了 2004—2019 年中国 285 个城市的公共服务综合指数，并对其变化情况进行分析。同时，对 2004—2008 年、2009—2013 年以及 2014—2019 年三个时期内公共服务综合指数的变化情况进行考察，相关描述性统计分析如表4.2所示。

从表4.2可看出，2004—2019年，中国285个城市的平均公共服务水平为2.33。2004—2008年、2009—2013年以及2014—2019年三个时期内的城市公共服务平均水平持续上升，从2.18上升至2.46，表明中国城市公共服务供给状况持续改善。经过党的十七大、十七届三中全会、十八大等重要会议的强调和部署，政府职能逐步向提供优质公共服务转变，因而城市公共服务供给不断优化。就标准差而言，样本期内各城市公共服务的标准差无显著变化，意味着城市间公共服务差异的变化情况不明显。

表4.2　　　　　　　　城市公共服务水平的描述分析

样本区间	样本数	均值	标准差	最小值	最大值
2004—2008年	1425	2.18	0.32	1.26	3.96
2009—2013年	1425	2.32	0.32	1.39	3.77
2014—2019年	1710	2.46	0.30	1.61	3.72
2004—2019年	4560	2.33	0.33	1.26	3.96

资料来源：笔者整理。

为比较不同地区的公共服务水平差异，本书借鉴朱英明等（2012）的研究方法，通过均值与标准差数据将各城市按照公共服务综合指数划分为四种类型①，并对其在不同省份间的分布情况加以分析。划分结果如表4.3所示。

从表4.3可以看出，2004—2019年，高公共服务供给和较高公共服务供给城市的数量分别为83个和57个，较低公共服务供给和低公共服务供给城市的数量分别为54个和91个。高公共服务供给城市和低公共服务供给城市的占比较大，而另外两个级别的城市数量所占比重则较小，即位于高低两端的样本占比较大，而位于中部的样本占比较小，这意味着

---

① 将某一时段内所有城市的公共服务综合指数平均值记为 X，半个标准差记为 Y，公共服务综合指数高于 X 与 Y 之和的归入高公共服务城市，公共服务综合指数介于 X 和 $(X+Y)$ 之间的归入较高公共服务城市，公共服务水平介于 $(X-Y)$ 和 X 之间的记为较低公共服务城市，公共服务水平小于 $(X-Y)$ 的记为低公共服务城市。

公共服务水平存在一定程度的"极化"分布现象。三个时期内，高公共服务供给城市的数量呈现先升后降的特征，最终数量高于第一个分时期的数量；较高公共服务供给城市的数量表现为先降后升的趋势，最终数量少于第一个分时期的数量；较低公共服务供给城市和低公共服务供给城市的数量均有所增加。

综合 2004—2019 年的数据来看，公共服务综合指数排名前十位的城市包括深圳、东莞、珠海、鄂尔多斯、广州、银川、长沙、河源、温州和惠州，其中有 6 个城市位于广东。与此同时，公共服务综合指数排名靠后的城市分别为昭通、陇南、贺州、广安、贵港、巴中、来宾、六安、宿州和安顺，分别位于云南、甘肃、四川、广西、安徽和贵州等省份。这些地区除了安徽之外，均属于西部地区，表明西部地区的公共服务水平相对较低。就三个时期而言，东莞、深圳、珠海和广州的公共服务综合指数均维持前列，意味着广东的公共服务水平较高。同时，昭通、陇南、来宾和贵港的公共服务综合指数始终靠后，意味着西部地区公共服务水平的提升情况有待加强。值得一提的是，4 个直辖市中，北京和上海属于高公共服务供给城市，天津属于较高公共服务供给城市，而重庆则属于低公共服务供给城市。

表 4.3　　　　　　不同公共服务类型城市的数量变化情况

分类	2004—2008 年	2009—2013 年	2014—2019 年	2004—2019 年
高公共服务供给城市	北京、秦皇岛、邯郸、邢台、太原、阳泉、晋城等 79 个城市	北京、石家庄、邯郸、邢台、保定、沧州、太原等 87 个城市	北京、邢台、沧州、廊坊、太原、晋城、吕梁等 81 个城市	北京、邯郸、邢台、沧州、太原、阳泉、晋城等 83 个城市
较高公共服务供给城市	天津、石家庄、保定、张家口、承德、沧州、衡水等 68 个城市	天津、秦皇岛、张家口、承德、廊坊、衡水、忻州等 51 个城市	天津、秦皇岛、承德、阳泉、长治、晋中、沈阳等 55 个城市	天津、石家庄、秦皇岛、邯郸、保定、承德、廊坊等 57 个城市
较低公共服务供给城市	唐山、廊坊、晋中、忻州、吕梁、赤峰、鞍山等 52 个城市	大同、晋中、运城、巴彦淖尔、鞍山、抚顺、丹东等 61 个城市	石家庄、邯郸、张家口、衡水、大同、临汾、赤峰等 61 个城市	张家口、大同、晋中、运城、赤峰、鞍山、丹东等 54 个城市

续表

分类	2004—2008 年	2009—2013 年	2014—2019 年	2004—2019 年
低公共服务供给城市	运城、通辽、巴彦淖尔、朝阳、葫芦岛、四平、白山等86个城市	唐山、朔州、赤峰、通辽、本溪、朝阳、葫芦岛等86个城市	唐山、朔州、通辽、本溪、朝阳、葫芦岛、吉林等88个城市	唐山、朔州、通辽、巴彦淖尔、本溪、朝阳、葫芦岛等91个城市

资料来源：笔者整理。

本书根据表4.3中的数据，统计出2004—2019年除直辖市之外各省份不同公共服务类型城市的数量对比情况，将除直辖市之外的省份进一步分为三类。第一类省份以高公共服务供给和较高公共服务供给城市为主；第二类省份以较低公共服务供给和低公共服务供给城市为主；第三类省份中四种公共服务类型城市的数量差异不大。具体如图4.1—图4.3所示。

图4.1显示，以高公共服务供给和较高公共服务供给城市为主的区域包括广东、浙江、湖南、福建、江苏、内蒙古、山西、山东和河北9个省份。除了内蒙古、湖南和山西之外，其余省份均位于东部地区。广东、浙江、福建、江苏和内蒙古以高公共服务供给城市占主导，湖南和山西的高公共服务供给和较高公共服务供给城市数量相近，山东和河北则以较高公共服务供给城市为主。

从图4.2可以看出，以较低公共服务供给和低公共服务供给城市为主的省份分别为四川、甘肃、广西、黑龙江、陕西、云南和贵州。除了黑龙江位于中部地区之外，其余省份均属于西部地区。四川、甘肃、广西、陕西和云南均以低公共服务供给城市为主，低公共服务城市分别为11个、8个、7个、5个和4个；黑龙江的较低公共服务供给和低公共服务供给城市数量相近，分别为5个和6个。

由图4.3可知，安徽、湖北、河南、江西、辽宁、吉林和宁夏属于第三类省份，除了辽宁位于东部地区之外，其他省份均位于中部和西部地区。这些省份内部的公共服务状况表现出差异化的特征，虽存在一定数量的高公共服务供给和较高公共服务供给城市，但其较低公共服务供给和低公共服务供给城市的数量也较多。海南、新疆和青海可获得的城市数据较少，故未列入图中，已有数据均显示属于高公共服务供给和较高公共服务供给城市。

综合来看，中国城市公共服务状况存在明显的地区分异。东部地区省份多以高公共服务供给和较高公共服务供给城市为主，而西部地区大多省份则以较低公共服务供给和低公共服务供给城市为主，说明东部地区的公共服务更完善，而中部和西部地区的公共服务基础相对薄弱，供给状况有待改善。

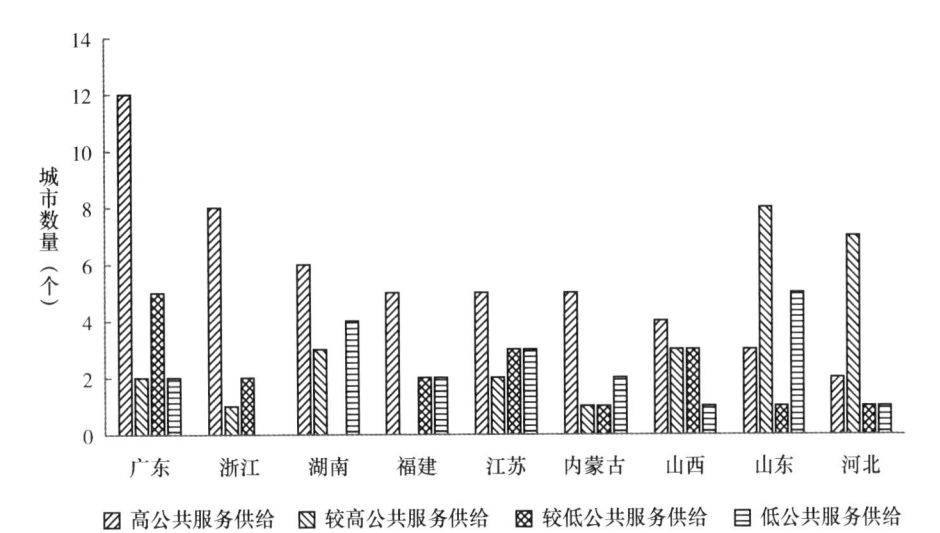

图 4.1　2004—2019 年中国各省份城市公共服务状况对比（a）

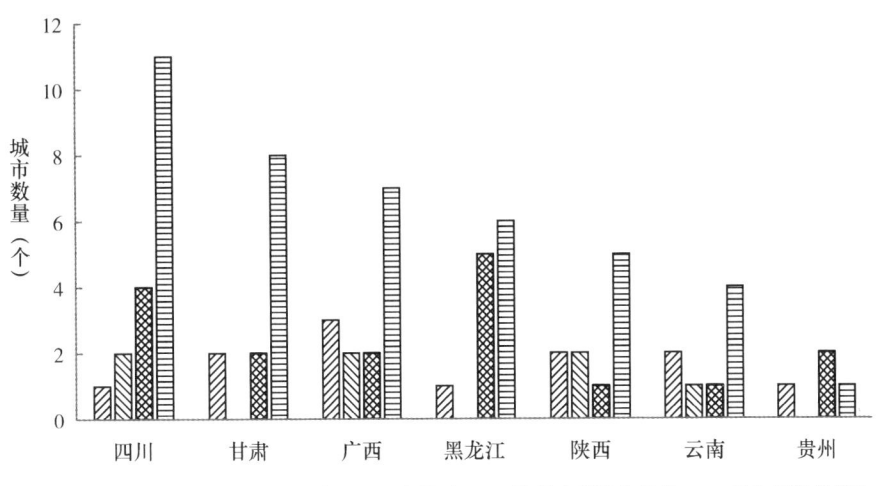

图 4.2　2004—2019 年中国各省份城市公共服务状况对比（b）

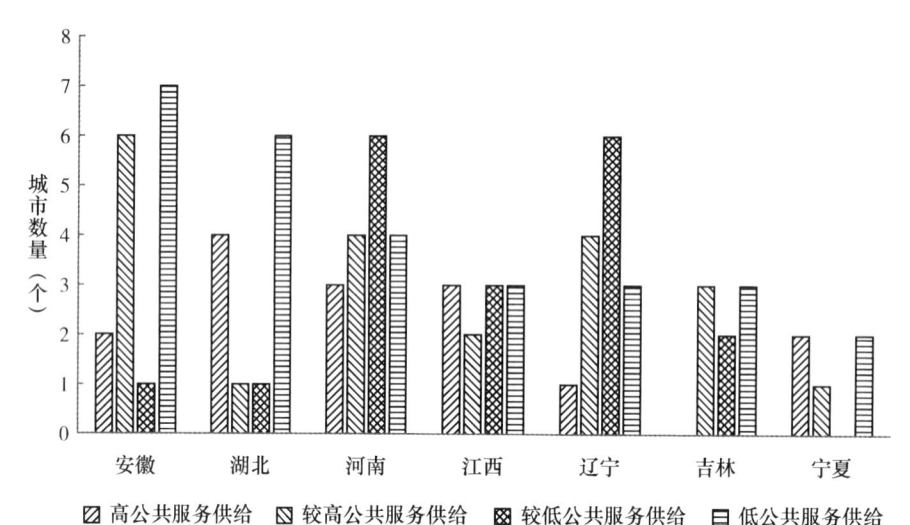

图 4.3　2004—2019 年中国各省份城市公共服务状况对比（c）

（二）公共服务的动态分析

前述分析为样本期内城市公共服务水平的静态分析，为了细致地刻画城市公共服务水平的动态变化情况，本书分别对各城市在 2004—2008 年、2009—2013 年以及 2014—2019 年三个分时期内的公共服务综合指数求取均值，以此观测其在不同时段的变化趋势。研究发现，285 个城市中，214 个城市表现为持续上升的趋势，38 个城市表现为先上升后下降的趋势，30 个城市呈现先下降后上升的趋势，3 个城市呈现持续下降的趋势。本书通过统计各省份公共服务的变化类型，得到各省份的公共服务动态变化情况，具体如表 4.4 所示。

观察表 4.4 发现，大多数省份的公共服务水平都呈现上升态势。特别是对于以较低公共服务和低公共服务城市为主的西部地区省份而言，除了个别城市呈现一定的波动特征之外，其余城市基本保持持续上升趋势，表明上述地区的公共服务状况正持续改善。值得一提的是，广东有 9 个城市的公共服务表现为先升后降的波动趋势。可能是由于在城市快速扩张的过程中，公共服务发展滞后所导致的。

表 4.4　　各省份城市公共服务动态变化情况

	持续上升	持续下降	先升后降	先降后升
北京市	1	0	0	0
天津市	1	0	0	0
河北省	8	0	3	0
山西省	7	0	2	2
内蒙古自治区	7	0	1	1
辽宁省	8	0	3	3
吉林省	7	0	0	1
黑龙江省	9	0	1	2
上海市	0	0	0	1
江苏省	8	1	0	4
浙江省	9	0	1	1
安徽省	15	0	0	1
福建省	8	0	1	0
江西省	8	0	3	0
山东省	15	0	2	0
河南省	14	0	1	2
湖北省	7	1	1	3
湖南省	9	0	2	2
广东省	11	1	9	0
广西壮族自治区	12	0	2	0
海南省	2	0	0	0
重庆市	1	0	0	0
四川省	16	0	1	1
贵州省	3	0	1	0
云南省	5	0	2	1
陕西省	8	0	0	2
甘肃省	9	0	1	2
青海省	1	0	0	0
宁夏回族自治区	4	0	1	0

续表

	持续上升	持续下降	先升后降	先降后升
新疆维吾尔自治区	1	0	0	1
合计	214	3	38	30

资料来源：笔者整理。

第二节 环境污染的测度与现状分析

改革开放以来，伴随着中国经济快速发展，环境污染问题日益凸显。世界卫生组织全球城市空气污染数据库指出，中国绝大多数城市的颗粒物（PM10）和细颗粒物（PM2.5）污染水平超过了世界卫生组织的标准。全球 PM2.5 年均排放量前 100 的城市中，有 30 个来自中国。2018 年中国《生态环境状况公报》显示，全国有 217 个城市环境空气质量超标，占比达 64.2%；338 个地级市发生重度以上污染的频率达 2721 天次，其中以 PM2.5 为首要污染物的天数占重度及以上污染天数的 60.0%，呈现范围广、频率高、常态化的特征。与此同时，受经济发展水平和生产方式的影响，中国环境污染水平又呈现明显的动态变化和空间分异的特点。环境污染状况会对人口迁移决策产生重要影响，进而作用于区域经济活动及城市规模。为此，有必要用科学、发展的观念对中国环境污染的静、动态变化，以及空间分布状况进行系统分析。

一 环境污染的测度

如前文所述，环境污染水平的测度方法主要包括环境污染综合指数、单一指标以及遥感数据等。本书借鉴陈诗一和陈登科（2018）的思路，采用 PM2.5 浓度值作为衡量地区环境污染的指标。已有研究表明，尽管存在一定程度的气象因素，但经济增长方式、产业结构等经济因素仍是雾霾污染的根源（邵帅等，2019）。相较 SO、PM10 等指标，PM2.5 是中国最主要的污染排放物，也是雾霾污染的"元凶"，能够直接刻画中国城市空气污染水平。因此，本书选取雾霾污染来表征城市环境污染具有一定合理性。已有文献多采用哥伦比亚大学社会经济数据应用中心（SEDAC）发布的分年度世界PM2.5卫星监测数据，但该数据的时间跨度仅到2016年，难以满足本书所需要的时间长度。本书参考范丹等（2020）、汪克亮等（2021）的做法，采用华盛顿大学圣路易斯分校大气成分分析组（Atmospheric Composition Analysis Group）①的研究数据，该数据将来自NASA MODIS、MISR和SeaWIFS仪器的气溶胶光学深度（AOD）检索结果与GEOS-Chem化学传输模型相结合，获得全球地表PM2.5总量和浓度值，再运用地理加权平均法校准而得。本书进一步利用ArcGis软件将全球卫星数据与中国地级市矢量图进行匹配，解析了中国285个地级市的年平均雾霾浓度。

二 环境污染的现状分析

（一）环境污染的静态分析

基于污染数据的可得性，本书对2004—2019年中国285个城市的环境污染水平进行描述与分析，并根据2004—2008年、2009—2013年以及2014—2019年三个分时期环境污染的变化情况进行考察，相关描述性统计分析如表4.5所示。

从表4.5可以看出，2004—2019年，中国285个城市的平均环境污染水平为42.63。2004—2008年、2009—2013年以及2014—2019年三个分时期内的城市环境污染水平呈现出"先升后降"的特征。2004—2008年，平均污染水平为43.50；2009—2013年，平均污染水平上升至47.94；2014—2019年，平均污染水平下降至35.91。这表明中国城市环境污染经历了"污染加剧—缓解"的过程。观察最大值及最小值发现，三个时间段内的最小值变化不大，但最大值表现为先升后降的趋势。可能的解释是自2012年党的十八大召开以来，环境问题受到了党和政府空前重视。2015年1月，《环境保护法》修订通过并开始实施，对环境违法行为的惩治力度大大加强。2015—2019年，《环境保护税法》《环境保护税法实施条例》等系列环境规制不断加强，使得高污染

---

① 数据来自华盛顿大学圣路易斯分校网站（https：//sites.wustl.edu/acag/datasets/surface-pm2-5/）。

地区的环境污染状况有所缓解。

表 4.5　　城市环境污染的描述分析

样本区间	样本数	均值	标准差	最小值	最大值
2004—2008 年	1425	43.50	18.82	3.13	98.20
2009—2013 年	1425	47.94	20.68	3.60	110.12
2014—2019 年	1710	35.91	14.72	6.06	90.54
2004—2019 年	4560	42.63	18.90	3.13	110.12

资料来源：笔者整理。

为比较不同地区的环境污染水平差异，本书依旧采用上一节的研究方法，通过均值与标准差数据将各城市按照环境污染程度划分为高污染城市、较高污染城市、较低污染城市和低污染城市。划分结果如表 4.6 所示。

从不同污染城市类型的数量变化来看，2004—2019 年，高污染城市为 92 个；较高污染城市为 28 个，在四类城市中所占比例最低；较低污染城市和低污染城市的数量分别为 67 个和 98 个。三个时期内，高污染城市的数量呈现先升后降的特征，最终数量少于第一个时期的数量；较高污染城市的数量表现为先降后升的趋势，最终数量少于第一个时期的数量；较低污染和低污染城市的数量逐步增加，这意味着大多城市的污染程度均有所缓解。如湖州等 15 个城市从高污染城市逐步过渡为较高污染城市和较低污染城市；杭州和佛山等 28 个城市从较高污染城市逐步过渡为较低污染城市和低污染城市；宁波等 21 个城市从较低污染城市过渡为低污染城市。

值得一提的是，三个时期内污染排名前十的城市有较明显的变化。2004—2008 年，污染排名前十位的城市分布于河北、四川、山东和河南。2014—2019 年，四川的自贡和内江、河南的鹤壁以及河北的沧州的污染状况有所缓解，而河南的濮阳和开封、河北的邯郸以及山东的菏泽市则由于环境污染改善情况不理想。综合 2004—2019 年的数据来看，高污染城市主要集中于河北、山东和河南。

表 4.6　　　　　　不同环境污染类型城市的数量变化情况

分类	2004—2008 年	2009—2013 年	2014—2019 年	2004—2019 年
高污染城市	天津、石家庄、邯郸、邢台、保定、沧州等 90 个城市	天津、石家庄、邯郸、邢台、保定、沧州等 93 个城市	天津、石家庄、唐山、邯郸、邢台、保定、沧州等 81 个城市	天津、石家庄、邯郸、邢台、保定、沧州等 92 个城市
较高污染城市	唐山、上海、南通、连云港、淮安、杭州、绍兴等 45 个城市	唐山、太原、阳泉、长治、晋城、晋中、临汾等 31 个城市	北京、阳泉、长治、晋城、晋中、临汾、沈阳等 37 个城市	北京、唐山、长治、晋中、临汾、上海、南通等 28 个城市
较低污染城市	北京、阳泉、长治、晋城、晋中、临汾、乌海等 53 个城市	北京、吕梁、乌海、沈阳、辽阳、盘锦、铁岭等 63 个城市	秦皇岛、太原、大连、鞍山、抚顺、锦州、营口等 61 个城市	太原、阳泉、乌海、沈阳、鞍山、锦州、营口等 67 个城市
低污染城市	秦皇岛、张家口、承德、太原、大同、朔州、忻州等 97 个城市	秦皇岛、张家口、承德、大同、朔州、忻州、呼和浩特等 98 个城市	张家口、承德、大同、朔州、忻州、吕梁、呼和浩特等 106 个城市	秦皇岛、张家口、承德、大同、朔州、忻州、吕梁等 98 个城市

资料来源：笔者整理。

本书进一步根据表 4.6 中的数据，统计出 2004—2019 年除直辖市之外各省份不同等级环境污染城市的数量对比情况，将除直辖市之外的各省份分为三类。第一类省份以高污染和较高污染型城市为主；第二类省份以较低污染城市为主；第三类省份则以低污染城市为主。具体如图 4.4—图 4.6 所示①。

从图 4.4 可以看出，以高污染城市为主的省份主要包括河南、山东、安徽、四川、江苏、湖北、河北和湖南 8 个省份，除四川之外，其余均为中部和东部地区。其中，河南、山东、安徽、四川、江苏和湖北的高

---

① 由于不存在以较高污染型城市为主的省份，故将省份分为三类。

污染城市数量均超过 10 个,除四川有少量较低污染和低污染城市以外,其他省份的高污染城市占绝大部分,表明上述地区的环境污染程度较为严重。可能的原因是上述地区工业相对发达,人口密度也较大,工业生产和人民生活引致了较多污染排放。

观察图 4.5 可以发现,以较低污染城市为主的省份主要包括广西、广东、辽宁、江西、浙江、宁夏和贵州。这些省份的地域分布较为平均,其中,广东、辽宁和浙江属于东部地区,江西属于中部地区,广西、宁夏和贵州属于西部地区。广西、广东和辽宁均不存在高污染和较高污染城市,表明上述地区的环境质量较高。对于西部地区而言,污染水平较低的原因可能是经济发展水平相对落后,所造成的污染排放较少;对于东部地区而言,可能是由于其污染产业逐步向中西部地区转移以及本地产业升级的缘故。

由图 4.6 可知,以低污染城市为主的省份主要包括黑龙江、福建、云南、内蒙古、陕西、甘肃、吉林和山西。上述地区除了福建省之外,均属于中部和西部地区,可能与其经济发展水平有关。新疆、海南和青海可获得的城市数据较少,故未列入图中,已有数据均显示为低污染城市。

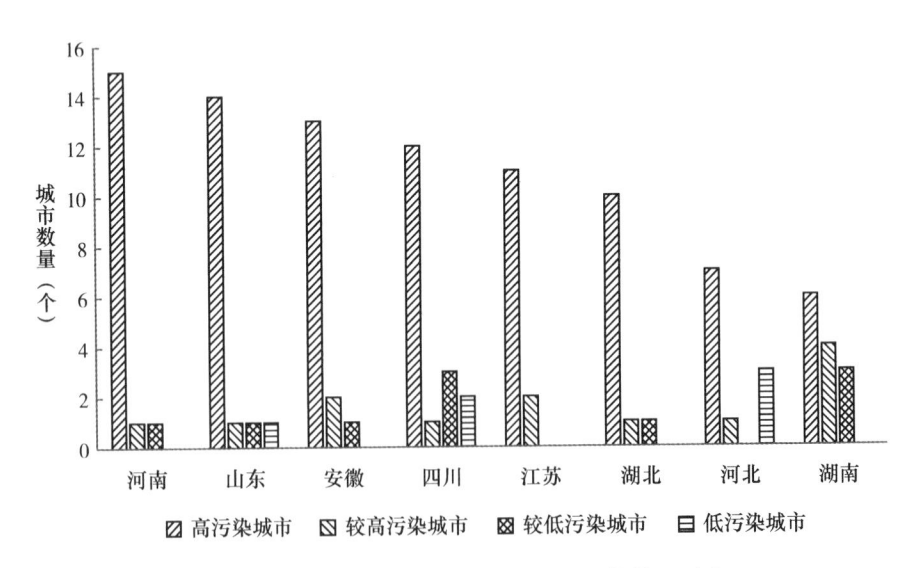

图 4.4 2004—2019 年中国各省份城市环境污染状况对比(a)

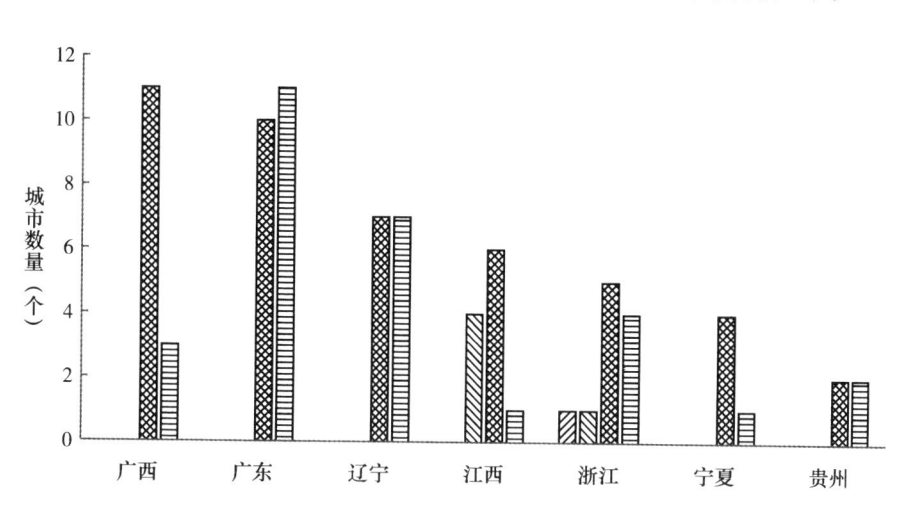

图 4.5 2004—2019 年中国各省份城市环境污染状况对比（b）

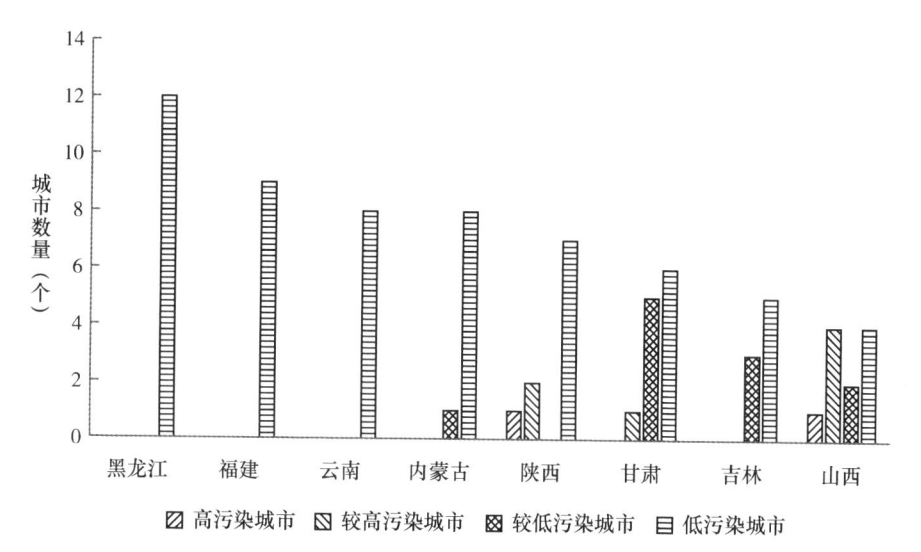

图 4.6 2004—2019 年中国各省份城市环境污染状况对比（c）

（二）环境污染的动态分析

前文主要阐述了样本期内环境污染的静态变化情况，为了细致地刻画城市环境污染的动态变化情况，本书分别对各城市在 2004—2008 年、2009—2013 年以及 2014—2019 年三个分时期内的环境污染数据求取均值，以此观测其在不同时段下的变化趋势，发现 285 个城市的环境污染变化情况各异。其中，27个城市的环境污染水平呈现逐年上升趋势，206个城市表现为先上升后下降的趋势，3个城市呈现先下降后上升的趋势，49个城市呈现持续下降的趋势。本书通过统计各省份城市环境污染的变化类型，得到各省份的环境污染动态变化情况，具体如表4.7所示。

从表4.7中可以看出，以污染持续上升型城市为主的省份包括吉林、黑龙江和辽宁，分别位于东北和西部地区，尤其是吉林和黑龙江的持续上升型城市分别达7个和12个，占全国该类型城市的比重超过3/4。同时，辽宁的污染持续上升型城市达5个，亦明显高于其他省份。上述分析表明，东北地区的污染持续上升型城市数量远超其他地区。综合环境污染的静态变化分析发现，虽然东北地区环境污染水平相对较低，但样本期内污染状况未能得到有效缓解，甚至呈现污染加剧的态势。可能的原因是东北地区的城市在冬季供暖时需要消耗大量能源，这一供暖方式难以在短期内改变，且容易加剧环境污染。以污染持续下降城市为主的省份包括浙江、广东和海南省，均位于东部地区，经济较发达。可能的原因是这些地区通过产业转移、改进生产技术等方式减少了污染排放，因而污染防治取得明显成效。大多省份以先升后降型城市为主，可能的解释是研究初期，粗放的经济增长模式引发了较为严重的环境污染。随着环境规制不断加强，以及民众对环境质量的要求持续提升，地方越来越重视污染治理，环境污染情况得到改善。

表4.7　各省份城市环境污染动态变化情况

	持续上升	持续下降	先升后降	先降后升
北京市	0	0	1	0
天津市	0	0	1	0
河北省	0	0	11	0
山西省	0	0	11	0
内蒙古自治区	1	1	5	2
辽宁省	5	1	8	0
吉林省	7	0	0	1

续表

	持续上升	持续下降	先升后降	先降后升
黑龙江省	12	0	0	0
上海市	0	0	1	0
江苏省	0	0	13	0
浙江省	0	8	3	0
安徽省	0	0	16	0
福建省	0	4	5	0
江西省	0	3	8	0
山东省	0	0	17	0
河南省	0	0	17	0
湖北省	0	0	12	0
湖南省	0	1	12	0
广东省	0	19	2	0
广西壮族自治区	0	7	7	0
海南省	0	2	0	0
重庆市	0	0	1	0
四川省	0	0	18	0
贵州省	0	0	4	0
云南省	0	0	8	0
陕西省	0	0	10	0
甘肃省	0	3	9	0
青海省	0	0	1	0
宁夏回族自治区	0	0	5	0
新疆维吾尔自治区	2	0	0	0
合计	27	49	206	3

资料来源：笔者整理。

综合城市环境污染的静、动态分析可以发现，对于以高污染城市为主的河南、山东、安徽等8个省份，大多数城市的环境污染水平均表现为先升后降的趋势。以较低污染城市为主的8个省份中，广东和浙江大部分城市的污染水平呈现持续下降的趋势，其余省份大多数城市的污染水平呈现先升后降的趋势。与此同时，以低污染城市为主的8个省份中，福建、云南、内蒙古、甘肃、陕西和山西大多数城市的污染水平呈现先升后降的趋势，而吉林和黑龙江大多数城市的污染水平则表现为持续上升的趋势。总体而言，高污染和较高污染型城市的环境污染状况均有所缓解，较低污染型城市的环境质量亦得到进一步改善，但低污染型城市污染加剧的问题也不容忽视。

第三节 城市规模的测度与现状分析

改革开放以来，中国城镇化进程不断加快，大量人口向城市集聚。《2019年国民经济和社会发展统计公报》显示，中国城镇常住人口为8.48亿人，占总人口的比重达60.60%，较1979年增加了42.7个百分点。与此同时，城市规模分布不合理、城镇体系不协调发展的特征日益凸显，这不仅会影响区域资源的优化配置，还有可能损害居民的福利水平。为此，深入研究中国城市规模的静、动态变化情况和区域分布差异，有助于深入了解城市规模的空间特征和演变趋势，从而为城市规模空间分布的优化与调整提供参考。

一 城市规模的测度

本书研究中所指的城市规模特指城市人口规模。城市人口是度量城市规模水平的重要指标。既有文献主要借助两类人口数据，一类是《城市统计年鉴》中的市辖区人口数据，另一类是全国人口普查数据。两类数据各有其局限性，《城市统计年鉴》中的"市辖区人口"数据包含了市辖区内存在的农村居民点，可能会高估城市规模（王乾等，2019），而全国人口普查十年开展一次，难以满足连续性面板数据分析的需求。根据研究目的，本书参考已有文献的做法（韩峰和李玉双，2020），选取市辖区年末户籍人口数量作为城市规模的度量指标。数据获取自历年的《城市统计年鉴》，数据区间为2004—2019年，部分缺失数据利用滑动平均法补齐。西藏各市的相关数据缺失严重，故将其从样本中剔除。

二 城市规模的现状分析

（一）城市规模的静态分析

首先，本书分别根据2004—2008年、2009—2013年以及2014—2019年三个时间段285个城市的人口数据，观测分时期内城市规模的变化情况，相关描述性统计分析如表4.8所示。

从表4.8中可看出，2004—2009年，中国285个城市的平均规模为144.95万人。2004—2008年、2009—2013年以及2014—2019年三个时期内的城市平均规模呈现明显的递增趋势，从127.62万人增长至164.54万人，表明中国城市人口持续增加，城镇化程度不断加深。与此同时，285个城市的人口规模差距亦不断扩大，标准差由157.60上升至217.09。观察最大值和最小值的差距发现，三个时期内的城市规模最小值变化不大，但最大值从1534.50上升至2479.00。可以初步判断，2004—2019年，中国城市规模持续扩张，但地区发展不均衡的现象也日益突出，城市规模差距不断拉大，印证了已有文献的观点（段巍等，2020）。

表4.8　　　　　　　　　　城市规模的描述分析

样本区间	样本数	均值	标准差	最小值	最大值
2004—2008年	1425	127.62	157.60	14.35	1534.50
2009—2013年	1425	138.76	174.54	15.10	1787.00
2014—2019年	1710	164.54	217.09	15.30	2479.00
2004—2019年	4560	144.95	187.59	14.35	2479.00

资料来源：笔者整理。

为进一步对不同类型城市规模的变化情况进行深入剖析，本书依照国务院《关于调整城市规模划分标准的通知》对城市规模的界定，将285个城市分为特大城市、大城市、中等城市和小城市，对各类城市的数量及其人口占比进行统计，结果如表4.9所示。

从表4.9中可以看出，2004—2019年，人口规模500万人以上的特大城市包括为北京、天津、沈阳和上海等11个城市，主要分布于4个直辖市，以及江苏、湖北、广东、四川和陕西这五个省份中，其人口规模占全国城市人口规模的比重达23.03%。三个时期内，特大城市的数量不断增加，其人口规模占总城市人口规模的比重也持续攀升。2004—2008年，9个特大城市的人口规模占全国城市人口规模的1/5，2014—2019年，13个特大城市的人口规模占全国城市人口规模之比达1/4。2004—2019年，人口规模在100万—500万人的大城市有124个，其人口规模占全国城市人口规模的比重为53.90%。三个时期内大城市的数量不断增加，其人口规模其占总城市人口的比重也持续提升，但增速稍慢于特大城市。2004—2008年，106个大城市的人口规模占全国城市人口规模的51.70%，而2014—2019年，140个大城市的人口规模占全国城市人口规模的56.26%。2004—2019年，人口规模在50万—100万人的中等城市有107个，其人口规模占全国城市人口规模的19.18%。从三个时期来看，中等城市的数量及人口占比均缓慢下降。2004—2008年，109个中等城市的人口规模占全国城市人口规模的21.83%，2014—2019年，93个中等城市的人口规模仅占全国城市人口规模的14.81%。2004—2019年，人口规模少于50万的小城市有43个，占全国城市人口规模的比重仅为3.89%。从三个时期来看，小城市的数量及人口占比均缓慢下降。2004—2008年，61个小城市的人口规模占全国城市人口规模的6.29%，2014—2019年，39个小城市的人口规模仅占全国城市人口规模的3.14%。综合来看，样本期内大城市和特大城市的数量和规模均持续扩张，而中等城市的数量和规模在2014—2019年开始缓慢下降，小城市的数量和规模均逐步缩小，这意味着部分中小城市演进为规模较大的城市。

表4.9　　　　　　　不同规模类型城市的数量变化情况

分类		2004—2008年	2009—2013年	2014—2019年	2004—2019年
特大城市	城市数量（个）	9	11	13	11
（500万人以上）	人口占比（%）	20.18	22.66	25.79	23.03
大城市	城市数量（个）	106	115	140	124
（100万—500万人）	人口占比（%）	51.70	52.39	56.26	53.90

续表

分类		2004—2008年	2009—2013年	2014—2019年	2004—2019年
中等城市	城市数量（个）	109	109	93	107
（50万—100万人）	人口占比（%）	21.83	20.17	14.81	19.18
小城市	城市数量（个）	61	50	39	43
（50万人以下）	人口占比（%）	6.29	4.79	3.14	3.89

资料来源：笔者整理。

为了能够清晰地比较中国各省份的城市规模，本书进一步根据表4.9的数据，统计出2004—2019年除直辖市之外各省份大城市、中等城市和小城市的数量对比情况，将各省份分为三类。第一类省份以大城市为主，大城市的数量多于中等城市和小城市；第二类省份以中等城市为主，中等城市的数量多于其他两类城市；第三类省份则包含以小城市为主以及可获得城市数据较少的地区。具体如图4.7—图4.9所示。

从图4.7中可以看出，以大城市为主的省份包括山东、江苏、四川、广东、河南、安徽、广西、河北、浙江和福建10个省份，除了广西、四川和河南之外，其余省份均位于东部地区和沿海地区。其中，山东、江苏和四川的大城市数量均超过10个，远高于其中等城市和小城市的数量，城市规模相对较大，意味着上述地区的城镇化进程普遍较快。

从图4.8来看，以中等城市为主的省份包括辽宁、黑龙江、山西、陕西、湖南、湖北、江西和吉林8个省份，主要位于东北地区和中部地区。其中，辽宁、黑龙江、山西、陕西和吉林的中等城市数量明显多于其他两类城市，湖南、湖北和江西的中等城市数量则略多于大城市。

图4.9显示，甘肃、内蒙古、云南、宁夏和贵州均属于以小城市居多的省份，除内蒙古之外均位于西部地区。由于新疆、海南和青海可获得的城市数据较少，故被列入该分组中。

（二）城市规模的动态分析

为了对中国各城市规模的动态变化进行细致的考察，本书观察了各城市在2004—2008年、2009—2013年以及2014—2019年三个时期内的城市规模变化情况，结果发现，285个城市中，有219个城市的人口规模呈

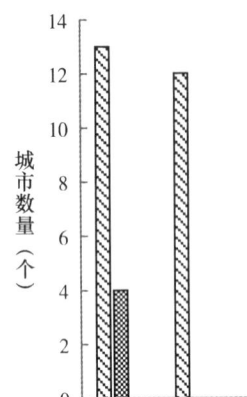

图4.7 2004—2019年中国各省份城市规模对比（a）

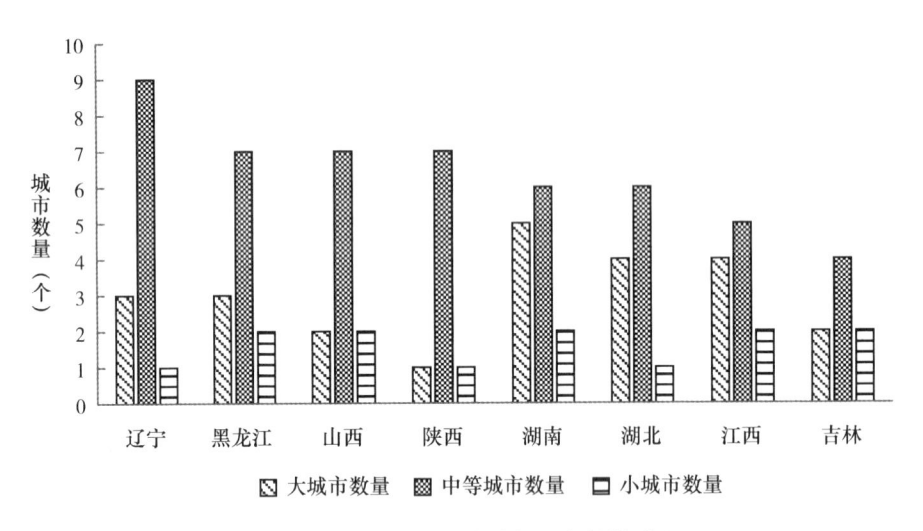

图4.8 2004—2019年中国各省份城市规模对比（b）

现逐年上升趋势，占比达76.84%。包括鞍山、抚顺等在内的49个城市的人口规模经历了先上升后下降的趋势，这些城市主要分布于辽宁、吉林、黑龙江、四川、陕西和甘肃等，大多位于东北和内陆地区。武汉、通辽、丽水、泰安和固原5个城市的人口规模表现为先下降后上升的特征。包括本溪和通化在内的12个城市的人口规模在样本期内呈现逐年下降的趋势。

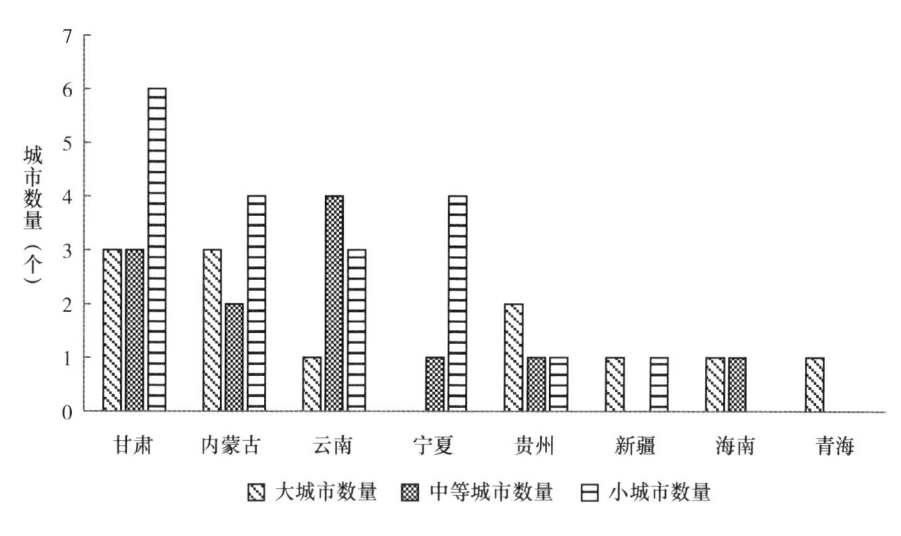

图4.9　2004—2019年中国各省份城市规模对比（c）

本书将三个分时期内规模持续上升的城市记为扩张型城市，将规模持续下降的城市记为收缩型城市，将规模先上升后下降或先下降后上升的城市记为波动型城市。通过统计各省份的城市类型，得到各省份的城市规模动态变化情况，具体如表4.10所示。

表4.10　　各省份城市规模动态变化情况

	扩张型城市数量	收缩型城市数量	波动型城市数量
北京	1	0	0
天津	1	0	0
河北	11	0	0
山西	9	0	2
内蒙古	6	0	3
辽宁	7	2	5
吉林	2	1	5
黑龙江	3	6	3
上海	1	0	0
江苏	12	0	1
浙江	10	0	1

续表

	扩张型城市数量	收缩型城市数量	波动型城市数量
安徽	15	0	1
福建	8	1	0
江西	11	0	0
山东	16	0	1
河南	15	0	2
湖北	7	2	3
湖南	11	0	2
广东	19	0	2
广西	14	0	0
海南	2	0	0
重庆	1	0	0
四川	11	0	7
贵州	3	0	1
云南	7	0	1
陕西	6	0	4
甘肃	7	0	5
青海	0	0	1
宁夏	3	0	2
新疆	0	0	2
合计	219	12	54

资料来源：笔者整理。

从表 4.10 中可以看出，波动型城市占比较高的包括辽宁、吉林、四川、陕西和甘肃 5 个省份，收缩型城市占比较高的为黑龙江。上述地区中，辽宁、吉林和黑龙江属于东北地区，四川、陕西和甘肃则属于西部地区。综合来看，东部地区和沿海地区的城市人口规模大多呈现持续上升态势，这些地区同时也是经济水平相对发达、公共服务设施相对完善的地区；相较之下，西部地区和东北地区城市人口规模的增长态势不稳定，部分城市的人口规模甚至表现为收缩特征。值得一提的是，12 个收缩型城市中，有1个属于大城市，7个属于中等城市，4个属于小城市，除了双鸭山市外，其他城市等级均未发生变化。54个波动型城市中，七台河市和西宁市的城市等级下降，其余城市均维持其原等级或向规模较大城市演进。

（三）城市规模的分布规律

为进一步捕捉中国城市规模分布的规律，本书借助累积分布函数估计方法，通过绘制城市规模的动态分布图刻画其分布特征和变化趋势。相对于核密度估计等方法，累积分布函数没有引入带宽等外部概念，避免了数据信息的丢失，能够较准确地刻画城市规模分布特征。本书分别选取了2004年、2009年、2014年和2019年4年全国的城市规模数据，分别绘制对应区域的累计分布函数图像，具体如图4.10所示。图中的垂直参考线分别捕捉了人口规模为100万人和500万人的累计概率情况。

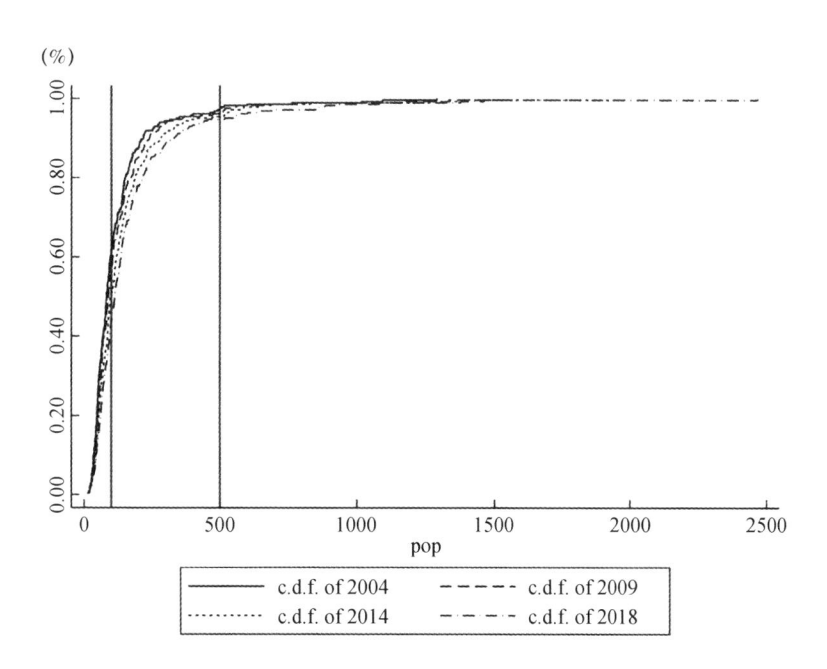

图4.10 中国城市规模累计分布变化情况

从图4.10中可以看出，对全国样本而言，大城市所占比重不断提高。2004年，人口规模在100万人以下的城市占比约为60%。随着时间的推移，这一比例持续下降，到2019年，人口规模在100万人以下的城市占比仅为40%，下降约20%。人口规模在500万人以下的城市所占比重亦持续下降。2004年，人口规模在500万人以下的城市占比约为96%，到2019年，人口规模在500万人以下的城市占比下降至92%。结合两条参考线来看，2004—2019年，人口规模在100万—500万人的大城市所占比重从36%上升至52%。同时，人口规模在1000万人以上的城市占比有所提高。这意味着样本期内大多城市均向更高规模演进，大城市群体日益庞大，原有特大城市的人口规模也持续扩张。

第 五 章

公共服务和环境污染影响城市规模的作用效果分析

　　本章的主要目的是对前文提出的命题1进行验证,即"城市规模受到公共服务与环境污染因素的共同影响,城市规模与环境污染参数呈负相关关系,城市规模与公共服务的作用关系同时还受到环境污染因素的影响,作用方向不确定"。基于这一命题,本章将着重考察公共服务和环境污染对城市规模的影响。首先,设计关于公共服务和环境污染影响城市规模的回归模型,对模型构建、变量设定、数据来源及变量特征进行阐述。其次,基于地级市面板数据对公共服务和环境污染对城市规模的作用效果予以检验。采用2004—2019年中国285个城市的面板数据对模型进行估计,借助系统广义矩估计(系统GMM)方法对模型的内生性进行处理,并设计一系列稳健性检验分析模型结果的稳健性。随后通过异质性检验考察公共服务和环境污染对城市规模的差异化影响。再次,采用微观流动人口数据对公共服务和环境污染对城市规模的作用效果予以检验。分别采用2011年和2017年的中国流动人口动态监测调查(China Migrants Dynamic Survey,CMDS)数据,构建负二项回归模型,借助微观数据刻画不同时期公共服务和环境污染对城市劳动力流动的影响,并通过异质性检验分析这一影响的差异性。最后,得出本章的主要结论。

第一节　实证设计

一　计量模型构建

（一）公共服务和环境污染对城市规模的影响：基于面板数据的分析

为验证命题1的正确性，本书首先以城市规模为被解释变量，以公共服务和环境污染为核心解释变量构建面板回归模型。考虑到均衡状态下城市规模的决定式（式3.27）中公共服务的影响方向不能确定，且已有理论和文献实证也未能就公共服务对城市规模的线性影响达成一致，本书将公共服务的二次项引入模型，实证检验公共服务对城市规模的非线性影响。同时，对影响地区城市规模水平的对外开放度、金融水平、人均收入水平等变量进行控制。此外，还引入了平均植被覆盖率作为城市生态状况的表征变量。

静态面板模型具体如下：

$$POP_{it} = \beta_0 + \beta_1 PG_{it} + \beta_2 PG_{it}^2 + \beta_3 ENV_{it} + \beta_4 \sum X_{it} + \mu_i + \vartheta_t + \varepsilon_{it} \tag{5.1}$$

其中，i 和 t 分别表示中国285个地级市截面单位和相应年份；被解释变量 POP 为城市规模；PG 和 PG^2 分别代表核心解释变量公共服务及其二次项；ENV 表示核心解释变量环境污染；X 为一组控制变量，β 表示待估参数，μ 和 ϑ 分别代表地区和时间固定效应，ε 为随机扰动项。

式（5.1）中，城市规模与公共服务、环境污染之间可能面临双向因果关系所引致的内生性问题的挑战。一方面，城市规模通过居民消费行为和偏好，以及企业生产和创新行为等途径对公共服务与环境污染产生影响；另一方面，城市公共服务和环境质量的变化亦会对城市人口流动意愿产生反馈影响。针对上述问题，本书尽可能地控制了影响城市规模的相关变量，并借助遥感数据对核心解释变量环境污染进行刻画，但仍难以包含所有相关信息，导致模型结果可能存在一定偏误。此外，根据已有文献，城市规模可能存在时间上的路径依赖特征，即当期城市规模水平可能会依赖上一期城市规模水平。为此，本书引入城市规模的滞后一期项，构建动态面板模型，并采用系统GMM方法进行估计，对时间滞后效应及模型的内生性问题同时进行控制，以进一步增加结果的稳健性。具体如下：

$$POP_{it} = \alpha_0 + \alpha_1 POP_{it-1} + \alpha_2 PG_{it} + \alpha_3 PG_{it}^2 + \alpha_4 ENV_{it} + \alpha_5 \sum X_{it} + \mu_i + \vartheta_t + \eta_{it} \quad (5.2)$$

其中，POP_{it-1} 表示城市规模的滞后一期项，η 表示随机扰动项，其他变量的含义与式（5.1）一致。

（二）公共服务和环境污染对城市规模的影响：基于微观数据的分析

其次，本书利用 CMDS 调查的流动人口数据作为城市规模的替代变量，对公共服务、环境污染和城市规模的关系进行刻画。一方面，采用流动人口调查数据能够从微观层面更为细致地刻画公共服务和环境污染影响城市规模的特征，对宏观数据分析予以补充，为公共服务、环境污染与城市规模的空间分布提供更多微观证据。另一方面，劳动人口流动直接关系着人力资本要素的空间分布，与地方的社会经济发展密切相关，采用劳动人口作为替代变量有助于识别流动人口的迁移偏好，从而为地区吸引人才集聚提出更具针对性的对策建议。

由于各市流动人口数据分布过于离散，方差远大于其期望值，难以满足均等分散的假设，采用最小二乘法估计可能会导致模型结果偏误。故本书放宽这一假设，采用负二项回归模型对样本进行估计。负二项回归模型的表达式具体如下：

$$E(FPOP_i \mid PG_i, PM_i, X_i) = \exp(\alpha_0 + \alpha_1 PG_i + \alpha_2 PM_i + \alpha_3 \sum X_i + \varepsilon_{it}) \quad (5.3)$$

其中，$FPOP_i$ 表示各城市的流动人口数量，其他变量的含义与前文一致。

二　变量测度

（1）被解释变量：城市规模（POP）。已有文献主要使用两种方法衡量城市规模，一是《城市统计年鉴》中对应年份的城镇户籍人口数量（柯善咨和赵曜，2014；梁婧等，2015；陈大峰等，2020），二是《人口普查公报》中各城市的常住人口数据（余吉祥等，2013；陈洁仪等，2022）。考虑到连续性面板数据分析的研究需求，在本章第二节的分析中，本书选取市辖区年末户籍人口数量对城市规模进行表征。

（2）被解释变量：流动人口规模（*FPOP*）。在本章第三节的分析中，本书采用了 CMDS 数据。CMDS 数据是国家卫生健康委自 2009 年起，一年一度开展的大规模全国性流动人口抽样调查数据①。为了获取不同城市的劳动人口流动数量，先将 CMDS 问卷中被调查对象的所在城市作为选择城市，随后将相应年份的被调查对象按其流入城市进行加总，从而得到各城市的劳动人口流入数据。

（3）核心解释变量：公共服务水平（*PG*）。国内外文献主要采用两种方法衡量公共服务水平，一是构建包含交通、教育、医疗卫生和能源等变量的指标体系对公共服务进行综合评价（Bleaney 等，2001；韩峰和李玉双，2019；辛冲冲等，2019），二是借助包含公共服务满意度的调研数据对地区公共服务水平进行测度，如中国社会综合调查（CGSS）、流动人口动态监测调查数据（CMDS）等（刘金凤和魏后凯，2019）。此外，亦有部分学者直接利用政府公共财政预算支出来衡量公共服务水平（López 和 Palacios，2014；王伟同和魏胜广，2016）。其中，尽管构建指标体系的方法在对数据进行降维的过程中可能造成一定的信息损失问题，但相对其他方法而言，兼具综合性与连续性的优点，成为已有研究中最为普遍的方法之一。考虑到数据的可得性，本书从基础教育、医疗卫生、能源利用、基础设施和公共环境 5 个方面构建了公共服务综合指标体系（表 4.1），利用熵权法确定各指标的权重，从而测算出各城市的公共服务综合指数，将其作为公共服务水平的度量指标。基于稳健性检验的目的，本书同时选用主成分分析法测度的公共服务水平以及财政支出为公共服务的替代变量进行分析。根据前文的分析，在不考虑环境污染的情况下，公共服务变量的预期影响系数为正；若考虑环境污染的影响，则公共服务的系数尚不确定。

（4）核心解释变量：环境污染（*ENV*）。已有文献主要通过综合指标法、单一指标法以及遥感数据三种方法对环境污染进行测度，在指标选取上，包括工业"三废"、碳排放、PM2.5 等。借鉴已有文献的做法

---

① 数据来自国家卫生健康委流动人口数据平台（https://www.chinaldrk.org.cn）。

(陈诗一和陈登科，2018)，本书采用 PM2.5 浓度值作为衡量地区环境污染的指标。相较 SO_2、PM10 等指标，PM2.5 是中国最主要的污染排放物，也是雾霾污染的"元凶"，能够直接刻画中国城市空气污染水平。因此，本书选取雾霾污染来表征城市环境污染具有一定合理性。本书采用华盛顿大学圣路易斯分校大气成分分析组的全球地表 PM2.5 总量和浓度数据，利用 ArcGis 软件将其与中国地级市矢量图进行匹配得到各城市对应年份的 PM2.5 浓度均值。该数据的时间跨度为 1998—2019 年，分辨率为 $0.01°×0.01°$，能够满足本书的研究需求。根据前文的分析，环境污染变量的预期影响系数为负，即环境污染对城市规模具有负向影响。

（5）控制变量。综合理论模型以及既有研究的成果，本书进一步对影响城市规模的其他变量进行控制，具体如下：

收入水平（AGDP）。学者认为，经济发展水平在地区之间的不平衡决定了人口流动的方向（陈威等，2022），人均收入较高的南部沿海、东部沿海地区仍然是吸纳流动人口最多的区域（段成荣等，2020）。因此可以假定，收入水平将会影响城市人口规模。本书采用 2004 年不变价格的人均 GDP 对收入水平进行表示。

产业结构（STR）。根据产业结构变迁理论（Chenery 等，1986），一国或地区的产业结构升级是资源从低生产率部门向高生产率部门的再配置活动，将通过影响人力资本要素配置改变城市集聚经济的空间形态，例如城市规模等（呼倩等，2021）。本书将产业结构纳入模型中，以第二产业与第三产业的产值比重表示产业结构。

技术进步（TEC）。创新不仅是经济高质量发展的驱动力，而且对人口迁移具有显著的吸引力（师博和张新月，2019）。研究显示，技术创新对经济增长、就业和社会福利具有正向影响（姚战琪和夏杰长，2005；Acemoglu，2012），从而对人口产生明显的吸引力。为此，本书考虑了技术进步对城市规模的影响，以各城市的发明专利授权量进行度量。

外商投资水平（FDI）。研究指出，开放条件下，外商直接投资流入东道国，会改变地区相对要素禀赋水平与要素禀赋结构（臧新和赵炯，2016），如影响劳动力流动，进而影响城市的规模，并改变城市的空间组织（朱传耿，2004）。本书将外商投资水平纳入模型中，采用永续盘存法计算的外商直接投资存量表示，折旧率设为5%。

住宅用地供给（*HOU*）。研究表明，住房供给与人口迁移意愿显著相关（郎昱等，2022），住房供给短缺将会显著影响人口的定居意愿（刘金凤和魏后凯，2021）。本书考虑了住宅用地供给对城市规模的作用，使用城市建设用地中的居住用地面积来表示住宅用地供给。

失业率（*UNEM*）。失业率反映了地区的就业机会，是影响劳动力迁移的关键因素之一（段巍等，2020）。本书参考韩峰和李玉双（2020）的做法，以城镇登记失业人员数占登记失业人数与从业人员数之和的比重来表示，其中，市辖区从业人员数为单位从业人员数与城镇私营和个体从业人员数之和。

金融水平（*FIN*）。已有研究认为，金融集聚会强化吸引本地及周边地区金融资源、人才、物质等要素的流入（冉启英等，2021），从而改变城市的空间格局。因此，本书对金融水平进行控制，采用年末金融机构各项贷款余额占GDP的比重进行衡量。

植被覆盖率（*NDVI*）。借鉴已有研究，植被覆盖等地区生态环境相关变量会对城市的经济活动造成影响，应予以控制（欧阳艳艳等，2020）。采用中国科学院资源环境科学数据中心的年度植被覆盖数据集与中国地级市矢量图匹配得到。

三 数据说明与描述性统计分析

面板回归模型的样本为2004—2019年全国285个地级及以上城市的面板数据。雾霾数据来源于华盛顿大学圣路易斯分校大气成分分析组。专利数据来自中国研究数据服务平台（CNDRS）。植被覆盖数据来自中国科学院资源环境科学数据中心。其他相关原始数据主要来自历年的《中国城市统计年鉴》《中国统计年鉴》《中国城市建设统计年鉴》和各省份的统计年鉴。所有货币价值数据均以2004年不变价计算。对于部分缺失数据，采用线性插值法进行处理。为尽量消除变量之间的量纲差异，对变量进行了对数化处理。各变量的描述性统计分析如表5.1所示。

表 5.1 变量描述性统计分析

变量	变量名称	均值	标准差	最小值	最大值	样本数
POP	城市规模	4.61	0.78	2.66	7.82	4560
PG	公共服务水平	2.33	0.33	1.26	3.96	4560
ENV	环境污染	3.64	0.49	1.14	4.70	4560
AGDP	收入水平	10.58	0.75	7.52	13.06	4560
STR	产业结构	-0.10	0.53	-2.36	1.88	4560
TEC	技术进步	4.05	2.00	0.00	10.76	4560
FIN	金融水平	15.31	1.48	11.44	20.42	4560
FDI	外商投资水平	10.74	3.17	-4.61	16.59	4560
HOU	住宅用地供给	3.16	0.94	-4.61	7.14	4560
UNEM	失业率	-3.67	0.69	-7.21	-0.79	4560
NDVI	植被覆盖率	-0.35	0.27	-2.33	-0.11	4560

对于流动人口数据，考虑数据可得性及样本的时间跨度，本书选取了2011年和2017年两个代表性年份进行研究。2011年，跨省与省内跨市流动人口数量达104715人，由于《中国城市统计年鉴》中经济统计数据较完整的城市为285个，剔除《中国城市统计年鉴》中数据缺失较严重的城市的流动人口数据后，剩余92750人。2017年，跨省与省内跨市流动人口数量达139807人。剔除《中国城市统计年鉴》中数据缺失较严重的城市的流动人口数据后，剩余126599人。图5.1分别展示了2011年和2017年各城市流动人口数量的分布情况。观察发现，流动人口分布较为离散，不服从正态分布，支持了构建负二项回归模型的设定。

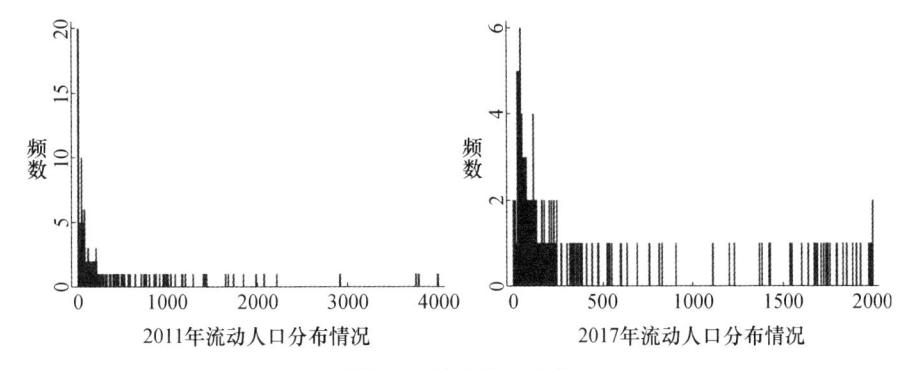

图 5.1 流动人口分布

第二节 公共服务和环境污染对城市规模的影响
——基于地级市面板数据的分析

一 基准回归结果

本节基于中国地级市面板数据考察了公共服务和环境污染对城市规模的直接影响。表5.2报告了基于全样本数据的静态面板回归模型估计结果。Hausman检验在1%的水平上显著，故采用固定效应模型。表中第（1）、第（2）列为未考虑环境污染因素的估计结果，第（3）、第（4）列将环境污染纳入模型中。

模型结果显示，在控制了一系列其他变量之后，公共服务的一次项系数显著为负，二次项系数显著为正，说明公共服务与城市规模表现为"先降后升"的"U"形关系。上述发现与已有研究的结论相似（王晓轩，2019；顾芸和董亚宁，2021；董亚宁等，2021）。王晓轩（2019）的研究指出，生产性公共支出对户籍人口的吸引呈非线性组合关系。类似地，董亚宁等（2021）认为，城市规模对公共服务影响人才区位具有非线性门槛效应，只有当满足一定门槛条件时，增加公共服务才能显著吸引人才流入。呈现这一特征可能是城市规模扩张与公共服务在匹配过程中引致的生产率效应、福利效应以及税收负担效应等因素共同作用之下的结果。短期内，公共服务水平与城市规模的不匹配，可能导致公共服务"供不应求"和"供过于求"的状况在不同城市出现，即部分收缩城市和中小城市的公共服务供给大于当地需求（王念和朱英明，2021），公共设施空置浪费，而部分大城市、特大城市的公共服务严重不足，拥挤效应严重，导致增加公共服务不能有效增加城市规模。但从长远来看，增加公共服务仍对城市规模具有显著的正向影响，表明公共服务作为影响人们生活质量的重要因素，对吸引人口的积极作用仍占据主导地位。一方面，公共服务通过提高生产率和增加经济产出提升了地区工资水平，提高了城市对人口的吸引力，拉动了城市规模增长。另一方面，便利的公共服务设施满足了人们对更高质量生活的追求（夏怡然和陆铭，2015），提升了居民的幸福感（Flavin，2019；Kourtit等，2020），从而吸引人口不断流入，扩大城市规模。党的十九大报告作出了"我国社会主要矛盾已经转化为人民日益增长的美好生活需要和不平衡不充分的发展之间的矛盾"这一重大政治论断，这说明人们对公共服务规模和质量的需求正日益提高。大力发展公共服务，优化公共服务供给，提升公共服务质量，顺应了人们对美好生活的需要，符合"以人为本"的新型城镇化建设的需要，而对公共服务与城市规模的关系予以检验，则有助于科学布局公共服务，提高公共服务供给效率，更好地释放公共服务的正外部性。

从第（3）、第（4）列的结果可以看出，环境污染的系数在1%的水平上显著为负，说明环境污染水平对城市规模具有明显的抑制作用，环境污染水平每提升10%，城市规模下降约1.5个百分点。这一结果与已有研究基本一致（杨晓军，2019；李卫兵和张凯霞，2019；Liu和Yu，2020）。可能的解释是，环境污染不仅会对当地居民健康造成损害（Deryugina等，2019），降低人力资本积累（罗勇根等，2019），还有可能对企业经营效益、地区生产率等产生抑制作用（Hanna和Oliva，2015），故而污染严重的地区会对人口产生驱赶效应。当环境污染加剧时，人们往往会选择迁出，特别是具有高学历的人才（De Golyer，2008）。综合来看，表5.2中公共服务和环境污染的估计结果与理论部分的分析基本一致，命题1得到支持。当前，世界范围内的环境问题日益凸显，环境污染对社会经济活动的负面影响已被不少研究所证实。同时，随着人民生活水平日益提高，人们对环境质量的要求也不断提升，甚至出现了逃离污染严重地区的"环境移民"等现象。政府将建设生态文明作为中华民族永续发展的千年大计，而生态文明建设与社会经济活动密切相关。为此，将环境污染纳入城市规模的影响模型中，探析环境质量对城市人口规模的影响，有助于更深刻地认识环境发展与社会经济活动的关系，为政府优化城市规模，构建绿色、高效、可持续的城市体系提供更多经验支持。

表5.2　　公共服务和环境污染影响城市规模的基准回归结果

变量	（1）	（2）	（3）	（4）
PG	-0.7658*** (-6.79)	-0.8237*** (-8.27)	-0.7848*** (-7.09)	-0.8436*** (-8.61)

续表

变量	(1)	(2)	(3)	(4)
PG^2	0.0506**	0.0566***	0.0509**	0.0586***
	(2.17)	(2.75)	(2.23)	(2.90)
ENV			-0.1710***	-0.1500***
			(-12.88)	(-12.07)
AGDP	0.0751***	-0.1117***	0.0874	-0.1062***
	(8.30)	(-10.71)	(9.80)	(-10.35)
TEC	0.0931***	0.0355***	0.0829***	0.0282***
	(26.06)	(9.85)	(23.05)	(7.85)
STR	0.0566***	-0.0343***	0.0407	-0.0484***
	(6.50)	(-4.12)	(4.71)	(-5.86)
FIN		0.2066***		0.1976***
		(26.85)		(26.00)
FDI		-0.0016		0.0051***
		(-0.88)		(2.74)
HOU		0.1048***		0.1035***
		(16.18)		(16.24)
UNEM		-0.0084*		-0.0055
		(-1.74)		(-1.15)
NDVI		0.1402***		0.0534
		(2.88)		(1.10)
_cons	4.9587***	3.7960***	5.5339***	4.3975***
	(36.48)	(27.55)	(39.36)	(30.47)
样本量	4560	4560	4560	4560
R^2统计量	0.3685	0.5108	0.3924	0.5272
F统计量	491.88***	439.57***	453.57***	426.61***

注：括号内为t检验统计量；***、**、*分别表示1%、5%和10%的显著性水平。

进一步地，根据前文所述，为同时控制时间滞后和双向因果效应的影响，本书引入城市规模的滞后一期项，基于全样本数据构建了系统GMM模型，结果报告在表5.3中。表中第（1）、第（2）列为未考虑环境污染因素的估计结果，第（3）、第（4）列将环境污染纳入模型中。根据表中第（1）—（4）列的 AR（1）和 AR（2）的检验结果可知，误差项在1%的水平上存在一阶序列相关，但不存在二阶序列相关，说明系统GMM模型是适用的。同时，Hansen检验的统计量均不显著，表明所有工具变量均是合理有效的，不存在过度识别问题。

表中结果显示，城市规模的滞后一期项在1%的水平上显著且为正，意味着前一时期的城市规模对当期的城市规模水平具有正向影响，城市规模具有循环累积效应。除此之外，本书所关注的核心变量公共服务和环境污染的系数未发生明显改变，公共服务与城市规模依然存在显著的"U"形关系，环境污染的估计系数亦显著为负，说明表5.2的估计结果是稳健的。

表5.3 控制内生性的系统 GMM 估计结果

变量	（1）	（2）	（3）	（4）
L.POP	0.9856*** (251.00)	0.6896*** (308.69)	0.9870*** (258.13)	0.9440*** (804.60)
PG	-1.6885*** (-9.29)	-0.5297*** (-32.59)	-1.6816*** (-9.32)	-1.3755*** (-47.77)
PG^2	0.3298*** (9.07)	0.0362*** (10.95)	0.3287 (9.11)	0.2584*** (46.01)
ENV			-0.0069* (-1.95)	-0.0132*** (-19.21)
控制变量	控制	控制	控制	控制
样本量	4560	4560	4560	4560
Wald 统计量	198573.70***	5820000.00***	210222.40***	16600000.00***
AR（1）	-7.08***	-7.21***	-7.08***	-7.05***
AR（2）	1.34	0.77	1.33	1.24
Hansen 统计量	144.38	278.28	144.91	265.36

注：括号内为 z 检验统计量；***、**、* 分别表示1%、5%和10%的显著性水平。

二 稳健性检验

为进一步验证上述结果的稳健性，本书试图通过变更核心变量和调整样本两种方法进行稳健性检验。(1) 变更核心变量。一是从投入角度，选取财政公共支出作为公共服务的替代变量对模型进行估计。二是基于本书的指标体系，采用主成分分析法提取第一个因子作为公共服务的另一替代变量对模型进行估计。三是采用单位面积的城市人口密度作为城市规模的替代变量对模型进行估计。（2）调整样本。一是剔除北京、天津、上海和重庆等直辖市的样本后对新的样本数据进行再估计。二是对原样本进行5%的缩尾处理后对新的样本数据进行再估计。表5.4报告了基于固定效应面板模型的稳健性检验结果。第（1）、第（2）列中，公共服务分别由财政支出占比和主成分分析法测算的公共服务指数表征，第（3）列的城市规模替换为人口密度指标；第（4）、第（5）列分别为剔除直辖市样本和5%缩尾处理的结果。

表5.4 稳健性检验结果

变量	替换变量			调整样本	
	（1）	（2）	（3）	（4）	（5）
PG	-0.1104***	-3.5706***	-0.8260***	-0.8479***	-0.9083***
	(-3.02)	(-23.85)	(-6.21)	(-8.63)	(-8.81)
PG^2	0.0114***	2.0646***	0.0581**	0.0594***	0.0706***
	(8.19)	(12.61)	(2.11)	(2.92)	(3.32)
ENV	-0.1261***	-0.1377***	-0.0444***	-0.1477***	-0.1801***
	(-9.56)	(-11.02)	(-2.63)	(-11.80)	(-12.19)
控制变量	控制	控制	控制	控制	控制
样本量	4560	4560	4560	4440	4052
R	0.4740	0.5211	0.4577	0.5270	0.5363
F统计量	344.67***	416.24***	322.91***	420.19***	395.07***

注：括号内为t检验统计量；***、**、*分别表示1%、5%和10%的显著性水平。

稳健性检验结果显示，公共服务的一次项、二次项系数分别为负数和正数且显著，环境污染的系数在1%的水平上显著为负，表明公共服务与城市规模呈现"U"形关系，环境污染对城市规模具有明显的负向影响，与基准回归的估计结果基本一致，再次表明基准回归结果具有较强的稳健性。

三 异质性分析

本部分试图通过一系列异质性检验考察公共服务和环境污染对城市规模的差异化影响,包括不同类型公共服务、不同城市规模和不同地理区域的差异化影响。

首先,为考察不同类型公共服务对城市规模的影响差异,本书参考韩峰和李玉双(2019)的做法,将基础教育和医疗服务的相关指标归入民生类公共服务,并将能源利用、基础设施和公共环境的相关指标归入基础类公共服务,通过熵权法测度各市民生类和基础类公共服务水平,利用式(5.1)对模型进行估计。基于系统 GMM 方法的估计结果如表5.5所示。表中第(1)、第(2)列和第(3)、第(4)列分别为民生类公共服务和基础类公共服务的估计结果。误差项检验与 Hansen 检验结果均支持了工具变量选取的有效性和系统 GMM 估计结果的可靠性。

第(1)—(4)列中,城市规模的滞后一期项均通过了1%的显著检验且为正,再度表明城市规模具有一定的时间依赖性,印证了前文结果的可靠性。从公共服务的估计结果来看,无论是民生类公共服务还是基础类公共服务,其一次项系数均在1%的水平上为负,二次项系数均在1%的水平上为正,表明二者对城市规模的影响表现为明显的"U"形关系。从作用效果来看,民生类公共服务的二次项系数绝对值明显大于基础类公共服务,这表明民生类公共服务对于城市人口规模增长的拉动作用更为显著,与韩峰和李玉双(2020)的研究结果类似。可能的原因是民生类公共服务主要包括与居民的日常生活息息相关的医疗和教育基础设施,会直接影响居民的生活质量和福利水平。完善的医疗卫生条件和优质的教育资源是人口区位选择的重要因素(Mellander 等,2011;刘金凤和魏后凯,2019;张开志等,2020),能够有力吸引人口集聚;而基础类公共服务则更侧重于对经济活动的支持,如便捷的交通和网络设施有助于促进产业集聚和知识交流(Duranton 和 Puga,2014),对人口的直接拉动作用不如民生类公共服务明显。

第(1)—(4)列中环境污染的估计系数均在1%的水平上显著为负,表明环境污染对城市规模具有抑制作用,与基准回归的结果一致,再度支持了本书的结论。

表5.5　　　　不同类型公共服务下公共服务和环境污染
对城市规模的影响差异

变量	民生类公共服务		基础类公共服务	
	（1）	（2）	（3）	（4）
$L.POP$	1.0105***	0.9917***	1.0094***	0.9815***
	(378.35)	(200.59)	(3185.38)	(1600.82)
PG	-0.5520***	-0.6618***	-0.2524***	-0.3799***
	(-8.27)	(-7.66)	(-41.15)	(-63.87)
PG^2	0.2493***	0.2952***	0.0528***	0.0779***
	(8.36)	(7.65)	(38.59)	(56.96)
ENV	-0.0130***	-0.0128***	-0.0137***	-0.0117***
	(-5.71)	(-4.85)	(-35.65)	(-24.19)
控制变量	控制	控制	控制	控制
样本量	4560	4560	4560	4560
AR（1）	-7.04***	-7.07***	-6.99***	-7.00***
AR（2）	1.50	1.53	1.26	1.28
Hansen	148.17	149.38	275.00	272.59

注：括号内为z检验统计量；***、**、*分别表示1%、5%和10%的显著性水平。

其次，为探究不同城市规模下公共服务和环境污染对城市规模的差异化影响，本书将全样本按照城市规模分为两类，第一类为人口规模超过100万的城市，即特大、大型城市，样本数量为2130，占全样本数量的46.71%；第二类为人口规模不足100万的城市，即中小型城市，样本数量为2430，占全样本数量的53.29%。表5.6报告了基于不同城市规模的系统GMM模型估计结果。其中，第（1）、第（2）列为特大、大型城市的估计结果，第（3）、第（4）列为中小型城市的结果。模型的误差项检验、工具变量识别检验均表明系统GMM模型的选取是合理有效的。

就公共服务的估计结果而言，不同城市规模下公共服务的一次项、二次项系数均在1%的水平上显著，且符号分别为负数和正数，意味着公共服务与城市规模呈现"U"形关系，与前文的结果一致。从作用效果来看，特大、大型城市公共服务二次项系数的绝对值远大于中小型城市公共服务二次项系数的绝对值，表明不同城市规模下公共服务对城市规模的影响具有明显的异质性，特大、大型城市公共服务对于城市人口规模增长的拉动作用更为显著，且随着公共服务水平越高，这一差异将愈加明显。这一发现与章节三中反事实分析的结果相似，也与董亚宁等（2021）基于 CMDS 微观数据的研究结论相似。董亚宁等（2021）的研究指出，当城市规模较小时，增加公共服务并不能有效吸引人才流入，甚至呈显著的负向影响，只有当城市规模满足一定门槛条件时，增加公共服务才能显著吸引人才流入。一个可能的解释是大城市具备更强的规模经济优势。相较中小城市而言，大城市在产业集聚、资源配置和基础设施共享等方面具有明显的优势，能够更好地发挥学习、匹配和共享机制，从而有助于公共服务正向溢出效应的释放。相对而言，中小型城市在产业发展、要素配置和市场规模等方面均不如大城市，公共服务的溢出效应相对有限，仅仅凭借提高公共服务供给难以有效吸引人口。

表 5.6　不同城市规模下公共服务和环境污染对城市规模的影响差异

变量	特大、大型城市		中小型城市	
	（1）	（2）	（3）	（4）
L. POP	0.9661***	0.8260***	0.9969***	0.9710***
	(766.47)	(167.72)	(2412.58)	(1266.57)
PG	-1.4330***	-1.9991***	-0.1286***	-0.2929***
	(-37.58)	(-29.46)	(-41.29)	(-41.29)
PG^2	0.2635***	0.3487***	0.0109***	0.0382***
	(32.67)	(26.25)	(16.95)	(28.38)
ENV	-0.0352***	-0.0249***	0.0025***	0.0037***
	(-32.00)	(-12.69)	(19.95)	(7.67)
控制变量	控制	控制	控制	控制
样本量	2130	2130	2430	2430
AR（1）	-5.69***	-5.78***	-4.44***	-4.47***
AR（2）	0.91	0.84	1.59	1.57
Hansen	152.81	155.99	171.28	163.31

注：括号内为 z 检验统计量；***、**、*分别表示 1%、5% 和 10% 的显著性水平。

环境污染的估计系数均在 1% 的水平上显著为负，但特大、大型城市环境污染系数的绝对值明显高于中小型城市环境污染系数的绝对值，说明不同城市规模下环境污染对城市规模的影响具有明显的异质性，特大、大型城市环境污染对于城市人口规模的抑制作用更为明显。可能的原因在于，环境污染加剧是当前工业化、城镇化进程中难以避免的问题。相较小城市，大城市的污染状况更为严峻，公众对改善环境质量的诉求更高，因而环境污染对人口的驱赶效应更加明显。另外，大城市作为高技术人才的聚集地，当环境污染加剧时，人才往往会选择迁去环境质量更好的城市（李卫兵和张凯霞，2019），这将造成高污染地的人才流失，进一步对大城市的人口规模造成负面影响。

考虑到中国不同地理区域的资源禀赋、经济发展水平等区位条件存在较大差异，本书进一步将样本分为东部、中部和西部三个地区，分别构建模型进行估计。表 5.7 报告了基于不同地区的系统 GMM 模型估计结果。

从公共服务来看，不同地区公共服务水平的一次项系数均显著为负，二次项系数均显著为正，表明东部、中部和西部地区的公共服务改善均对城市规模有明显的提升作用。通过对比三个地区公共服务估计系数的绝对值，可以看出公共服务对城市规模的影响具有明显的地区差异。东部地区公共服务提升对城市规模的促进作用最显著，中部地区次之，西部地区的作用强度最弱。可能的原因是相比于内陆城市，沿海发达城市的人员更为密集，地理位置更开放，更容易融入全球经济一体化，在知识交流和信息共享方面更具便利性，公共服务的正效应更容易释放，故而公共服务提升对城市规模的促进作用更为明显。另外，东部地区的人才更密集，科技水平更发达，公共服务设施更完善，医疗、教育等公共服务的质量和效率均优于中西部地区，对人口迁移的激励更强。相较之下，中部和西部地区的公共服务质量和效率均不及东部地区，导致其对人口的吸引力相对较弱。

就环境污染而言，其对城市规模的影响具有明显的区域异质性。东部地区环境污染的估计系数在 1% 的水平上显著为正，中部地区环境污染的系数为正但不显著，而西部地区环境污染的系数则在 1% 的水平上显著为负，意味着西部地区环境污染与城市规模呈现明显的负向关系，而东部和中部地区环境污染对城市规模的负作用则不明显。可能的原因是东部地区以沿海发达城市为主，具备更高的收入水平和更多就业机会，成为人口迁移的热点区域（蒋小荣和汪胜兰，2017），尽管可能存在一定污染问题，但会被其规模和正向溢出效应所稀释和消解。而西部地区在近年来快速工业化和城镇化进程中为吸引投资，成为发达地区产业转移的"污染避难所"（Jiang等，2018），污染问题愈加明显，再加上其经济发展和收入水平等方面均落后于东部和中部地区，易出现人口流失现象。

表5.7 不同地区公共服务和环境污染对城市规模的影响差异

变量	东部地区 (1)	中部地区 (2)	西部地区 (3)
L.POP	0.9216*** (232.75)	0.9444*** (259.05)	0.9265*** (271.01)
PG	-1.7731*** (-32.59)	-0.3675*** (-13.76)	-0.3838*** (-8.04)
PG^2	0.3141*** (30.80)	0.0561*** (9.94)	0.0437*** (4.67)
ENV	0.0057*** (3.33)	0.0004 (0.24)	-0.0093*** (-4.98)
控制变量	控制	控制	控制
样本量	1616	1600	1344
AR（1）	-4.56***	-3.81***	-3.81***
AR（2）	0.72	-0.44	-3.81
Hansen	92.91	83.96	71.84

注：括号内为z检验统计量；***、**、*分别表示1%、5%和10%的显著性水平。

第三节 公共服务和环境污染对城市规模的影响
——基于微观数据的分析

一 基准回归结果

本节采用CMDS的流动人口数据替代城市人口，构建稳健标准误的负二项回归模型，考察了2011年和2017年公共服务和环境污染对城市规模的影响。表5.8分别报告了2011年和2017年全样本数据的负二项回归模型估计结果。其中，第（1）、第（2）列为2017年的估计结果，第（3）、第（4）列为2011年的估计结果。模型（1）—（4）中，alpha（过度分散系数）的估计值均显著大于0，表明使用负二项回归模型较为合理。

表5.8中结果显示，无论是2011年还是2017年，公共服务的系数均显著为正，表明其对城市流动人口集聚均具有显著的促进作用，与已有研究的结论一致（杨义武等，2017；刘金凤和魏后凯，2019）。从作用效果来看，2017年公共服务对流动人口的吸引力要大于2011年。可能的原因在于，近年来，随着我国不断深化服务型政府建设，持续推进政府职能转变，在公共服务建设方面取得了重大成就，使得公共服务对人口集聚的作用愈加明显。就环境污染而言，无论是2011年还是2017年，环境污染的估计系数大多显著为负，说明环境污染对城市人口吸引力具有明显的抑制作用。同样地，2017年环境污染对人口流入的阻碍作用要大于2011年。可能的解释是随着政府环境规制力度的增强及人民生活水平的改善，其环境保护意识不断提高，对迁入城市环境质量的要求也更高，故污染状况严重的城市对人口的驱散作用更强。

表5.8 公共服务和环境污染影响城市规模的负二项回归基准结果

变量	2017年		2011年	
	（1）	（2）	（3）	（4）
PG	0.8634***	0.7738***	0.7545***	0.6079**
	（3.46）	（4.25）	（2.76）	（2.55）
ENV	－0.8559***	－0.6555***	－0.1895	－0.3994***
	（－5.35）	（－5.35）	（－1.21）	（－2.80）
AGDP	0.5745***	0.2347	0.9154***	0.1421
	（3.59）	（1.56）	（5.11）	（0.77）
TEC	0.4426***	0.1490***	0.1500***	－0.0325
	（8.97）	（2.75）	（4.28）	（－0.85）
STR	0.7129***	0.2699**	0.9581***	0.3419**
	（5.03）	（2.22）	（6.50）	（2.47）

续表

变量	2017 年		2011 年	
	(1)	(2)	(3)	(4)
FIN		0.7690***		0.7176***
		(8.41)		(7.61)
FDI		-0.1079***		-0.0408*
		(-4.23)		(-1.98)
HOU		-0.0975		0.0082
		(-1.09)		(0.09)
UNEM		0.0734		-0.0260
		(1.29)		(-0.24)
NDVI		-0.2900		-0.2869
		(-1.57)		(-1.50)
_cons	-2.6492	-8.4621***	-5.9438***	-6.8730***
	(-1.53)	(-5.48)	(-3.58)	(-4.44)
样本量	285	285	285	285
Log-L	-1780.75	-1729.86	-1754.53	-1722.52
Pseudo R²	0.0930	0.1189	0.0557	0.0729
alpha	0.7205***	0.5253***	1.2377***	1.0081***

注：括号内为 z 检验统计量；***、**、* 分别表示 1%、5% 和 10% 的显著性水平。

二 稳健性检验

本书的被解释变量（流动人口）与解释变量之间亦可能存在双向因果导致的内生性问题，如由于北京、上海等城市的社会经济发展水平较高，流动人口迁入意愿较强，流动人口的增加又进一步促进了这些地区的社会经济发展。此外，由于截面数据的样本量相对面板数据而言较少，易受到极端值的影响，可能会导致估计结果的偏误。因此，本部分采用调整样本的方式进行稳健性检验。一是剔除北京、天津、上海和重庆等直辖市的样本数据进行估计；二是对原样本进行 5% 的缩尾处理后对新的样本数据再估计。表 5.9 报告了稳健性检验结果。

观察表 5.9 中结果发现，过度分散系数的估计值均显著区别于 0，说明采用负二项回归模型较为合意。稳健性检验结果显示，公共服务的估计系数在1%的水平上显著为正，环境污染的估计系数在1%的水平上为负，说明公共服务和环境污染与流动人口的关系分别呈现明显的正向与负向相关，与基准回归的结果一致，表明基准回归结果具有较强的稳健性。

表5.9　　　　　　　　　　　稳健性检验结果

变量	剔除直辖市		5%缩尾	
	2017年	2011年	2017年	2011年
	(1)	(2)	(3)	(4)
PG	0.8526***	0.6770***	0.8976***	0.7976***
	(4.76)	(2.74)	(5.08)	(3.38)
ENV	-0.6400***	-0.3971***	-0.6245***	-0.4450***
	(-5.35)	(-2.75)	(-5.23)	(-3.15)
控制变量	控制	控制	控制	控制
样本量	281	281	271	257
Log-L	-1688.46	-1685.27	-1516.30	-1591.34
Pseudo R^2	0.1104	0.0668	0.3947	0.0534
alpha	0.5187***	1.0164***	0.1184***	1.0104***

注：括号内为z检验统计量；***、**、*分别表示1%、5%和10%的显著性水平。

三　异质性分析

本部分通过设计一系列异质性检验进一步揭示公共服务、环境污染与城市流动人口的关系，包括不同公共服务水平、不同公共服务类型和不同地理区域的差异化影响。

在本章第二节中，测度了公共服务对城市规模的非线性影响，本部分依次将2011年和2017年的样本按照城市公共服务水平分成两组，考察不同公共服务水平对城市流动人口迁移意愿的异质性影响。表5.10报告了估计结果。表中第（1）列与第（3）列为公共服务水平高于当年全国平均水平的样本的估计结果，第（2）列与第（4）列为公共服务水平低于当年全国平均水平的样本的估计结果。

从表 5.10 中结果发现，2011 年和 2017 年，异质性公共服务水平、环境污染对流动人口的影响具有明显差异。从第（1）、第（2）列的估计结果来看，2017 年，当公共服务小于平均水平时，公共服务的估计系数为正，但不显著；当公共服务大于平均水平时，公共服务的估计系数显著为正，反映出公共服务对城市规模的影响可能表现为非线性的递进关系。当公共服务水平较低时，其对流动人口的吸引力不明显，当公共服务水平高于全国平均水平时，其对流动人口集聚的作用方能更好地释放，与董亚宁等（2021）的研究发现一致。从第（3）、第（4）列的估计结果来看，2011 年，当公共服务小于平均水平时，公共服务的估计系数显著为正；当公共服务大于平均水平时，公共服务的估计系数为正，但不显著，即公共服务低于平均水平的地区反而对流动人口更具吸引力，与 2017 年所得到的结果相异。造成这一差异的可能解释有二。其一，如前文所述，公共服务在与城市规模相匹配的过程中可能会引致生产率、福利以及税收负担等因素的共同变化。在样本期初，由于公共服务与城市规模的不匹配，可能导致公共服务"供不应求"和"供过于求"的状况在不同城市出现，即部分收缩城市和中小城市的公共服务水平大于当地需求（王念和朱英明，2021），公共设施空置浪费，而部分大城市、特大城市的公共服务供给严重不足，拥挤效应严重，导致增加公共服务不能有效增加城市规模。其二，研究初期，公共服务供给聚焦于交通、能源基础设施等方面，更侧重其对经济增长的贡献，公共服务水平高的地区往往是经济发展水平相对较高的城市，这些地区往往有着更高的生活成本与更严格的落户限制，因此，在 2011 年，公共服务水平较高的地区不一定符合流动人口的迁移偏好，从而导致第（3）列中公共服务的估计系数不显著。从环境污染来看，表中第（1）—（4）列中环境污染的估计系数大多显著为负，意味着环境污染对人口流入具有明显的抑制作用。观察各列中的系数可以发现，2017 年，环境污染对城市规模的抑制作用要大于 2011 年，与基准回归的结果一致。同时，对于公共服务水平较高的城市而言，环境污染对流动人口集聚的负面效果更明显。

表 5.10　不同公共服务水平下公共服务和环境污染对城市规模的影响差异

变量	2017 年 高 (1)	2017 年 低 (2)	2011 年 高 (3)	2011 年 低 (4)
PG	0.4792* (1.70)	0.5709 (1.51)	0.3805 (1.13)	1.4268*** (2.69)
ENV	-0.7348*** (-4.15)	-0.6212*** (-3.46)	-0.5538*** (-3.51)	-0.2280 (-1.13)
控制变量	控制	控制	控制	控制
样本量	142	143	145	140
Log-L	-950.96	-772.96	-946.56	-751.05
Pseudo R^2	0.1022	0.1097	0.0899	0.0357
alpha	0.4632***	0.5522***	0.5772***	1.3880***

注：括号内为 z 检验统计量；***、**、* 分别表示 1%、5% 和 10% 的显著性水平。

其次，本书将基础教育和医疗服务的相关指标归入民生类公共服务，并将能源利用、基础设施和公共环境的相关指标归入基础类公共服务，考察了异质性公共服务和环境污染对城市流动人口的影响。估计结果如表 5.11 所示。表中第（1）、第（3）列为民生类公共服务的估计结果，第（2）、第（4）列为基础类公共服务的估计结果。

观察表 5.11 中第（1）、第（2）列的估计结果发现，2017 年，无论是民生类公共服务还是基础类公共服务，估计系数均在 1% 的水平上为正，表明二者均对流动人口集聚具有明显的促进作用。但与基础设施类公共服务相比，民生类公共服务对于城市流动人口的拉动作用更为明显。这一结果意味着流动人口更关注医疗、教育等与自身生活品质和福利直接相关的公共服务资源。根据表中第（3）、第（4）列的估计结果，2011 年，民生类公共服务的估计系数在 1% 的水平上为正，基础类公共服务的估计系数为正，但不显著，说明民生类公共服务明显促进了流动人口集聚，而基础类公共服务对流动人口的集聚效应则不明显，再度表明完善的医疗卫生条件和优质的教育资源是人口区位选择的重要因素（Mellander 等，2011；刘金凤和魏后凯，2019）。

第（1）—（4）列中，环境污染的估计系数均在1%的水平上为负，与之前的结果基本一致，在此不再赘述。

表5.11　　　　不同类型公共服务下公共服务和环境污染
对城市规模的影响差异

变量	2017年		2011年	
	民生类公共服务	基础类公共服务	民生类公共服务	基础类公共服务
	（1）	（2）	（3）	（4）
PG	0.7779***	0.5307***	0.8777***	0.2507
	(4.84)	(3.40)	(3.69)	(1.38)
ENV	-0.6381***	-0.6840***	-0.4396***	-0.4095***
	(-5.09)	(-5.48)	(-3.23)	(-2.82)
控制变量	控制	控制	控制	控制
样本量	285	285	285	285
Log-L	-1727.47	-1733.10	-1718.46	-1724.26
Pseudo R²	0.1201	0.1172	0.0751	0.072
alpha	0.5172***	0.5362***	0.5362***	1.0197***

注：括号内为z检验统计量；***、**、*分别表示1%、5%和10%的显著性水平。

考虑到中国不同地理区域的资源禀赋、经济发展水平等区位条件存在较大差异，本书进一步将样本分为东部和中西部两个地区，分别构建模型，考察不同地区公共服务和环境污染对流动人口迁移意愿的影响差异。表5.12报告了基于不同地区的估计结果。表中第（1）、第（3）列为东部地区的估计结果，第（2）、第（4）列为中西部地区的估计结果。

观察表5.12中估计结果发现，2017年，东部和中西部地区公共服务的估计系数均在1%的水平上为正，表明两个地区公共服务的增加均对流动人口集聚具有明显的促进作用。从估计系数来看，模型（1）中公共服务的估计系数略高于模型（2），意味着东部地区公共服务提升对人口流动的作用效果略强于中西部地区。2011年，无论是东部还是中、西部地区，公共服务的估计系数均在1%的水平上为正，与2017年的情况相似。从估计系数来看，模型（3）中公共服务的估计系数明显高于模型（4），再度意味着东部地区公共服务提升对人口流动的作用效果明显强于中西部地区。可能的原因在于，在研究初期，东部地区正处于快速工业化和城镇化阶段，其发达的经济和蓬勃的产业创造了大量就业机会，吸引了大批外来务工人口。同时，相比于内陆城市，沿海城市的地理位置更开放，更容易融入全球经济一体化，在知识交流和信息共享方面更具便利性，公共服务的正效应更容易释放，故而公共服务提升对人口集聚的促进作用更为明显。另外，东部地区的人才更密集，科技水平更发达，公共服务设施完善，医疗、教育等公共服务的质量和效率均优于中西部地区，对人口迁移的激励更强。相对而言，中西部地区的城镇化和工业化进程明显落后于东部地区，公共服务的正效应相对较弱。2017年，随着一系列国家战略和地方政策的支持，中西部地区通过"筑巢引凤"承接产业转移，工业化与城镇化进程逐步加快，公共服务的正效应不断加强，与东部地区的作用效果差异缩小。

就环境污染而言，2017年，环境污染的估计系数显著为负，表明环境污染对流动人口迁入具有明显的抑制作用。同时东部地区环境污染的作用效果大于中西部地区，表明对于经济发展水平更高的地区，民众对迁入地环境质量的要求日益提高。与之相异，2011年，东部地区环境污染的系数为负但不显著，中西部地区环境污染的估计系数则显著为负。可能的原因在于，2011年，流入东部地区的劳动力主要受到东部地区的收入水平、就业机会和公共服务设施等社会经济因素所吸引，对地区环境污染的关注度不高，故而环境污染的加剧未能对流动人口集聚造成明显的抑制作用。总体而言，2017年环境污染的作用效果要大于同一地区2011年环境污染的作用效果，表明随着政府环境规制的力度不断加大，民众对迁入地环境质量的偏好日益增加，环境污染的负作用更为明显。

表5.12　　不同地区公共服务和环境污染对城市规模的影响差异

变量	2017年		2011年	
	东部地区	中西部地区	东部地区	中西部地区
	(1)	(2)	(3)	(4)
PG	0.7395**	0.7222***	0.9647**	0.5575**
	(2.01)	(3.77)	(2.17)	(2.20)

续表

变量	2017 年		2011 年	
	东部地区	中西部地区	东部地区	中西部地区
	(1)	(2)	(3)	(4)
ENV	-0.8141***	-0.6551***	-0.1083	-0.5866***
	(-3.98)	(-4.75)	(-0.31)	(-4.33)
控制变量	控制	控制	控制	控制
样本量	101	184	101	184
Log-L	-640.49	-1059.26	-627.75	-1063.84
Pseudo R^2	0.1204	0.1326	0.0676	0.0904
alpha	0.5720***	0.3705***	1.3853***	0.0904***

注：括号内为 z 检验统计量；***、**、* 分别表示1%、5%和10%的显著性水平。

第 六 章

公共服务和环境污染影响城市规模的空间效应检验

本章的主要目的是对前文提出的命题2进行验证,即"公共服务与环境污染对城市规模的影响具有空间溢出效应。一个地区的公共服务与环境污染水平不仅影响本地区的城市规模,还会对邻近地区的城市规模水平造成影响"。根据这一命题,本章首先设计关于公共服务和环境污染影响城市规模的空间效应模型,对空间指数测算、空间权重矩阵选取及模型设定进行阐述。其次,基于邻接权重矩阵、地理权重矩阵和经济权重矩阵三种空间权重矩阵,利用莫兰指数对公共服务、环境污染与城市规模的空间相关性进行检验。再次,采用2004—2019年中国285个城市的面板数据,构建空间效应模型,对公共服务和环境污染影响城市规模的空间效应予以检验。最后,得出本章的主要研究结论。

第一节 实证设计

根据已有文献梳理以及数理模型推导,公共服务和环境污染在影响本地城市规模的同时,亦有可能对周边地区的城市规模产生作用。为检验公共服务和环境污染影响城市规模的空间溢出效应,本章在第五章的基础上,采用空间相关性指数验证和空间面板模型等方法进行研究。

一 空间相关性指数

为了测度公共服务和环境污染影响城市规模的空间自相关性和空间

上的聚集程度，本节对公共服务、环境污染和城市规模数据进行了空间相关检验，并绘制出 2004 年和 2019 年城市公共服务、环境污染与城市规模的空间分布散点图。

进行空间相关检验是构建空间计量模型的前提，目前大多采用全局莫兰指数和局部莫兰指数进行检验。其中，全局莫兰指数（Moran，1950）主要用以检验相关变量在整体上是否存在空间依赖性，而局部莫兰指数（Anselin，1995）则侧重识别各城市相关变量的空间自相关性，能够反映各城市之间的空间集聚分布特征。

全局莫兰指数的计算公式可以表示为：

$$I = \frac{\sum_{i=1}^{n}\sum_{j=1}^{n}w_{ij}(x_i-\bar{x})(x_j-\bar{x})}{S^2\sum_{i=1}^{n}\sum_{j=1}^{n}w_{ij}}$$

$$S^2 = \frac{1}{n}\sum_{i=1}^{n}(x_i-\bar{x})^2$$

$$\bar{x} = \frac{1}{n}\sum_{i=1}^{n}(x_i-\bar{x})^2$$

(6.1)

其中，I 为全局莫兰指数，x_i 为地区 i 的相关变量的观测值，w_{ij} 表示空间权重矩阵。全局莫兰指数的取值范围为 [-1, 1]。若指数大于 0，表明相关变量存在空间正相关性；若指数小于零，说明相关变量存在空间负相关性；若指数为 0，则表明相关变量不存在空间相关性。

由于全局莫兰指数难以反映局部空间关联性，即无法区分"热点"（高值—高值聚集）和"冷点"（低值—低值聚集）区域（谷继建等，2020），还需借助局部莫兰指数反映样本之间的空间集聚状况。局部莫兰指数的计算公式可以表示为：

$$I_i = \frac{z_i}{S^2}\sum_{j\neq i}^{n}w_{ij}z_j$$

$$z_i = x_i - \bar{x}$$

$$z_j = x_i - \bar{x}$$

(6.2)

其中，I_i 表示地区 i 的局部莫兰指数，z_i 为地区 i 中相关变量标准化后的数值,反映了该地区相关变量相较于全国平均水平的高低状况,$\sum_{j\neq i}^{n} w_{ij}z_j$ 则表示 i 地区的周边地区相关变量相较于全国平均水平的高低状况。通过测算局部莫兰指数,可以绘制莫兰散点图,根据样本在四个象限的分布情况,即 HH(高—高聚集区)、LH(低—高聚集区)、LL(低—低聚集区)和 HL(高—低聚集区),可以揭示样本的空间分布规律。

式(6.1)和式(6.2)中均涉及空间权重矩阵 w_{ij}。本章参考已有文献,选取了邻接权重矩阵、地理权重矩阵和经济权重矩阵三种较为常见的空间权重矩阵。

邻接权重矩阵又称二值空间权重矩阵,即当两地区地理邻接时,有 $w_{ij}=1$,非地理邻接时,有 $w_{ij}=0$,即

$$w_{ij} = \begin{cases} 1, \text{地区} i \text{与地区} j \text{邻接} \\ 0, \text{地区} i \text{与地区} j \text{邻接} \end{cases} \quad (6.3)$$

邻接权重矩阵假设不相邻的空间单元之间不存在空间依赖性,且某空间单元与其所有邻接单元的影响权重相同,与客观事实相违背。事实上,地区间的空间关联水平往往还受到两地间的地理距离大小以及经济来往频繁程度等因素的影响。为此,需要借助地理权重矩阵和经济权重矩阵对城市间的空间关联特征进行刻画。

地理权重矩阵的构建方法为各空间单元之间地理距离的倒数,假设空间单元之间的空间依赖性与二者的距离相关,距离越近,空间关联度越高;反之,则空间关联度越低,即

$$w_{ij} = \begin{cases} \dfrac{1}{d_{ij}}, i \neq j \\ 0, i = j \end{cases} \quad (6.4)$$

其中,d_{ij} 表示地区 i 与地区 j 之间的距离。

经济权重矩阵的构建方法为各空间单元之间人均实际 GDP 差值的绝对值的倒数,当地区间的人均收入水平差距越小时,二者的空间关联度越高;反之,则空间关联度越低,即

$$w_{ij} = \begin{cases} \dfrac{1}{|AGDP_i - AGDP_j|}, i \neq j \\ 0, i = j \end{cases} \quad (6.5)$$

其中，AGDP 表示各城市的平均人均国内生产总值。

在后续空间计量模型的构建中，本章将对上述三种空间权重矩阵进行标准化处理，再将其引入空间模型。

二 空间计量模型构建

已有研究表明，公共服务（Besley 和 Case，1995；王媛，2016；邓慧慧等，2021）、环境污染（谷继建等，2020；欧阳艳艳等，2020）和城市规模（吴雪萍和赵果庆，2018；赵佳佳和王建林，2018）这三个变量可能存在空间自相关性，有必要将空间滞后项纳入模型，对其空间相关性予以控制。常见的空间计量模型包括空间滞后模型（SAR）、空间误差模型（SEM）和空间杜宾模型（SDM）。其中，空间杜宾模型作为可以捕捉不同类型空间溢出效应的框架模型，可以通过系数设定变形为空间滞后模型和空间误差模型，因而更具一般性（田相辉和张秀生，2013）。另外，空间相关性不仅可能来自被解释变量本身，还有可能来自解释变量及误差项。因此，同时纳入了被解释变量和解释变量空间溢出效应的空间杜宾模型更为合意。

本章在式（5.1）和式（5.2）的基础上，将面板回归模型拓展为空间杜宾模型，具体如下：

$$POP_{it} = \beta_0 + \beta_1 PG_{it} + \beta_2 PG_{it}^2 + \beta_3 ENV_{it} + \beta_4 \sum X_{it} +$$

$$\rho_1 \sum_{i=1}^{n} w_{ij} POP_{jt} + \rho_2 \sum_{i=1}^{n} w_{ij} PG_{jt} + \rho_3 \sum_{i=1}^{n} w_{ij} PG_{it}^2 +$$

$$\rho_4 \sum_{i=1}^{n} w_{ij} ENV_{jt} + \rho_5 \sum_{i=1}^{n} w_{ij} X_{jt} + \mu_i + \vartheta_t + \varepsilon_{it} \quad (6.6)$$

其中，i 表示省份，t 表示年份。w_{ij} 为空间权重矩阵的元素值，本章依次采用了邻接权重矩阵、地理权重矩阵和经济权重矩阵进行实证分析。$\sum_{i=1}^{n} w_{ij} POP_{jt}$ 表示城市规模的空间滞后项，$\sum_{i=1}^{n} w_{ij} PG_{jt}$ 和 $\sum_{i=1}^{n} w_{ij} PG_{it}^2$ 表示公共服务的空间滞后项，$\sum_{i=1}^{n} w_{ij} ENV_{jt}$ 表示环境污染的空间滞后项。ρ 代表各主要解释变量及控制变量的空间滞后系数。其他变量含义与前文一致。

另外，根据前述分析，城市规模可能存在时间上的路径依赖特征，即当期城市规模水平可能会依赖上一期城市规模水平。为此，本章在式(6.6)的基础上将城市规模的时间滞后变量引入模型，构建动态空间杜宾模型，具体如下：

$$POP_{it} = \beta_0 + \beta_1 POP_{it-1} + \beta_2 PG_{it} + \beta_3 PG_{it}^2 + \beta_4 ENV_{it} + \beta_5 \sum X_{it} +$$

$$\rho_1 \sum_{i=1}^{n} w_{ij} POP_{jt} + \rho_2 \sum_{i=1}^{n} w_{ij} PG_{jt} + \rho_3 \sum_{i=1}^{n} w_{ij} PG_{it}^2 +$$

$$\rho_4 \sum_{i=1}^{n} w_{ij} ENV_{jt} + \rho_5 \sum_{i=1}^{n} w_{ij} X_{jt} + \mu_i + \vartheta_t + \varepsilon_{it} \quad (6.7)$$

本章实证检验仍采用 2004—2019 年中国 285 个地级市的面板数据进行分析，所涉及的变量与第五章基本一致，不再赘述。

第二节 公共服务和环境污染与城市规模的空间相关性检验

一 全局空间相关性检验

本部分首先对 2004—2019 年中国 285 个城市的公共服务、环境污染和城市规模的全局空间相关性进行检验。基于三种空间权重矩阵的全局莫兰指数结果报告在表 6.1—表 6.3 中。为更加直观地刻画样本期内公共服务、环境污染和城市规模的空间相关性变化态势，图 6.1—图 6.3 分别绘制了 2004—2019 年公共服务、环境污染和城市规模的全局莫兰指数变化情况。其中，W1、W2 和 W3 分别代表邻接权重矩阵、地理权重矩阵和经济权重矩阵。

就公共服务的空间自相关性而言，表 6.1 显示，基于三种矩阵的公共服务莫兰指数均在 1% 的水平上为正，说明公共服务呈现出明显的空间相关性。从三种矩阵的结果对比来看，基于经济权重矩阵所求得的莫兰指数最大，基于邻接权重矩阵的次之，基于地理权重矩阵的最小。就趋势而言，样本期内基于三种空间权重矩阵的公共服务莫兰指数均呈现先升后降的态势。2004—2014 年，莫兰指数呈现小幅上涨，随后则表现为轻微回落的趋势。相较 2004 年，2019 年基于邻接权重矩阵的莫兰指数提高了 0.0228，基于地理权重矩阵和经济权重矩阵的莫兰指数则分别下降了

0.0131 和 0.0133。

就环境污染的空间自相关性而言,表6.2显示,基于三种矩阵的环境污染莫兰指数均在1%的水平上为正,说明环境污染呈现出较强的空间相关性。从三种矩阵的结果对比来看,基于邻接权重矩阵所求得的莫兰指数最大,基于经济权重矩阵的次之,基于地理权重矩阵的最小。就趋势而言,2004—2019年,基于邻接权重矩阵和经济权重矩阵的莫兰指数呈现小幅波动,有轻微下降趋势;基于地理权重矩阵的莫兰指数则表现为较小幅度的上升趋势。相较2004年,2019年基于邻接权重矩阵和经济权重矩阵的莫兰指数分别下降了0.0152和0.0326,基于地理权重矩阵的莫兰指数提升了0.0296。

就城市规模的空间自相关性而言,表6.3显示,基于三种矩阵的城市规模莫兰指数均在1%的水平上为正,说明城市规模呈现出明显的空间相关性。从三种矩阵的结果对比来看,基于经济权重矩阵所求得的莫兰指数最大,基于邻接权重矩阵的次之,基于地理权重矩阵的最小。就趋势而言,样本期内,依据三种空间权重矩阵所求得的城市规模莫兰指数均呈现小幅上升趋势,且基于邻接权重矩阵和经济权重矩阵的莫兰指数上升幅度大于地理权重矩阵。上述结果表明随着时间的推移,城市规模的空间正相关性不断提高。相较2004年,2019年基于邻接权重矩阵、地理权重矩阵和经济权重矩阵的莫兰指数分别提升了0.0427、0.0124和0.0494。

总体而言,上述分析表明,公共服务、环境污染和城市规模均存在明显的空间相关性,有必要构建空间计量模型对其作用关系进行分析。

表6.1　　　　　　　　公共服务的全局空间相关性检验

年份	2004	2005	2006	2007	2008	2009	2010	2011
W1	0.2144***	0.2466***	0.2541***	0.2648***	0.2829***	0.3129***	0.2960***	0.3075***
	(5.49)	(6.29)	(6.48)	(6.75)	(7.20)	(7.95)	(7.53)	(7.81)
W2	0.0424***	0.0504***	0.0551***	0.0574***	0.0566***	0.0620***	0.0541***	0.0616***
	(6.67)	(7.82)	(8.49)	(8.81)	(8.71)	(9.48)	(8.34)	(9.42)

续表

年份	2004	2005	2006	2007	2008	2009	2010	2011
W3	0.3164***	0.3489***	0.3193***	0.3290***	0.3438***	0.3403***	0.3193***	0.3606***
	(8.06)	(8.87)	(8.13)	(8.36)	(8.74)	(8.64)	(8.12)	(9.15)

年份	2012	2013	2014	2015	2016	2017	2018	2019
W1	0.3186***	0.3237***	0.3245***	0.3192***	0.3092***	0.2772***	0.2559***	0.2372***
	(8.09)	(8.22)	(8.24)	(8.10)	(7.85)	(7.04)	(6.50)	(6.03)
W2	0.0637***	0.0580***	0.0557***	0.0411***	0.0443***	0.0387***	0.0417***	0.0293***
	(9.72)	(8.91)	(8.57)	(6.45)	(6.91)	(6.10)	(6.52)	(4.73)
W3	0.3662***	0.3545***	0.3455***	0.3641***	0.3648***	0.3436***	0.3256***	0.3031***
	(9.29)	(9.00)	(8.77)	(9.24)	(9.25)	(8.70)	(8.25)	(7.68)

注：括号内为 z 检验统计量；***、**、* 分别表示 1%、5% 和 10% 的显著性水平。

表 6.2　　　　　　环境污染的全局空间相关性检验

年份	2004	2005	2006	2007	2008	2009	2010	2011
W1	0.8129***	0.8492***	0.8101***	0.8475***	0.8086***	0.8400***	0.8220***	0.8071***
	(20.48)	(21.42)	(20.43)	(21.36)	(20.34)	(21.20)	(20.72)	(20.33)
W2	0.1952***	0.2126***	0.1874***	0.2133***	0.1763***	0.1950***	0.1996***	0.1954***
	(28.70)	(31.26)	(27.60)	(31.32)	(25.93)	(28.73)	(29.36)	(28.72)
W3	0.6891***	0.7227***	0.6904***	0.7303***	0.6535***	0.6871***	0.6798***	0.6741***
	(17.39)	(18.25)	(17.43)	(18.42)	(16.46)	(17.37)	(17.16)	(17.00)

年份	2012	2013	2014	2015	2016	2017	2018	2019
W1	0.8257***	0.8083***	0.7939***	0.8012***	0.8031***	0.7779***	0.8027***	0.7977***
	(20.79)	(20.36)	(19.96)	(20.14)	(20.20)	(19.57)	(20.19)	(20.04)
W2	0.2011***	0.2027***	0.1885***	0.2033***	0.2023***	0.1942***	0.2131***	0.2248***
	(29.54)	(29.78)	(27.67)	(29.79)	(29.67)	(28.52)	(31.23)	(32.89)
W3	0.6992***	0.6714***	0.6366***	0.6590***	0.6733***	0.6285***	0.6788***	0.6565***
	(17.63)	(16.94)	(16.03)	(16.58)	(16.95)	(15.84)	(17.09)	(16.52)

注：括号内为 z 检验统计量；***、**、* 分别表示 1%、5% 和 10% 的显著性水平。

表6.3　　　　　　　　城市规模的全局空间相关性检验

年份	2004	2005	2006	2007	2008	2009	2010	2011
W1	0.1360***	0.1244***	0.1252***	0.1240***	0.1257***	0.1345***	0.1294***	0.1356***
	(3.50)	(3.21)	(3.23)	(3.20)	(3.24)	(3.46)	(3.33)	(3.49)
W2	0.0300***	0.0294***	0.0295***	0.0293***	0.0292***	0.0301***	0.0292***	0.0303***
	(4.84)	(4.75)	(4.76)	(4.74)	(4.72)	(4.85)	(4.73)	(4.88)
W3	0.1321***	0.1286***	0.1253***	0.1292***	0.1338***	0.1360***	0.1333***	0.1385***
	(3.40)	(3.31)	(3.23)	(3.33)	(3.44)	(3.50)	(3.43)	(3.56)

年份	2012	2013	2014	2015	2016	2017	2018	2019
W1	0.1459***	0.1641***	0.1765***	0.1692***	0.1873***	0.1821***	0.1777***	0.1787***
	(3.75)	(4.20)	(4.51)	(4.33)	(4.78)	(4.65)	(4.54)	(4.57)
W2	0.0319***	0.0379***	0.0403***	0.0422***	0.0438***	0.0415***	0.0404***	0.0424***
	(5.12)	(5.97)	(6.33)	(6.60)	(6.84)	(6.50)	(6.33)	(6.63)
W3	0.1464***	0.1390***	0.1589***	0.1773***	0.1746***	0.1741***	0.1761***	0.1815***
	(3.76)	(3.58)	(4.07)	(4.54)	(4.47)	(4.46)	(4.50)	(4.64)

注：括号内为z检验统计量；***、**、*分别表示1%、5%和10%的显著性水平。

二　局部空间相关性检验

进一步地，为揭示样本之间的空间集聚变化特征，本节测算了公共服务、环境污染与城市规模的局部莫兰指数，并绘制出对应的莫兰散点图。由于篇幅受限，本节仅选取了2019年基于邻接权重矩阵的散点图。图6.1—图6.3分别为公共服务、环境污染和城市规模的莫兰散点图[①]。图中横坐标和纵坐标分别代表相关变量的标准化取值及空间滞后值。从散点图来看，趋势线均位于散点图的第一象限、第三象限，表明公共服务、环境污染与城市规模呈现出局部空间正相关的特征。

---

① 散点图中的数字编号为1—285，代表了285个样本城市。数字排序与城市代码大小相关，如1代表北京市，285代表克拉玛依市。

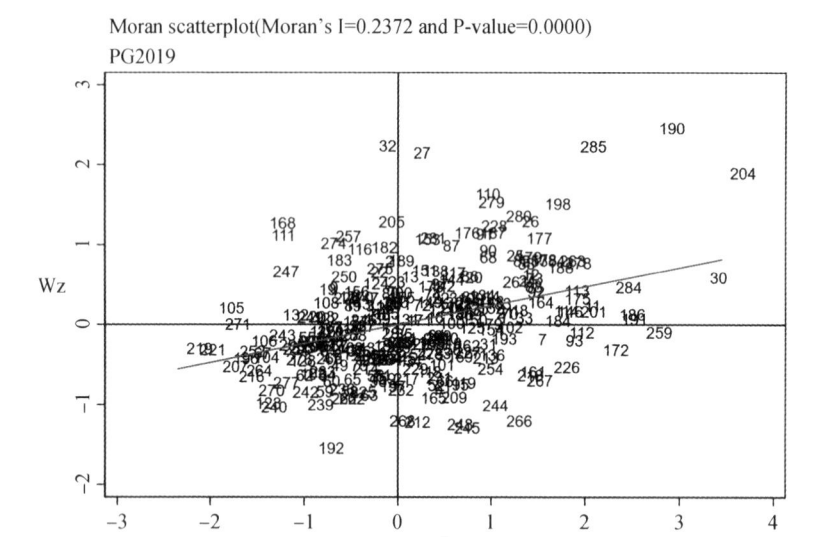

图 6.1　2019 年公共服务莫兰散点图

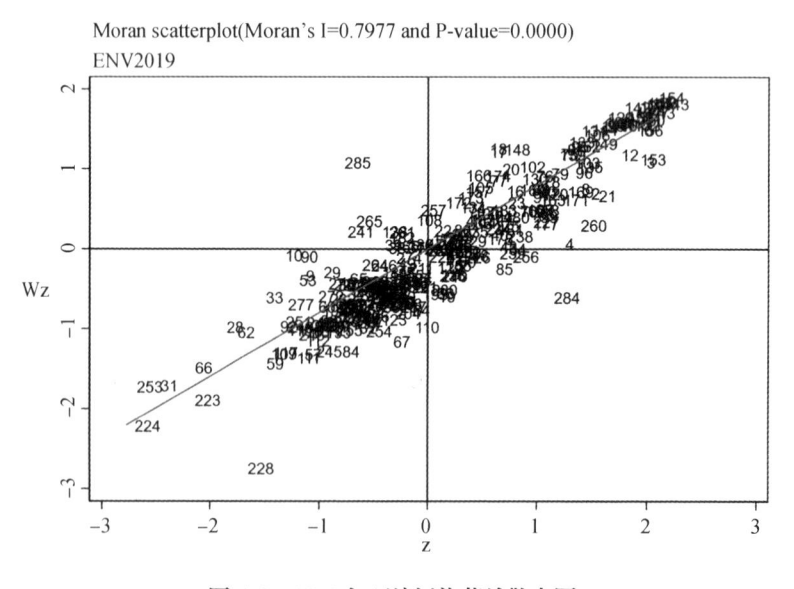

图 6.2　2019 年环境污染莫兰散点图

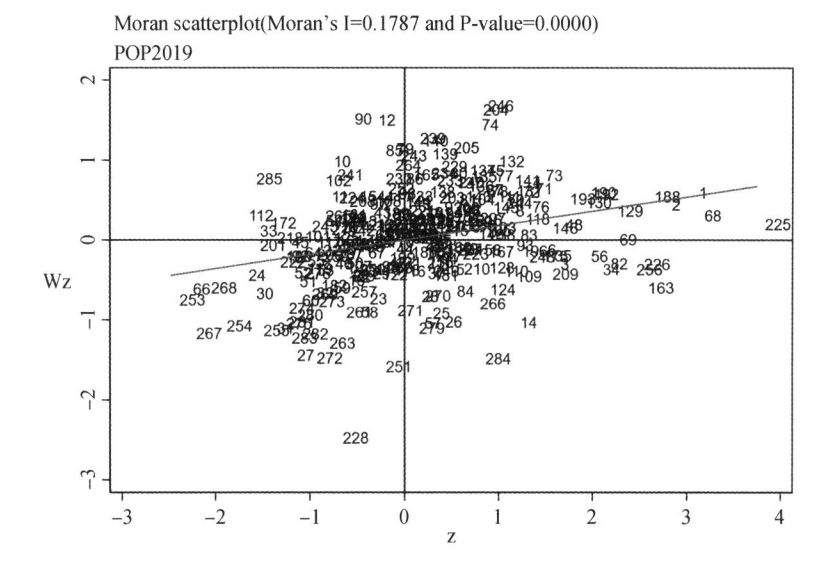

图 6.3　2019 年城市规模莫兰散点图

第三节　公共服务和环境污染影响城市规模的空间效应分析

一　基准回归结果

前述分析表明,公共服务、环境污染与城市规模存在明显的空间相关性,为此,本部分通过构建空间计量模型对三者的关系进行检验。如前文所述,常见的空间计量模型有三种,在构建模型之前,需要通过一系列检验来判定合适的空间计量模型。首先,本书对模型进行了 LR 检验和 Wald 检验。LR 检验和 Wald 检验均是由空间杜宾模型出发,观察其是否能够简化为空间滞后模型或空间误差模型,即两种检验的原假设均为模型可以被简化为空间滞后模型或者空间误差模型。检验结果报告在表 6.4 中。表中 SAR 代表针对空间杜宾模型和空间滞后模型的相关检验情况,SEM 代表针对空间杜宾模型和空间误差模型的相关检验情况。

从表 6.4 中可以看出,三种空间权重矩阵下,LR 检验和 Wald 检验的统计量均在 1% 的水平上显著,拒绝了原假设,说明模型不能够简化为空间滞后模型或空间误差模型,空间杜宾模型更为合意。

表6.4　　　　　空间计量模型的 LR 检验与 Wald 检验结果

空间权重矩阵	空间计量模型	LR	Wald
W1	SAR	352.30 ***	81.19 ***
W1	SEM	377.48 ***	78.76 ***
W2	SAR	211.99 ***	80.70 ***
W2	SEM	135.44 ***	54.69 ***
W3	SAR	335.80 ***	82.14 ***
W3	SEM	455.26 ***	89.81 ***

注：***、**、* 分别表示 1%、5% 和 10% 的显著性水平。

表6.5 进一步报告了 Log Likelihood（对数似然值）、Akaike Info Criterion（赤池信息准则）和 Schwarz Criterion（施瓦茨信息准则）三个统计量的检验情况。其中，对数似然值越大，施瓦茨信息准则和赤池信息准则越小，说明模型相对于"真实模型"损失的信息越少，即模型更合意。

表6.5　　　　　　　空间计量模型设定检验

空间权重矩阵	空间计量模型	对数似然值	赤池信息准则	施瓦茨信息准则
W1	SDM	3081.58	-6115.16	-5960.95
W1	SAR	2905.43	-5784.85	-5701.33
W1	SEM	2892.84	-5759.68	-5676.15
W2	SDM	3078.05	-6108.10	-5953.89
W2	SAR	2972.06	-5918.11	-5834.58
W2	SEM	3010.48	-5994.95	-5911.43
W3	SDM	3145.42	-6242.85	-6088.65
W3	SAR	2977.52	-5929.05	-5845.52
W3	SEM	2917.79	-5809.59	-5726.06

表中 SDM、SAR 和 SEM 分别表示基于空间杜宾模型、空间滞后模型和空间误差模型的相关检验情况。观察表6.5 的结果发现，三种空间权重矩阵下，空间杜宾模型的对数似然值始终大于空间滞后模型与空间误差模型，且空间杜宾模型的施瓦茨信息准则和赤池信息准则估计值明显小于另外两类模型，再度说明空间杜宾模型是更为合理的选择。

随后，本书基于式（6.6）考察了公共服务和环境污染对城市规模的空间溢出影响。Hausman 检验在 1% 的水平上显著，故采用固定效应模型。由于空间杜宾模型变量的参数估计值并非代表其边际影响（韩峰和李玉双，2020），本书按照 Elhorst（2014）的方法，估算出各解释变量的直接效应、间接效应和总效应。其中，直接效应代表某地区解释变量对该地区城市规模的影响大小，间接效应又称为空间溢出效应，用于度量邻近地区的某个解释变量对本地区城市规模的影响。总效应为直接效应和间接效应之和，表示某一地区的某个解释变量的变动对所有地区的被解释变量的平均影响。基于全样本数据的估计结果报告在表6.6中。表中第（1）—（3）列为三种空间权重矩阵下，未考虑环境污染因素的估计结果，第（4）—（6）列将环境污染纳入模型中。

各模型中，公共服务一次项的直接效应参数估计显著为负，二次项的直接效应参数估计显著为正，表明公共服务与本地城市规模表现为"先降后升"的"U"形关系。短期内，出于资源配置的原因，公共服务可能会对城市规模产生一定的负面影响，长期来看，公共服务对城市规模具有明显的拉动作用。该结果同时意味着无论是否包含环境污染因素，公共服务在推进城市自身人口集聚中均发挥了显著的促进作用，与第五章所得到的结论一致。公共服务一次项的间接效应参数估计显著为负，二次项的间接效应参数估计显著为正，说明长期来看，公共服务能够对邻近其他地区，以及经济水平相近城市的人口规模产生明显的空间外溢效应，意味着公共服务在扩大本市人口规模的同时，也带动了其他城市公共服务的相应增加，并推进城市规模扩张，与韩峰和李玉双（2019）的结论一致。这在一定程度上支持了人口在城市间的流动遵循"用脚投票"机制的观点，同时也表明各地正逐步聚焦以人为核心的新型城镇化建设。

就环境污染而言，表中第（3）—（6）列中环境污染的直接效应参数估计为负，但仅有地理距离权重矩阵下的参数显著，环境污染的间接效应在三种空间权重矩阵下均显著为负，说明环境污染对城市规模具有显著的空间溢出效应，与邵帅等（2019）的结论相似。这既与大气环流等自然因素有关，同时也受到区域经济一体化、污染产业转移等经济机制的影响。一方面，污染物会随着风、河流等自然因素向周边地区溢出，另一方面，随着地方经济合作日益密切，由于地方政府对经济增长和污染治理的偏好差异，污染亦有可能通过产业转移等方式扩散。

从公共服务和环境污染对城市规模的总效应来看，公共服务一次项的总效应参数估计在1%的水平上为负，二次项的总效应参数估计显著为正，表明就全国范围而言，公共服务对城市规模的影响具有"U"形曲线的特征。环境污染的总效应参数估计在1%的水平上为负，说明全国范围内，环境污染对城市规模具有负向影响。上述结论与第五章的结论基本一致，同时也支持了命题2的观点。另外，对比三种空间权重矩阵下核心变量的作用效果大小发现，作用效果与显著性基本一致，表明空间矩阵的选择对于回归结论没有显著差异。值得注意的是，地理权重矩阵的作用效果最为显著，其主要原因在于地理权重矩阵的空间溢出效应最强，说明公共服务和环境污染对城市规模的空间效应与地理距离密切相关，城市之间的距离越近，人口规模越容易受到来自其他城市的公共服务和环境污染的影响。

表6.6　　　　　　　　静态空间杜宾模型的效应分解情况

	变量	W1 (1)	W2 (2)	W3 (3)	W1 (4)	W2 (5)	W3 (6)
直接效应	PG	-0.7589*** (-8.08)	-0.7490*** (-8.00)	-0.6072*** (-6.43)	-0.7662*** (-8.33)	-0.7502*** (-8.13)	-0.6306*** (-6.78)
	PG^2	0.0369* (1.89)	0.0339* (1.74)	0.0078 (0.40)	0.0381** (2.00)	0.0336* (1.76)	0.0120 (0.62)
	ENV				0.0327 (0.99)	-0.0622*** (-3.47)	-0.0021 (-0.10)
	$AGDP$	-0.1840*** (-18.15)	-0.1699*** (-16.67)	-0.1717*** (-17.29)	-0.1865*** (-17.81)	-0.1767*** (-16.75)	-0.1716*** (-16.67)
	TEC	-0.0014 (-0.72)	-0.0018 (-0.97)	-0.0027 (-1.47)	-0.0022 (-1.19)	-0.0028 (-1.49)	-0.0032* (-1.74)
	STR	-0.0806*** (-9.78)	-0.1061*** (-12.52)	-0.0858*** (-10.74)	-0.0878*** (-10.82)	-0.1080*** (-12.94)	-0.0938*** (-11.85)
	FIN	0.1359*** (16.44)	0.1251*** (14.49)	0.1326*** (16.38)	0.1350*** (15.53)	0.1247*** (13.61)	0.1336*** (15.67)

续表

	变量	W1 (1)	W2 (2)	W3 (3)	W1 (4)	W2 (5)	W3 (6)
直接效应	FDI	-0.0038** (-2.03)	-0.0011 (-0.56)	-0.0030 (-1.60)	-0.0008 (-0.49)	0.0000 (0.00)	0.0001 (0.03)
	HOU	0.0911*** (15.74)	0.0989*** (16.52)	0.0953*** (16.47)	0.0906*** (15.69)	0.0936*** (16.09)	0.0940*** (16.34)
	UNEM	-0.0018 (-0.41)	0.0042 (0.95)	0.0015 (0.34)	-0.0002 (-0.05)	0.0045 (1.03)	0.0033 (0.77)
	NDVI	0.2126*** (3.06)	0.0807 (1.49)	0.0833 (1.50)	0.2174*** (3.20)	0.0956* (1.80)	0.0697 (1.29)
间接效应	PG	-0.5171*** (-2.56)	-13.8239*** (-3.21)	-0.6987*** (-3.45)	-0.5024** (-2.47)	-9.4447*** (-3.25)	-0.8110*** (-3.88)
	PG^2	0.1083*** (2.65)	3.1048*** (3.32)	0.1319*** (3.11)	0.1018** (2.55)	2.1017*** (3.45)	0.1488*** (3.53)
	ENV				-0.2118*** (-5.64)	-0.4281*** (-3.26)	-0.1879*** (-6.72)
	AGDP	0.1905*** (8.51)	0.9014*** (3.40)	0.1505*** (6.35)	0.1889*** (8.99)	0.7538*** (3.63)	0.1521*** (6.78)
	TEC	-0.0048 (-1.06)	0.1226** (2.55)	-0.0062 (-1.29)	-0.0074* (-1.75)	0.0243 (0.68)	-0.0106** (-2.31)
	STR	0.1218*** (7.21)	0.5085*** (3.53)	0.1491*** (8.42)	0.0926*** (5.49)	0.1656 (1.35)	0.1161*** (6.52)
	FIN	0.0603*** (3.57)	-0.8926*** (-3.83)	0.0543*** (3.17)	0.0474*** (3.03)	-0.4940*** (-3.38)	0.0456*** (2.85)
	FDI	-0.0079** (-2.46)	-0.1114*** (-3.77)	-0.0083*** (-2.77)	0.0044 (1.25)	-0.0380* (-1.78)	0.0034 (1.01)
	HOU	0.0342** (2.08)	1.2931*** (3.51)	0.1439*** (7.81)	0.0285* (1.85)	0.7041*** (3.14)	0.1317*** (7.54)
	UNEM	-0.0393*** (-3.38)	0.2213 (1.46)	-0.0318*** (-2.62)	-0.0284*** (-2.76)	0.1409 (1.38)	-0.0175* (-1.61)
	NDVI	-0.2216*** (-2.07)	-0.3309 (-0.47)	0.1706* (1.77)	-0.3469*** (-3.61)	-1.6652*** (-2.57)	0.0110 (0.13)

续表

	变量	W1 (1)	W2 (2)	W3 (3)	W1 (4)	W2 (5)	W3 (6)
总效应	PG	-1.2760*** (-5.37)	-14.5729*** (-3.37)	-1.3059*** (-5.67)	-1.2685*** (-5.52)	-10.1949*** (-3.49)	-1.4417*** (-6.31)
	PG^2	0.1452*** (3.00)	3.1387*** (3.34)	0.1397*** (2.92)	0.1399*** (3.07)	2.1353*** (3.49)	0.1607*** (3.49)
	ENV				-0.1791*** (-10.25)	-0.4903*** (-3.92)	-0.1857*** (-9.72)
	$AGDP$	0.0065 (0.28)	0.7315*** (2.77)	-0.0212 (-0.86)	0.0024 (0.10)	0.5771*** (2.77)	-0.0195 (-0.78)
	TEC	-0.0061 (-1.21)	0.1208** (2.50)	-0.0089* (-1.66)	-0.0097** (-2.00)	0.0215 (0.60)	-0.0138*** (-2.65)
	STR	0.0411** (2.24)	0.4024*** (2.79)	0.0632*** (3.26)	0.0048 (0.27)	0.0576 (0.47)	0.0223 (1.17)
	FIN	0.1962*** (10.95)	-0.7675*** (-3.28)	0.1869*** (10.18)	0.1824*** (11.30)	-0.3693** (-2.52)	0.1793*** (10.64)
	FDI	-0.0117*** (-3.30)	-0.1125*** (-3.81)	-0.0114*** (-3.30)	0.0036 (0.93)	-0.0380* (-1.77)	0.0034 (0.92)
	HOU	0.1254*** (6.64)	1.3920*** (3.75)	0.2393*** (11.37)	0.1191*** (6.87)	0.7977*** (3.54)	0.2257*** (11.45)
	$UNEM$	-0.0410*** (-3.04)	0.2255 (1.48)	-0.0303** (-2.17)	-0.0287** (-2.40)	0.1454 (1.42)	-0.0142 (-1.13)
	$NDVI$	-0.0090 (-0.10)	-0.2502 (-0.37)	0.2539*** (2.75)	-0.1295* (-1.76)	-1.5696** (-2.48)	0.0808 (0.99)

注：括号内为t检验统计量；***、**、*分别表示1%、5%和10%的显著性水平。

考虑到城市规模可能存在时间上的路径依赖特征，本书基于式（6.7）构建了动态空间杜宾模型，并进一步测算了直接效应、间接效应和总效应。不失一般性，本书展示了基于邻接权重矩阵的动态空间杜宾模型的效应分解结果，具体如表6.7所示。

就公共服务而言，无论是短期还是长期，公共服务一次项的直接效应参数估计均显著为负，二次项的直接效应参数估计均显著为正，表明公共服务对本地城市规模的影响均表现为"U"形曲线的特征。观察发现，公共服务的长期效应与短期效应的作用效果相似，说明其对本地城市人口的正向影响较为稳定。从间接效应来看，无论是短期还是长期，公共服务对邻近地区城市规模的一次项参数估计均显著为负，二次项参数估计均显著为正，说明公共服务对邻近城市的人口规模亦呈现"U"形关系。对比长期与短期效应发现，公共服务的长期间接效应的绝对值明显大于短期效应，意味着其对城市规模的空间溢出效应呈现逐步加强的特点，即公共服务的辐射示范效应随着时间的推移日益增强。这可能与区域经济一体化进程不断加深有关。随着全国统一市场的趋势不断加强，邻近城市之间的社会经济合作日益密切，高校联盟、远程医疗、跨省共建园区等各类区域合作模式有力推动了教育、医疗、能源等公共服务设施的共建共享，对区域公共服务发展产生积极的协同效应，从而带动相邻地区城市规模水平的提高。

就环境污染而言，短期和长期内环境污染的直接效应均未通过显著性检验，而间接效应则在1%的水平上为负，说明环境污染对城市规模呈现出明显的跨区影响机制，本地环境污染水平及相应的城市人口规模易受到邻近地区环境污染水平的影响，与表6.6所得到的结论一致。同时，长期效应明显高于短期效应的作用效果，这意味着环境污染对城市规模的负向影响随着时间的推移呈现递增趋势，即随着环境污染的持续恶化，越来越多的人将会选择向环境质量更好的城市迁移，侧面反映了及时缓解城市发展与环境污染之间矛盾的必要性。

表 6.7　　　　　　　　动态空间杜宾模型的效应分解情况

	短期			长期		
	直接效应	间接效应	总效应	直接效应	间接效应	总效应
PG	-0.8046***	-0.1495	-0.9541***	-0.8366***	-0.5389**	-1.3755***
	(-8.85)	(-0.85)	(-4.89)	(-8.92)	(-2.20)	(-4.87)
PG^2	0.0426**	0.0568*	0.0995**	0.0476**	0.0958**	0.1434**
	(2.27)	(1.63)	(2.54)	(2.46)	(1.97)	(2.54)
ENV	0.0357	-0.1629***	-0.1272***	0.0259	-0.2093***	-0.1834***
	(1.00)	(-4.08)	(-8.03)	(0.76)	(-4.96)	(-7.88)

续表

	短期			长期		
	直接效应	间接效应	总效应	直接效应	间接效应	总效应
AGDP	-0.1976***	0.2000***	0.0024	-0.1899***	0.1933***	0.0034
	(-18.36)	(10.13)	(0.11)	(-17.38)	(7.21)	(0.11)
TEC	-0.0022	-0.0015	-0.0037	-0.0023	-0.0030	-0.0053
	(-1.05)	(-0.38)	(-0.86)	(-1.11)	(-0.54)	(-0.86)
STR	-0.0991***	0.0957***	-0.0034	-0.0955***	0.0907***	-0.0049
	(-10.76)	(5.84)	(-0.20)	(-10.30)	(4.13)	(-0.20)
FIN	0.1369***	0.0018	0.1386***	0.1408***	0.0591***	0.1999***
	(15.66)	(0.10)	(7.91)	(15.88)	(2.58)	(7.82)
FDI	-0.0063**	0.0003	-0.0060	-0.0065**	-0.0022	-0.0087
	(-2.51)	(0.06)	(-1.15)	(-2.54)	(-0.32)	(-1.14)
HOU	0.0915***	-0.0066	0.0849***	0.0936***	0.0288	0.1225***
	(14.73)	(-0.45)	(5.19)	(14.34)	(1.39)	(5.15)
UNEM	-0.0013	-0.0337***	-0.0350***	-0.0036	-0.0469***	-0.0505***
	(-0.30)	(-3.78)	(-3.44)	(-0.79)	(-3.71)	(-3.41)
NDVI	0.2441***	-0.3283***	-0.0842	0.2291***	-0.3506***	-0.1215
	(3.23)	(-3.22)	(-1.30)	(3.16)	(-2.97)	(-1.30)

注：括号内为t检验统计量；***、**、*分别表示1%、5%和10%的显著性水平。

综合来看，包括公共服务与环境污染在内的大多变量长期效应的作用效果均明显大于短期效应，意味着相关变量对城市规模的影响逐步深化，在长期内对城市规模的影响程度更大、效果也更为明显。

二 稳健性检验

为进一步验证上述结果的稳健性，本节从变量和模型两个层面设计稳健性检验，考察基准回归估计结果的稳健性。在变量层面，一是基于本节的指标体系，采用主成分分析法提取第一个因子作为公共服务的替代变量对模型进行估计；二是采用单位面积的城市人口密度代替年末总人口作为城市规模的替代变量对模型进行估计。表6.8报告了替换变量的稳健性检验估计结果。表中第（1）—（3）列为三种空间权重矩阵下替换公共服务变量的估计结果,第(4)—(6)列为三种空间权重矩阵下替换城市规模变量的估计结果。在模型层面,本节试图构建空间滞后模型,对公共服务、环境污染与城市规模的空间效应进行检验,并测算了对应的直接效应、间接效应和总效应。表6.9报告了更换模型的稳健性检验估计结果。表中第(1)—(3)列为三种空间权重矩阵下,未考虑环境污染因素的估计结果,第(4)—(6)列将环境污染纳入模型中。

从表6.8的估计结果来看,在替换核心变量之后,无论是直接效应还是间接效应,公共服务与环境污染对城市规模影响的方向和显著性均未发生明显改变,公共服务对本地及邻近地区城市规模的影响依然具有"U"形曲线的特征,意味着长期来看公共服务不仅能够促本地城市规模的提高,还有助于刺激邻近地区及经济发展水平相近地区公共服务水平的提升并带动相应的人口增长。同样地,直接和间接效应均显示环境污染对城市规模具有明显的负向影响,表明环境污染不仅对本地城市规模具有明显的抑制作用,还会对城市规模产生跨区影响的机制,支持了基础回归结果的稳健性。

表6.8　　　　　　　　替换变量的稳健性检验估计结果

	变量	W1 (1)	W2 (2)	W3 (3)	W1 (4)	W2 (5)	W3 (6)
直接效应	PG	-3.7413*** (-26.75)	-3.7356*** (-26.71)	-3.6202*** (-25.76)	-0.6714*** (-5.08)	-0.6972*** (-5.28)	-0.6068*** (-4.48)
	PG^2	2.0538*** (13.59)	1.9586*** (12.94)	1.9137*** (12.53)	0.0249 (0.91)	0.0294 (1.08)	0.0146 (0.52)
	ENV	0.0776** (2.38)	-0.0446*** (-2.52)	0.0415 (1.93)	0.0624 (1.26)	0.0113 (0.43)	0.0402 (1.23)
	控制变量	控制	控制	控制	控制	控制	控制
间接效应	PG	-0.0141 (-0.04)	-7.0786 (-1.54)	-0.4472 (-1.23)	-0.9321 (-3.93)	-3.6061 (-2.84)	-0.9655 (-3.82)
	PG^2	0.5489* (1.68)	13.2745 (2.61)	0.5915 (1.61)	0.2063 (4.42)	0.8072 (3.06)	0.1709 (3.34)

续表

	变量	W1 (1)	W2 (2)	W3 (3)	W1 (4)	W2 (5)	W3 (6)
间接 效应	ENV	-0.2472*** (-6.61)	-0.4834*** (-3.16)	-0.2157*** (-7.69)	-0.1051** (-1.95)	-0.0387 (-0.55)	-0.1016*** (-2.62)
	控制变量	控制	控制	控制	控制	控制	控制
总效应	PG	-3.7555*** (-9.79)	-10.8143** (-2.35)	-4.0674*** (-10.27)	-1.6035*** (-6.31)	-4.3032*** (-3.43)	-0.6068*** (-5.99)
	PG^2	2.6027*** (6.78)	15.2331*** (2.98)	2.5051*** (6.25)	0.2312*** (4.59)	0.8366*** (3.21)	0.0146*** (3.50)
	ENV	-0.1696*** (-9.32)	-0.5280*** (-3.59)	-0.1742*** (-8.82)	-0.0426** (-2.17)	-0.0275 (-0.49)	0.0402*** (-2.75)
	控制变量	控制	控制	控制	控制	控制	控制

注：括号内为t检验统计量；***、**、*分别表示1%、5%和10%的显著性水平。

从表6.9的估计结果来看，无论是直接效应还是间接效应，公共服务的一次项、二次项估计参数分别为负数和正数且显著。同时，在直接效应和间接效应下，环境污染的估计参数均在1%的水平上显著为负，与基础回归的估计结果基本一致，再次表明基础回归结果具有较强的稳健性。

表6.9　　　　　　　　　更换模型的稳健性检验估计结果

	变量	W1 (1)	W2 (2)	W3 (3)	W1 (4)	W2 (5)	W3 (6)
直接 效应	PG	-0.7876*** (-8.16)	-0.7973*** (-8.33)	-0.7022*** (-7.33)	-0.8120*** (-8.51)	-0.8072*** (-8.52)	-0.7311*** (-7.72)
	PG^2	0.0512*** (2.56)	0.0448** (2.26)	0.0343* (1.73)	0.0545*** (2.76)	0.0467** (2.39)	0.0384** (1.96)
	ENV				-0.1232*** (-10.78)	-0.0873*** (-7.65)	-0.1202*** (-10.73)
	控制变量	控制	控制	控制	控制	控制	控制

续表

	变量	W1 (1)	W2 (2)	W3 (3)	W1 (4)	W2 (5)	W3 (6)
间接效应	PG	-0.2780*** (-7.12)	-5.4414*** (-3.51)	-0.7022*** (-6.83)	-0.2361*** (-6.64)	-3.6886*** (-3.42)	-0.3205*** (-6.70)
	PG^2	0.0181** (2.54)	0.3044* (1.94)	0.0343* (1.73)	0.0158*** (2.67)	0.2139** (1.97)	0.0168** (1.95)
	ENV				-0.0358*** (-8.42)	-0.3963*** (-3.70)	-0.0526*** (-8.92)
控制变量	控制	控制	控制	控制	控制	控制	控制
总效应	PG	-1.0656*** (-8.13)	-6.2388*** (-3.91)	-1.0539*** (-7.34)	-1.0482*** (-8.35)	-4.4958*** (-4.00)	-1.0516*** (-7.61)
	PG^2	0.0693*** (2.57)	0.3493** (2.01)	0.0514 (1.73)	0.0703 (2.76)	0.2607 (2.08)	0.0553 (1.96)
	ENV				-0.1589*** (-10.92)	-0.4836*** (-4.33)	-0.1729*** (-10.74)
控制变量	控制	控制	控制	控制	控制	控制	控制

注：括号内为 t 检验统计量；***、**、* 分别表示 1%、5% 和 10% 的显著性水平。

三 异质性分析

在本章第二节中，本书通过一系列异质性检验考察了公共服务和环境污染对城市规模的差异化影响，本节着重探讨公共服务和环境污染对城市规模空间效应的异质性，包括不同公共服务类型、不同地理区域及不同时段的差异化影响。

首先，为考察不同类型公共服务对城市规模的影响差异，本节参考韩峰和李玉双（2019）的做法，将基础教育和医疗服务的相关指标归入民生类公共服务，并将能源利用、基础设施和公共环境的相关指标归入基础类公共服务，通过熵权法测度各市民生类和基础类公共服务的供给水平，利用式（6.6）对模型进行估计。具体结果如表6.10所示。其中，第（1）—（3）列为三种空间权重矩阵下民生类公共服务的估计结果，第（4）—（6）列为三种空间权重矩阵下基础类公共服务的估计结果。

模型估计结果显示，民生类公共服务一次项的直接效应参数估计在1%的水平上显著为负，二次项的直接效应参数估计在1%的水平上显著为正，表明民生类公共服务能够有效促进城市自身人口规模扩张。除经济权重矩阵外，民生类公共服务一次项的间接效应参数估计显著为负，二次项的间接效应参数估计显著为正，说明民生类公共服务对邻近城市的人口规模具有明显的空间外溢效应，意味着本地政府的医疗和教育类公共服务会对邻近地区产生"互相看齐"的效应，从而带动其他城市医疗和教育类公共服务相应增加，在公共服务改善和区域城镇化的协同推进之下，城市规模不断扩张。与之相异的是，基础类公共服务一次项、二次项的直接效应参数估计均显著为负，表明基础类公共服务与本地城市规模呈现倒"U"形曲线的特征，上述结果意味着扩大基础设施建设可能会对本地城市规模产生抑制作用。可能的解释是加强本地基础设施建设会导致经济活动日趋频繁，造成拥堵、环境污染等"城市病"，从而降低人口的吸引力。基础类公共服务一次项的间接效应参数估计显著为负，二次项的间接效应参数估计显著为正，反映了加强基础类公共服务会对邻近城市规模产生正向的空间溢出效应。上述结果表明，相对于基础类公共服务，民生类公共服务能够更有效地调节区域间的人口流动，基础类公共服务与城镇化的协同发展有待进一步完善。

表6.10　不同类型公共服务和环境污染对城市规模的空间影响差异

	变量	民生类公共服务			基础类公共服务		
		W1 (1)	W2 (2)	W3 (3)	W1 (4)	W2 (5)	W3 (6)
直接效应	PG	-0.8462*** (-14.07)	-0.8998*** (-14.70)	-0.8574*** (-14.37)	-0.1618*** (-3.69)	-0.1363*** (-3.08)	-0.0396 (-0.87)
	PG^2	0.2332*** (8.79)	0.2519*** (9.32)	0.2382*** (9.04)	-0.0646*** (-6.02)	-0.0717*** (-6.62)	-0.0916*** (-8.23)
	ENV	0.0467 (1.30)	-0.0717*** (-3.68)	0.0052 (0.22)	0.0475 (1.38)	-0.0626*** (-3.37)	0.0059 (0.26)
	控制变量	控制	控制	控制	控制	控制	控制

续表

	变量	民生类公共服务			基础类公共服务		
		W1 (1)	W2 (2)	W3 (3)	W1 (4)	W2 (5)	W3 (6)
间接效应	PG	-0.3231** (-2.07)	-3.8520* (-1.90)	0.2209 (1.48)	-0.1955* (-1.95)	-4.0499*** (-2.78)	-0.4312*** (-4.73)
	PG²	0.1642** (2.41)	2.1427** (2.11)	-0.0800 (-1.24)	0.0497** (2.21)	1.1578*** (3.21)	0.0865*** (4.09)
	ENV	-0.2208*** (-5.46)	-0.5411*** (-3.46)	-0.1744*** (-5.77)	-0.2285*** (-5.84)	-0.3300** (-2.53)	-0.1908*** (-6.57)
	控制变量	控制	控制	控制	控制	控制	控制
总效应	PG	-1.1693*** (-6.71)	-4.7518** (-2.32)	-0.6365*** (-3.67)	-0.3573*** (-3.16)	-4.1861*** (-2.87)	-0.4709*** (-4.79)
	PG²	0.3974*** (5.15)	2.3946** (2.34)	0.1583** (2.08)	-0.0149 (-0.58)	1.0861*** (3.00)	-0.0050 (-0.22)
	ENV	-0.1741*** (-9.26)	-0.6128*** (-4.08)	-0.1692*** (-7.87)	-0.1810*** (-9.97)	-0.3926*** (-3.18)	-0.1849*** (-9.35)
	控制变量	控制	控制	控制	控制	控制	控制

注：括号内为 t 检验统计量；***、**、* 分别表示 1%、5% 和 10% 的显著性水平。

环境污染的直接效应参数估计仅在地理距离权重矩阵下显著为负，而其间接效应在三种空间矩阵下均显著为负，说明环境污染对城市规模的影响更多表现为空间溢出效应，这既与大气环流等自然因素有关，同时也与区域经济一体化、污染产业转移等经济机制相关。

从两种公共服务和环境污染对城市规模的总效应来看，民生类公共服务一次项的总效应参数估计在 1% 的水平上为负，二次项的总效应参数估计显著为正，表明就全国范围而言，民生类公共服务对城市规模的影响具有"U"形曲线的特征；基础类公共服务一次项的总效应参数估计在 1% 的水平上为负，二次项的总效应参数在地理距离矩阵下显著为正，说明整体而言，基础类公共服务增加对城市规模存在一定的促进作用，但相较民生类公共服务，基础类公共服务未对本地城市人口规模产生明显的促进效应，对于城市人口规模增长的拉动作用仍有待进一步改进。

考虑到中国不同地理区域的资源禀赋、经济发展水平等区位条件存在较大差异，本节进一步将样本分为东部、中部和西部三个地区，分别构建模型进行估计。由于篇幅受限，本节主要报告了基于地理权重矩阵的空间杜宾模型估计结果，具体如表6.11所示。

就东部地区而言，表中模型1的估计结果显示，公共服务一次项的直接效应参数估计在1%的水平上显著为负，二次项的直接效应参数为正，但不显著，意味着在考虑空间溢出效应的情况下，公共服务对城市自身人口规模扩张的促进作用有限。可能的解释是不少东部城市的落户门槛较高，外来流动人口难以享受到当地优质的公共服务资源，同时，由于人口规模大、生活成本高，人均公共服务拥有量较为有限，导致增加公共服务供给对人口流动的吸引力不显著。从间接效应来看，公共服务一次项的间接效应参数估计显著为负，二次项的间接效应参数估计显著为正，说明公共服务对邻近城市规模具有明显的空间外溢效应。可能的原因在于东部地区城市的经济联系较为密切，有助于公共服务通过"看齐效应"协同发展，更好地释放其空间效应，故而公共服务的提升能够对周边地区城市规模产生促进影响。一个明显的例子是，由于一些发达地区的住房价格高及落户门槛限制，流动人口会倾向于选择其周边的二线城市居住，这样不但可以节约生活成本，还能够享受公共服务的辐射效应。从总效应来看，公共服务一次项的总效应显著为负，二次项的总效应参数显著为正，表明就东部地区范围而言，公共服务对城市规模的影响依然具有"U"形曲线的特征。观察环境污染变量发现，环境污染的直接、间接和总效应估计参数均显著为负，且间接效应的绝对值明显大于直接效应，说明环境污染的空间扩散效应会对区域内城市规模造成显著的抑制作用，侧面反映了环境污染联防联治的必要性。

就中部地区而言，公共服务一次项的直接效应参数估计在1%的水平上显著为负，二次项的直接效应参数估计在1%的水平上显著为正，表明增加公共服务能够有效促进城市自身人口规模扩张。从间接效应来看，公共服务一次项的间接效应参数估计显著为负，二次项的间接效应参数估计显著为正，说明公共服务对邻近城市的人口规模具有明显的空间外溢效应，不仅带动了其他城市公共服务相应增加，还推进邻近城市规模不断扩张。同时，公共服务间接效应二次项系数的绝对值明显高于直接效应二次项系数的绝对值,意味着从长期来看,区域内城市公共服务的协同效应会扩大公共服务对城市人口规模的促进作用。从总效应来看,公共服务一次项的总效应显著为负,二次项的总效应参数显著为正,表明就中部地区范围而言,公共服务对城市规模的影响为"U"形曲线的特征。环境污染方面,中部地区环境污染直接效应的参数估计不显著,间接效应的参数估计显著为负,表明中部地区环境污染对城市规模的影响更多表现为空间溢出效应。

表6.11 不同地区公共服务和环境污染对城市规模的空间影响差异

	变量	东部地区 (1) 系数	t值	中部地区 (2) 系数	t值	西部地区 (3) 系数	t值
直接效应	PG	-0.7428***	-3.41	-1.2773***	-7.15	-0.6411***	-5.32
	PG^2	0.0037	0.09	0.1377***	3.63	0.0534**	2.12
	ENV	-0.1059**	-2.20	-0.0173	-0.48	-0.0217	-0.84
	控制变量	控制		控制		控制	
间接效应	PG	-6.3821***	-2.76	-10.3777***	-5.13	3.4312***	3.37
	PG^2	1.3140***	2.86	2.2100***	5.32	-0.6499***	-3.13
	ENV	-0.3049**	-2.36	-0.1786**	-2.33	-0.1763***	-2.81
	控制变量	控制		控制		控制	
总效应	PG	-7.1248***	-3.01	-11.6550***	-5.70	2.7901***	2.71
	PG^2	1.3103***	2.78	2.3476***	5.58	-0.5964***	-2.84
	ENV	-0.4109***	-3.69	-0.1959***	-3.58	-0.1980***	-3.71
	控制变量	控制		控制		控制	

注:括号内为t检验统计量;***、**、*分别表示1%、5%和10%的显著性水平。

就西部地区而言,公共服务一次项的直接效应参数估计在1%的水平上显著为负,二次项的直接效应参数估计在5%的水平上显著为正,表明公共服务能够有效促进城市自身人口规模扩张,但其作用效果明显小于中部地区。从间接效应来看,公共服务一次项的间接效应参数估计显著为正,二次项的间接效应参数估计显著为负,说明从长期来看,西部地区公共服务对城市规模的影响在空间上表现为极化效应而非溢出效应。

可能的原因是西部地区城市由于地理位置、经济发展水平等因素，城市对流动人口的吸引力不强，加上不少东部城市到西部地区招贤纳士，造成西部地区的人才进一步流失。在人才竞争压力下，具有完善公共服务的行政区域具有更大的吸引力，为此，一些城市通过增加公共服务的方式实施"抢人战略"，故而本地公共服务的增加可能会造成邻近城市的人口流失。从总效应来看，公共服务一次项的总效应参数显著为正，二次项的总效应参数显著为负，表明就西部地区范围而言，公共服务对城市规模的影响表现为倒"U"形曲线的特征。这一结论意味着西部地区不适宜通过盲目提高公共服务的政策来实现城市规模扩张。西部地区在生产效率、产业结构和技术水平等方面均落后于东部和中部地区，在缺乏有效规划的情况下，超额的公共服务供给较易背离当地比较优势和资源禀赋特征而出现重复建设等问题，造成资源错配和效率低下。例如东北地区的一些收缩城市本身就存在公共基础设施空置、利用效率低下的现象（王念和朱英明，2021），再增加公共服务反而会对地区财政和经济发展造成压力，进一步加剧人口流失。环境污染方面，与中部地区的特征类似，西部地区环境污染的直接效应参数估计不显著，间接效应参数估计显著为负，表明西部地区环境污染对城市规模的影响亦表现为明显的空间溢出效应。

"十二五"时期以来，政府加大对大气污染的治理力度。2010年，国务院印发《关于推进大气污染联防联控工作改善区域空气质量的指导意见》，2012年，国家发改委发布《重点区域大气污染防治"十二五"规划》，2013年，发布《大气污染防治行动计划》。在此期间，各省市相继出台了大气污染防治实施方案。为此，本部分将样本分为2012年前后两个部分，分析公共服务和环境污染对城市规模空间影响的时期差异性。表6.12报告了基于不同时段的估计结果。其中，第（1）—（3）列为样本年份小于等于2012年的估计结果，第（4）—（6）列为样本年份大于2012年的估计结果。

观察表6.11中第（1）—（3）列发现，2012年以前，公共服务一次项的直接效应参数估计在1%的水平上显著为负，二次项的直接效应参数估计为正，但不显著，说明公共服务对本地区城市规模扩张的促进作用尚未得到有效发挥。从间接效应来看，公共服务一次项、二次项的间接效应参数估计均未通过显著性检验,说明地区之间的公共服务供给未能形成协同效应,公共服务的跨区影响机制尚未建立。从总效应来看,公共服务一次项、二次项的总效应参数估计在大多情况下不显著,表明在2012年之前,公共服务对城市规模的促进效应十分有限。一个可能的解释是受财政分权及以GDP为导向的绩效考核机制等因素的影响,地方政府的竞争目标大多以经济增长为主线,公共服务供给主要偏向能源、交通等基础设施类公共服务,对居民福利的改进作用相对不明显,故而对人口增长的作用效果不强。另外,2012年之前,互联网等技术的普及率有限,公共服务供给模式以传统为主,这也削弱了公共服务在城市间的协同推进,并阻碍了其空间溢出效应的发挥。环境污染的参数估计在多数情况下未通过显著性检验,可能的原因在于2012年以前,地区经济发展水平不高,民众的环境保护意识有限,地区的环境污染状况尚未成为显著影响人口迁移决策的主要原因。

表中第(4)—(6)列的估计结果显示,2012年之后,公共服务一次项的直接效应参数估计在1%的水平上显著为负,二次项的直接效应参数估计在1%的水平上显著为正,表明增加公共服务能够有效促进城市自身人口规模扩张。从间接效应来看,经济权重矩阵下,公共服务一次项的间接效应参数估计显著为负,二次项的间接效应参数估计显著为正,说明本地公共服务增加能够为经济发展水平相近城市带来正向的空间溢出效应。从总效应来看,除了地理权重矩阵之外,公共服务一次项的总效应参数估计显著为负,二次项的总效应参数显著为正,说明从长期来看,增加公共服务有助于提高城市对人口的吸纳能力和吸引力。可能的原因在于近年来,随着供给侧结构性改革的不断深化和政府公共职能重心的转变,公共服务作为政府职能和综合治理手段的地位不断凸显,公共支出逐步向医疗、教育等与民生直接相关的公共服务倾斜,进而通过"用脚投票"机制吸引人口集聚。就环境污染而言,2012年之后,环境污染的直接和间接效应在多数情况下显著为负,表明环境污染不仅抑制了本地人口集聚,还通过空间溢出效应阻碍了邻近地区城市规模的扩张。可能的原因在于"十二五"时期以来,各级政府不断加大环境治理力度,提升了民众的环境保护意识,环境质量成为影响人口流动的重要因素之一。另外,长期以来的粗放型经济增长模式使得城市环境污染状况日益严峻，雾霾等现象频发，对人口迁移的影响愈加明显。

表6.12 不同时段公共服务和环境污染对城市规模的空间影响差异

	变量	年份≤2012 W1 (1)	年份≤2012 W2 (2)	年份≤2012 W3 (3)	年份>2012 W1 (4)	年份>2012 W2 (5)	年份>2012 W3 (6)
直接效应	PG	-0.3134*** (-3.53)	-0.3145*** (-3.55)	-0.2544*** (-2.81)	-1.4455*** (-8.21)	-1.4160*** (-7.98)	-1.4578*** (-8.16)
	PG^2	0.0088 (0.46)	0.0085 (0.44)	-0.0032 (-0.16)	0.1372*** (3.95)	0.1326*** (3.79)	0.1414*** (4.01)
	ENV	0.0347 (1.41)	0.0042 (0.29)	0.0244 (1.43)	0.0449 (1.00)	-0.0756*** (-2.79)	-0.0215 (-0.66)
	控制变量	控制	控制	控制	控制	控制	控制
间接效应	PG	0.0129 (0.07)	-0.6278 (-0.51)	-0.1206 (-0.64)	-0.1706 (-0.47)	-5.1613 (-1.10)	-0.7600** (-2.18)
	PG^2	-0.0005 (-0.01)	0.2089 (0.81)	0.0375 (0.95)	0.0229 (0.33)	1.0944 (1.18)	0.1465** (2.19)
	ENV	-0.0487* (-1.65)	0.0207 (0.37)	-0.0175 (-0.76)	-0.1342* (-2.58)	-0.0522 (-0.25)	-0.0691* (-1.67)
	控制变量	控制	控制	控制	控制	控制	控制
总效应	PG	-0.3005 (-1.44)	-0.9423 (-0.77)	-0.3750* (-1.80)	-1.6161*** (-4.01)	-6.5773 (-1.40)	-2.2178*** (-5.87)
	PG^2	0.0083 (0.20)	0.2174 (0.84)	0.0344 (0.79)	0.1601** (2.07)	1.2271 (1.32)	0.2879*** (3.96)
	ENV	-0.0140 (-0.93)	0.0249 (0.51)	0.0069 (0.43)	-0.0893*** (-3.59)	-0.1278 (-0.66)	-0.0905*** (-3.40)
	控制变量	控制	控制	控制	控制	控制	控制

注：括号内为t检验统计量；***、**、*分别表示1%、5%和10%的显著性水平。

第七章

公共服务和环境污染影响城市规模的中介效应检验

本章的主要目的是对前文提出的命题3进行验证,即"环境污染是公共服务影响城市规模的中介变量,公共服务通过环境污染影响城市规模。同时,公共服务通过技术进步、收入水平和产业结构三种路径改变环境污染水平,进而影响城市规模"。根据这一命题,本章首先设计关于公共服务和环境污染影响城市规模的中介效应模型,对模型构建和变量设定等进行阐述。其次,对公共服务通过技术进步、收入水平和产业结构三种路径改变环境污染的路径进行识别。将技术进步、收入水平和产业结构视为中介变量,运用2004—2019年中国285个城市的面板数据,构建中介效应模型,对公共服务影响环境污染的中介路径进行验证。再次,对公共服务通过环境污染影响城市规模的中介机制予以识别,以揭示三者之间潜在的作用关系,借助坡度指数和两阶段最小二乘法(2SLS)解决内生性问题。最终完成对"公共服务—环境污染—城市规模"这一影响路径的完整验证与分析。最后,总结出本章的主要研究结论。

第一节 实证设计

前述章节对公共服务、环境污染与城市规模的作用关系,以及公共服务和环境污染影响城市规模的空间效应进行了考察,本章将对公共服务和环境污染影响城市规模的中介效应进行研究。根据第三章的理论模型推导与机制分析,本书认为,其一,公共服务通过技术进步、收入水平和产业结构三个渠道作用于环境污染。换言之，技术进步、收入水平和产业结构是公共服务影响城市环境污染的中介变量。其二，环境污染是公共服务影响城市规模的中介变量，公共服务会作用于环境污染水平，进而影响城市规模。为此，本书构建中介效应模型，实证检验公共服务和环境污染影响城市规模的中介效应。

一 计量模型构建

（一）公共服务影响环境污染的中介机制检验：以技术进步、收入水平和产业结构为中介变量

根据已有文献，公共服务影响城市环境质量的中介机制可以从以下3个方面进行分析。第一，公共服务通过技术进步影响环境污染。公共服务作为政府的一种投入手段，能够通过投资效应刺激科技创新，提高地区的技术效率（Bronzini 和 Piselli，2009）。同时，公共服务通过"用脚投票"机制（Tiebout，1956）引致劳动力迁移，推动资本和劳动力等要素集聚，促进人力资本的长期积累，从而深化知识的学习、匹配和共享效应（Duranton 和 Puga，2004），提高资源配置并改进生产工艺，进而减少生产要素和资源的浪费，降低生产过程中的污染排放。与此同时，当技术进步偏向扩大生产规模而非能源节约时，可能会快速增加能源消耗，给环境带来压力。第二，公共服务通过提高经济发展和居民收入水平影响环境污染。一方面，公共服务在扩大生产规模和刺激生产的同时加大了能源消耗，从而加剧环境污染（López 和 Palacios，2014）。经济规模的扩张和要素的过度集中也可能在一定程度上造成拥挤效应（朱英明等，2012），从而引发环境问题。另一方面，公共服务支出主要来源于税收，经济增长带来的收入增加能够为政府开展环境治理活动提供更多支持。第三，公共服务通过产业结构效应作用于环境污染。公共服务包含了基础设施、教育和医疗等多个方面，其供给的增加一定程度上体现了政府引导经济发展的方向（殷强等，2018），必然引致产业结构的调整。当产业结构向服务业方向调整时，污染排放率下降；反之，则污染加剧。

为此，基于命题三的设定，本书首先对公共服务是否通过技术进步、收入水平和产业结构这三个中介变量影响环境污染进行检验。采用 Baron 和 Kenny（1986）的逐步检验法对相应中介变量予以识别。检验技术进步的中介效应模型如下：

$$ENV_{it} = \gamma_0 + \gamma_1 PG_{it} + \gamma_2 X_{it} + \mu_i + \vartheta_t + \varepsilon_{it} \tag{7.1}$$

$$TEC_{it} = \eta_0 + \eta_1 PG_{it} + \eta_2 X_{it} + \mu_i + \vartheta_t + \varepsilon_{it} \tag{7.2}$$

$$ENV_{it} = \beta_0 + \beta_1 PG_{it} + \beta_2 TEC_{it} + \beta_3 X_{it} + \mu_i + \vartheta_t + \varepsilon_{it} \tag{7.3}$$

式（7.1）和式（7.3）为环境污染的决定方程，式（7.2）为技术进步的决定方程。i 和 t 分别表示中国 285 个地级市截面单位和相应年份；PG 代表公共服务；ENV 表示环境污染；X 为一组控制变量，γ、η、β 表示待估参数，μ 和 ϑ 分别代表地区和时间固定效应，ε 为随机扰动项。TEC 表示技术进步。

同样地，检验收入水平的中介效应模型如下：

$$ENV_{it} = \gamma_0 + \gamma_1 PG_{it} + \gamma_2 X_{it} + \mu_i + \vartheta_t + \varepsilon_{it} \tag{7.4}$$

$$AGDP_{it} = \eta_0 + \eta_1 PG_{it} + \eta_2 X_{it} + \mu_i + \vartheta_t + \varepsilon_{it} \tag{7.5}$$

$$ENV_{it} = \beta_0 + \beta_1 PG_{it} + \beta_2 AGDP_{it} + \beta_3 X_{it} + \mu_i + \vartheta_t + \varepsilon_{it} \tag{7.6}$$

式（7.4）和式（7.6）为环境污染的决定方程，式（7.5）为技术进步的决定方程。$AGDP$ 代表收入水平。其他变量含义与前文一致。

检验产业结构的中介效应模型如下：

$$ENV_{it} = \gamma_0 + \gamma_1 PG_{it} + \gamma_2 X_{it} + \mu_i + \vartheta_t + \varepsilon_{it} \tag{7.7}$$

$$STR_{it} = \eta_0 + \eta_1 PG_{it} + \eta_2 X_{it} + \mu_i + \vartheta_t + \varepsilon_{it} \tag{7.8}$$

$$ENV_{it} = \beta_0 + \beta_1 PG_{it} + \beta_2 STR_{it} + \beta_3 X_{it} + \mu_i + \vartheta_t + \varepsilon_{it} \tag{7.9}$$

式（7.7）和式（7.9）为环境污染的决定方程，式（7.8）为产业结构的决定方程。STR 代表产业结构。其他变量含义与前文一致。

以式（7.1）—式（7.3）为例，利用逐步法回归的检验中介变量的步骤如下：首先，检验式（7.1）中解释变量 PG 系数的显著性，若显著，则继续进行检验，若不显著，则停止中介效应检验。其次，依次检验式（7.2）公共服务的系数 η_1 和式（7.3）中介变量的系数 β_3 是否显著。若二者均显著，则表明存在中介效应。最后，检验式（7.3）中公共服务的系数是否显著，若显著，则说明存在部分中介效应；反之，则存在完全中介效应。

（二）公共服务影响城市规模的中介机制检验：以环境污染为中介变量

为进一步验证命题三的准确性，对环境污染是否充当公共服务和城

市规模之间的中介变量进行检验,具体检验模型如下:

$$POP_{it} = \gamma_0 + \gamma_1 PG_{it} + \gamma_2 PG_{it}^2 + \gamma_3 X_{it} + \mu_i + \vartheta_t + \varepsilon_{it} \quad (7.10)$$

$$ENV_{it} = \eta_0 + \eta_1 PG_{it} + \eta_2 X_{it} + \mu_i + \vartheta_t + \varepsilon_{it} \quad (7.11)$$

$$POP_{it} = \beta_0 + \beta_1 PG_{it} + \beta_2 PG_{it}^2 + \beta_3 ENV_{it} + \beta_4 X_{it} + \mu_i + \vartheta_t + \varepsilon_{it} \quad (7.12)$$

式(7.10)和式(7.12)为城市规模的决定方程,式(7.11)为环境污染的决定方程。

本书的第五章对公共服务、环境污染与城市规模的直接作用关系进行了考察,从表5.2和表5.3的结果来看,公共服务和环境污染均对城市规模产生显著影响,且无论是否包含环境污染因素,公共服务对城市规模的影响均显著。这一结论在一系列内生性处理和稳健性检验后依然成立,表明式(7.10)和式(7.12)已经得到可靠的经验支持。有鉴于此,若式(7.11)中公共服务的系数显著,即可表明公共服务、环境污染与城市规模之间存在中间效应。为此,本章基于式(7.11)对公共服务与环境污染的关系进行检验。

已有文献已充分表明,公共服务与环境污染存在密切关联(Borck,2017;Zhang等,2019)。大部分文献都肯定了公共服务在改善环境污染方面的积极作用。具体而言,公共服务对企业生产和居民生活具有成本补贴效应。一方面,能源、交通和通信等基础设施的完善有助于改善企业的生产经营环境,降低生产成本,使企业有更多精力从事清洁生产技术和产品的设计、研发和生产活动(Adewuyi,2016)。另一方面,教育和医疗等民生类公共服务的优化有助于改善居民生活质量,降低生活成本并提高购买力,提高居民对清洁产品和居住环境的要求,从而对企业的污染排放行为产生一定约束,降低污染排放(López等,2011)。

与此同时,由于中国不同地区的资源禀赋和经济发展水平等存在明显差异,城市规模大小的不同可能造成异质性的环境影响。经验证据表明,尽管大城市生产的规模效益和资源配置效率高,能带来较多的环境改善效果,但其固有的经济体量大、人口密集等特点可能会在一定程度上削弱这种改善效果(欧阳艳艳等,2020),最终的影响差异应取决于不同作用效果之间的比较。与此同时,公共服务可以具体细分为教育、医疗和基础设施等不同方面，不同类型的公共服务对环境污染的作用方式不同，其影响可能也具有差异性。具体而言，基础设施类公共服务主要通过降低能耗、改进效率等渠道对环境质量产生影响（Sun 等，2019）；而教育类公共服务更强调通过人力资本的积累效应改变环境污染状况（Hua 等，2018）。为此，本章将对公共服务与环境污染的影响及差异性进行探讨，为公共服务与环境污染的关系提供更为可靠的经验证据。

此外，在探析公共服务与环境污染之间关系的过程中，本书同样受到核心变量之间可能存在的双向因果关系所引致的内生性问题的挑战。一方面，城市公共服务、人口规模和经济发展等因素会通过规模、技术等效应作用于当地环境污染水平；另一方面，环境污染也会反向影响公共服务、人口分布和其他经济行为。针对这一问题，本书采用工具变量（2SLS – IV）法，运用地理环境数据作为城市公共服务的工具变量（IV），采用2SLS对模型进行估计。现有研究表明，自然地理条件在各类基础设施建设的过程中有重要影响（李兰冰等，2019），其中坡度是重要因素之一。随着坡度的升高，建设公共设施的成本和难度将会增加，提供公共服务的可能性则会减小。再一方面，环境污染与经济活动直接相关，而与地理因素的相关性不大，因此选取坡度作为工具变量可以较好地控制内生性问题。借鉴已有文献的做法，构造地级市坡度指数（$SLOPE$）作为公共服务的工具变量。坡度遥感影像来自中国科学院资源环境数据中心。影像的分辨率为1000米，能够满足研究需求。利用ENVI 5.1 软件进行几何校正、影像增强、融合、镶嵌与裁剪等处理后，解析出约940万条中国坡度栅格数据。进一步在 Arcgis 10.2 中与地级市行政区界线匹配即可得到各地市的坡度数据。此外，本书还以公共服务的滞后一期项作为工具变量，并采用2SLS对模型进行估计。

二 变量测度与数据说明

本章的实证检验仍采用 2004—2019 年中国地级市的面板数据进行分析。本章所涉及的变量分别为环境污染（ENV）、公共服务（PG）、技术进步（TEC）、产业结构（STR）、收入规模（$AGDP$）、金融水平（FIN）、外商投资水平（FDI）、环境规制（REG），除了环境规制为新引入的变量，其他变量的测度方式均与前述章节无异。对于环境规制的测度，参考 Broner 等（2016）的做法，选取通风系数（VC）作为替代变量来测度环境规制强度。欧洲中期天气预报中心的 ERA-Interim 数据库提供了全球 10 米高度风速（si10）和边界层高度（blh）的月度网格数据。将二者相乘并取年均值，与中国地级市矢量图进行匹配，即可得到各地市各年的通风系数。当空气污染物排放相同时，空气流通系数低的地区的环境规制会更严格（杜龙政等，2019），因此本书将该指标取倒数，数值越大表明环境规制强度越高。该指标主要由气象状况和地理条件决定，与本地区的经济社会特征没有直接相关性，满足变量的外生性要求。

第二节 公共服务影响环境污染的中介路径分析

一 基准回归结果

根据前文论述，公共服务可能通过技术进步、收入水平和产业结构三种效应对环境污染产生影响。本节在前述章节的基础上，基于式（7.1）—式（7.9）对公共服务影响环境污染的路径进行验证。首先对技术进步的中介效应进行检验。表 7.1 报告了将技术进步视为中介变量时，全样本数据的回归模型估计结果。其中，第（1）、第（2）列反映了式（7.1）的估计结果，第（3）、第（4）列反映了式（7.2）的估计结果，第（5）、第（6）列反映了式（7.3）的估计结果。

从表 7.1 中第（2）列和第（6）列的估计结果来看，无论是否包含技术进步变量，公共服务对环境污染的影响均在 1% 的水平上显著且为负，表明公共服务与环境污染具有明显的负向关联，再度支持了前述结果。进一步地，观察表中第（3）、第（4）列的结果可以看出，在控制了一系列其他变量之后，公共服务水平每增加 10%，技术进步水平提高 1.97 个百分点，说明公共服务显著提升了城市技术进步水平，与罗丽英和杨云（2013）所得到的研究结论一致。最后，观察表中第（6）列技术进步和公共服务的显著性与作用方向，发现技术进步显著抑制了环境污染，此外，当模型引入了技术进步这一缓解环境污染的因素后，与未加入时相比，公共服务系数的绝对值有所降低，符合中介效应的判别要求。综合第（2）、第（4）、第（6）列的估计结果，可以判定技术进步是公共服务影响环境污染的中介变量,即公共服务可以通过促进技术进步改善环境污染状况,命题3得到支持。这一方面是由于公共服务作为一种政府投资,通过投资乘数效应刺激了科技创新,提高了地区的技术效率(Bronzini和Piselli,2009);另一方面则是公共服务通过"用脚投票"机制吸引了高质量人力资本的迁入,促进了人力资本的积累(Angelopoulos,2011;Hua等,2018),从而深化知识的学习、匹配和共享效应(Duranton和Puga,2004),拉动技术创新。随着地区技术进步水平的不断提高,企业在资源配置、生产工艺和生产设备等方面逐步完善,进而减少生产要素和资源的浪费,降低生产过程中的污染排放。

表7.1　　　　技术进步中介效应的基准模型回归结果

变量	因变量=ENV (1)	因变量=ENV (2)	因变量=TEC (3)	因变量=TEC (4)	因变量=ENV (5)	因变量=ENV (6)
PG	-0.2603*** (-16.52)	-0.0877*** (-4.38)	4.2683*** (50.67)	0.1965*** (2.79)	-0.0598*** (-3.07)	-0.0730*** (-3.69)
AGDP		0.0142 (1.15)		0.6480*** (14.83)		0.0389*** (3.10)
TEC					-0.0485*** (-17.24)	-0.0505*** (-11.69)
STR		-0.1050*** (-10.39)		0.2483*** (6.96)		-0.0904*** (-8.98)
FIN		-0.1157*** (-14.07)		0.9861*** (33.97)		-0.0683*** (-7.44)
FDI		0.0429*** (19.68)		-0.0066 (-0.84)		0.0452*** (20.49)
NDVI		-0.4268*** (-7.15)		-0.9042*** (-4.26)		-0.5060*** (-8.48)
REG		-0.3052*** (-7.41)		0.0899 (0.62)		-0.2934*** (-7.22)
_cons	4.2488*** (115.60)	8.0862*** (18.11)	-5.8996*** (-29.97)	-19.5699*** (-12.46)	3.9823*** (100.64)	7.0959*** (15.82)
样本量	4560	4560	4560	4560	4560	4560

续表

变量	因变量 = ENV		因变量 = TEC		因变量 = ENV	
	(1)	(2)	(3)	(4)	(5)	(6)
R	0.0600	0.2253	0.3783	0.7768	0.1242	0.2576
F 统计量	272.83***	177.25***	2567.43***	2093.82***	298.98***	182.62***

注：括号内为 t 检验统计量；***、**、* 分别表示 1%、5% 和 10% 的显著性水平。

其次，对收入水平的中介效应进行检验。表7.2报告了将收入水平视为中介变量时，全样本数据的回归模型估计结果。其中，第（1）、第（2）列反映了式（7.4）的估计结果，第（3）、第（4）列反映了式（7.5）的估计结果，第（5）、第（6）列反映了式（7.6）的估计结果。

从表7.2中第（2）、第（6）列的估计结果来看，无论是否包含收入水平变量，公共服务对环境污染的影响均在1%的水平上显著且为负，表明公共服务对环境污染具有明显的负向影响，再次支持了前述结果。进一步地，观察表中第（3）、第（4）列的结果可以看出，在控制了一系列其他变量之后，公共服务水平每增加10%，收入水平提高4.09个百分点，说明公共服务能够显著改善收入水平。最后，观察表中第（6）列收入水平的显著性与作用方向，发现收入水平的提高明显加剧了环境污染，这与 Hou 等（2021）的研究结论相似，即高密度的城市公共服务可能会引致高强度的城市开发，从而导致生态土地的流失及环境质量的下降。值得一提的是，当模型引入了收入水平这一加剧环境污染的因素后，与未加入时相比，公共服务系数的绝对值有所上升，符合中介效应的判别要求。综合第（2）、第（4）、第（6）列的估计结果，可以判定收入水平是公共服务影响环境污染的中介变量。具体而言，公共服务可能通过增加收入水平加剧环境污染状况，命题3得到支持。可能的解释是，公共服务在扩大生产规模和刺激生产的同时加大了能源消耗，经济规模的扩张和要素的过度集中也可能在一定程度上造成拥挤效应（朱英明，2012），最终抑制了能源效率的提高（师博和沈坤荣，2013），并加剧污染排放（Lopez 和 Palacios，2014）。

表7.2　　　　　　收入水平中介效应的基准模型回归结果

变量	因变量=ENV (1)	因变量=ENV (2)	因变量=AGDP (3)	因变量=AGDP (4)	因变量=ENV (5)	因变量=ENV (6)
PG	-0.2603*** (-16.52)	-0.0571*** (-2.99)	1.9595*** (60.40)	0.4086*** (17.47)	-0.1907*** (-8.91)	-0.0730*** (-3.69)
AGDP					-0.0355*** (-4.79)	0.0389*** (3.10)
TEC		-0.0475*** (-11.27)		0.0766*** (14.83)		-0.0505*** (-11.69)
STR		-0.1022*** (-10.97)		-0.3053*** (-26.75)		-0.0904*** (-8.98)
FIN		-0.0539*** (-6.80)		0.3702*** (38.11)		-0.0683*** (-7.44)
FDI		0.0474*** (22.67)		0.0565*** (22.08)		0.0452*** (20.49)
NDVI		-0.5000*** (-8.38)		0.1543** (2.11)		-0.5060*** (-8.48)
REG		-0.2848*** (-7.02)		0.2197*** (4.42)		-0.2934*** (-7.22)
_cons	4.2488*** (115.60)	7.1244*** (15.87)	6.0181*** (79.53)	0.7312 (1.33)	4.4624*** (77.30)	7.0959 (15.82)
样本量	4560	4560	4560	4560	4560	4560
R	0.0600	0.2559	0.4605	0.8453	0.0650	0.2576
F统计量	272.83***	206.92***	3648.82***	3286.75***	148.59***	182.62***

注：括号内为t检验统计量；***、**、*分别表示1%、5%和10%的显著性水平。

最后，对产业结构的中介效应进行检验。表7.3报告了将产业结构视为中介变量时，全样本数据的回归模型估计结果。其中，第（1）、第（2）列反映了式（7.7）的估计结果，第（3）、第（4）列反映了式（7.8）的估计结果，第（5）、第（6）列反映了式（7.9）的估计结果。

从表7.3中第（2）和第（6）列的估计结果来看，无论是否包含产业结构变量，公共服务对环境污染的影响均在1%的水平上显著且为负，表明公共服务对环境污染具有明显的抑制作用，再次支持了前述结果。

进一步地，观察表中第（3）、第（4）列的结果可以看出，在控制了一系列其他变量之后，公共服务水平每增加10%，产业结构水平提高2.04个百分点，说明公共服务将有助于拉动服务业的发展，提升第三产业的产值占比。最后，观察表中第（6）列产业结构和公共服务的显著性与作用方向，发现第三产业占比的提升显著抑制了环境污染，此外，当模型引入了产业结构这一抑制环境污染的因素后，与未加入时相比，公共服务系数的绝对值有所降低，符合中介效应的判别要求。综合第（2）、第（4）、第（6）列的估计结果，可以判定产业结构是公共服务影响环境污染的中介变量，即公共服务可以通过促进服务业集聚改善环境污染状况，命题3得到支持。公共服务所包含的基础设施、教育和医疗等多方面本就与第三产业密切相关。公共服务设施的完善不仅带动了交通、物流和信息服务等相关生产性服务业的发展，还为制造业发展创造了良好的环境，有利于吸引新兴产业迁入，加速地区间高端制造业和服务业产业融合（李斌和卢娟，2017）。同时，完善的医疗和教育服务以及便利的交通吸引了一批务农劳动力向城市迁移，促使人口红利向城镇过渡，为服务业的发展提供充足的劳动力。当产业结构向服务业方向调整时，污染排放将随之下降。

表7.3　　　　　　　产业结构中介效应的基准模型回归结果

变量	因变量=ENV (1)	因变量=ENV (2)	因变量=STR (3)	因变量=STR (4)	因变量=ENV (5)	因变量=ENV (6)
PG	-0.2603*** (-16.52)	-0.0914*** (-4.61)	0.4947*** (19.98)	0.2040*** (6.78)	-0.1885*** (-11.75)	-0.0730*** (-3.69)
AGDP		0.0819*** (6.98)		-0.4758*** (-26.75)		0.0389*** (3.10)
TEC		-0.0547*** (-12.60)		0.0457*** (6.96)		-0.0505*** (-11.69)
STR					-0.1450*** (-15.30)	-0.0904*** (-8.98)
FIN		-0.0969*** (-11.14)		0.3167*** (24.01)		-0.0683*** (-7.44)

续表

变量	因变量=ENV		因变量=STR		因变量=ENV	
	(1)	(2)	(3)	(4)	(5)	(6)
FDI		0.0431***		0.0229***		0.0452***
		(19.47)		(6.83)		(20.49)
NDVI		-0.5171***		0.1232		-0.5060***
		(-8.59)		(1.35)		(-8.48)
REG		-0.3059***		0.1386**		-0.2934***
		(-7.46)		(2.23)		(-7.22)
_cons	4.2488***	7.2993***	-1.2463***	-2.2510***	4.0681***	7.0959***
	(115.60)	(16.14)	(-21.58)	(-3.28)	(107.93)	(15.82)
样本量	4560	4560	4560	4560	4560	4560
R	0.0600	0.2434	0.0854	0.3136	0.1088	0.2576
F统计量	272.83***	193.55***	399.30***	274.89***	260.85***	182.62***

注：括号内为t检验统计量；***、**、*分别表示1%、5%和10%的显著性水平。

本书进一步借鉴温忠麟和叶宝娟（2014）的做法，通过测算中介效应的大小来对比不同中介变量的影响差异①。经测算，公共服务技术进步、收入水平和产业结构影响环境污染的中介效应大小分别为 -0.0010、0.0159 和 -0.0184，作用效果从大到小依次排序为产业结构、收入水平和技术进步。

二 稳健性检验

如前文所述，公共服务与社会经济变量之间可能存在双向因果引致的内生性问题。这一情况亦有可能发生于公共服务与技术进步、收入水平和产业结构之间的关系中，从而影响基准回归结果的稳健性。为此，本节采用坡度指数和公共服务的滞后一期项作为工具变量，运用2SLS方法进行估计，对可能存在的内生性问题进行控制。表7.4报告了公共服务与技术进步的内生性检验估计结果，对应式（7.1）和式（7.2）。表7.5

---

① 解释变量通过中介变量影响被解释变量的中介效应计算公式为 $\eta_1\beta_2$，直接效应为 β_1，总效应为 $(\eta_1\beta_2+\beta_1)$，中介效应所占比重为 $\eta_1\beta_2/(\eta_1\beta_2+\beta_1)$。

报告了公共服务与收入水平的内生性检验估计结果，对应式（7.4）和式（7.5）。表7.6报告了公共服务与产业结构的内生性检验估计结果，对应式（7.7）和式（7.8）。其中，第（1）、第（2）列为以坡度指数作为工具变量的估计结果，第（3）、第（4）列为以公共服务滞后一期作为工具变量的估计结果。

表7.4　　　控制公共服务与技术进步内生性的2SLS估计结果

变量	IV = 坡度指数		IV = l. pg	
	因变量 = ENV	因变量 = TEC	因变量 = ENV	因变量 = TEC
	（1）	（2）	（3）	（4）
PG	-1.4669***	12.0651***	-0.0924***	0.3256***
	(-6.88)	(8.42)	(-2.94)	(2.97)
控制变量	控制	控制	控制	控制
样本量	4560	4560	4560	4560
LM检验	79.548***	78.727***	1724.499***	1689.506***
弱识别检验	80.924***	80.091***	3032.437***	2949.808***
F统计量	89.36***	280.22***	204.39***	1934.56***

注：括号中为标准误，***、**、*分别表示1%、5%和10%的显著性水平。

表7.5　　　控制公共服务与收入水平内生性的2SLS估计结果

变量	IV = 坡度指数		IV = l. pg	
	因变量 = ENV	因变量 = AGDP	因变量 = ENV	因变量 = AGDP
	（1）	（2）	（3）	（4）
PG	-0.4678***	2.5951***	-0.0626**	0.4904***
	(-4.81)	(13.08)	(-2.14)	(13.97)
控制变量	控制	控制	控制	控制
样本量	4560	4560	4560	4560
LM检验	180.078***	180.078***	1785.646***	1785.646***
弱识别检验	187.795***	187.795***	3256.472***	3256.472***
F统计量	188.61***	1079.49***	239.62***	2729.12***

注：括号中为标准误，***、**、*分别表示1%、5%和10%的显著性水平。

表7.6 控制公共服务与产业结构内生性的2SLS估计结果

变量	IV = 坡度指数		IV = l.pg	
	因变量 = ENV	因变量 = STR	因变量 = ENV	因变量 = STR
	(1)	(2)	(3)	(4)
PG	-1.1677***	5.0996***	-0.1024***	0.2843***
	(-7.27)	(10.11)	(-3.27)	(6.07)
控制变量	控制	控制	控制	控制
样本量	4560	4560	4560	4560
LM检验	109.170***	109.170***	1706.178***	1706.178***
弱识别检验	111.884***	111.884***	3001.100***	3001.100***
F统计量	119.70***	51.40***	213.22***	268.69***

注：括号中为标准误，***、**、*分别表示1%、5%和10%的显著性水平。

从表7.4—表7.6的相关检验来看，LM检验和弱识别检验结果在1%的水平上显著，表明工具变量不存在识别不足和弱识别问题，即工具变量的选择是合理有效的。运用两种不同的工具变量分别控制了核心变量的内生性后，变量的作用方向和显著性并未发生明显改变。表中第（1）列、第（3）列的结果显示，公共服务对环境污染的估计系数显著为负，表明公共服务与环境依然存在显著的负向相关。同时，从表中第（2）列、第（4）列的结果来看，公共服务对技术进步、收入水平和产业结构的影响均显著为正，说明公共服务的提升能够显著改善地区技术进步、收入水平和产业结构状况，与基准回归的结果一致，印证了前述中介效应结果的稳健性，支持了命题3的假设。

为进一步验证上述结果的稳健性，本书试图通过以下方法进行稳健性检验。（1）变更核心解释变量。基于本书的指标体系，采用主成分分析法提取第一个因子作为公共服务的另一替代变量。（2）调整样本。为排除潜在极端值对模型结果的影响，本书采用两种方法对样本进行调整。一是剔除北京、天津、上海和重庆等直辖市的样本数据进行估计，二是对样本进行5%的缩尾处理后再估计。表7.7—表7.9分别报告了基于固定效应模型的公共服务与技术进步、收入水平和产业结构的稳健性检验估计结果，依次对应式（7.1）和式（7.2）、式（7.4）和式（7.5），以

及式 (7.7) 和式 (7.8)。表 7.7—表 7.9 中，第 (1)、第 (2) 列中的公共服务由主成分分析法测算的公共服务指数表征；第 (3)、第 (4) 列为剔除了直辖市样本的估计结果，第 (5)、第 (6) 列显示了 5% 缩尾处理的估计结果。

从表 7.7 中第 (1)、第 (3)、第 (5) 列的结果可以看出，公共服务对环境污染的影响系数在 1% 的水平下显著未负，表明其对雾霾污染具有显著的负向影响。同时，表中第 (2)、第 (4)、第 (6) 列的结果显示，公共服务对技术进步、收入水平和产业结构的影响均在 1% 的水平上显著为正。上述结果与表 7.8—表 7.10 中的基准回归估计结果基本一致，再次表明基准回归结果具有较强的稳健性。

表 7.7　　　　　公共服务与技术进步关系的稳健性检验结果

变量	替换变量		剔除直辖市		5% 缩尾	
	因变量 = ENV	因变量 = TEC	因变量 = ENV	因变量 = TEC	因变量 = ENV	因变量 = TEC
	(1)	(2)	(3)	(4)	(5)	(6)
PG	-0.2964 ***	2.1798 ***	-0.0891 ***	0.1951 ***	-0.0906 ***	0.1965 ***
	(-4.23)	(8.88)	(-4.44)	(2.75)	(-4.77)	(2.79)
控制变量	控制	控制	控制	控制	控制	控制
样本量	4560	4560	4496	4496	4052	4052
R^2	0.225	0.7805	0.2245	0.7756	0.2714	0.7768
F 统计量	177.00 ***	2139.20 ***	174.00 ***	2050.53 ***	202.88 ***	2093.82 ***

注：括号内为 t 检验统计量；***、**、* 分别表示 1%、5% 和 10% 的显著性水平。

表 7.8　　　　　公共服务与收入水平关系的稳健性检验结果

变量	替换变量		剔除直辖市		5% 缩尾	
	因变量 = ENV	因变量 = AGDP	因变量 = ENV	因变量 = AGDP	因变量 = ENV	因变量 = AGDP
	(1)	(2)	(3)	(4)	(5)	(6)
PG	-0.1355 **	1.6950 ***	-0.0584 ***	0.4086 ***	-0.0639 ***	0.4086 ***
	(-2.03)	(21.06)	(-3.05)	(17.41)	(-3.54)	(17.47)

续表

变量	替换变量		剔除直辖市		5%缩尾	
	因变量=ENV	因变量=AGDP	因变量=ENV	因变量=AGDP	因变量=ENV	因变量=AGDP
	（1）	（2）	（3）	（4）	（5）	（6）
控制变量	控制	控制	控制	控制	控制	控制
样本量	4560	4560	4496	4496	4052	4052
R^2	0.2550	0.8499	0.2551	0.8453	0.3020	0.8453
F统计量	206.00***	3405.86***	203.17***	3242.15***	232.48***	3286.75***

注：括号内为t检验统计量；***、**、*分别表示1%、5%和10%的显著性水平。

表7.9　　　公共服务与产业结构关系的稳健性检验结果

变量	替换变量		剔除直辖市		5%缩尾	
	因变量=ENV	因变量=STR	因变量=ENV	因变量=STR	因变量=ENV	因变量=STR
	（1）	（2）	（3）	（4）	（5）	（6）
PG	-0.3199***	1.3548***	-0.0931***	0.2098***	-0.0932***	0.2040***
	(-4.61)	(13.07)	(-4.68)	(6.95)	(-4.94)	(6.78)
控制变量	控制	控制	控制	控制	控制	控制
样本量	4560	4560	4496	4496	4052	4052
R^2	0.2434	0.3331	0.2432	0.3128	0.2876	0.3139
F统计量	193.56***	300.61***	190.59***	269.94***	216.95***	274.89***

注：括号内为t检验统计量；***、**、*分别表示1%、5%和10%的显著性水平。

三　异质性分析

本节在前述分析的基础上，重点关注公共服务对环境污染影响路径的异质性，包括不同城市规模和不同地理区域的异质性影响。

首先，本书将样本划分为中小城市和特大、大型城市，考察了不同等级城市的公共服务对环境污染的异质性影响路径。表7.10报告了公共服务通过技术进步影响环境污染的异质性检验结果，表中第（1）列和第（4）列对应式（7.1），第（2）列和第（5）列对应式（7.2），第（3）列和第（6）列对应式（7.3）。其中，第（1）—（3）列为特大、大型城市的估计结果,第(4)—(6)列为中小城市的估计结果。表中结果显示,特大、大型城市与中小城市中公共服务对环境污染的影响系数均在1%的水平上为负,表明二者均能够降低城市PM2.5浓度。就公共服务对技术进步的影响而言,特大、大型城市与中小城市中公共服务对技术进步的影响系数均为正且显著,说明公共服务的优化显著提高了地方技术进步水平。上述结果符合中介效应的判别标准,意味着对于两类城市而言,公共服务均能够通过技术进步的中介渠道影响环境污染。具体而言,公共服务促进了技术进步的提升,进而改善环境污染状况。

表7.10 不同城市规模下公共服务—技术进步—环境污染的影响差异

变量	特大、大型城市			中小城市		
	因变量=ENV	因变量=TEC	因变量=ENV	因变量=ENV	因变量=TEC	因变量=ENV
	(1)	(2)	(3)	(4)	(5)	(6)
PG	-0.2213***	0.3903***	-0.2069***	-0.1563***	0.5046***	-0.1209***
	(-6.87)	(3.62)	(-6.47)	(-5.38)	(4.81)	(-4.16)
控制变量	控制	控制	控制	控制	控制	控制
样本量	2130	2130	2130	2430	2430	2430
R	0.3287	0.8325	0.3417	0.1439	0.6996	0.1811
F统计量	137.58***	1392.70***	127.21***	53.63***	726.65***	60.35***

注:括号内为t检验统计量;***、**、*分别表示1%、5%和10%的显著性水平。

观察估计系数可以看出,特大、大型城市公共服务的污染抑制效应明显高于中小城市。与此同时,公共服务对技术进步的正向影响在中小城市更为明显。本书进一步通过测算直接、间接和总效应的大小来对比不同城市规模下中介效应的影响差异。经计算,特大、大型城市公共服务通过技术进步影响环境污染的直接和间接效应分别为-0.2069和-0.0124,总效应为-0.2193,中介效应占比为5.65%,中小城市通过技术进步影响环境污染的直接和间接效应分别为-0.1209和-0.0275,总效应为-0.1484,中介效应占比为18.53%。这一结果表明,综合来看,特大、大型城市公共服务对环境污染的总体抑制作用更显著,但公共服务对中小城市技术进步的提升幅度相对较大,中小城市通过技术进步缓解环境污染的中介效应也更明显。可能的解释是,特大、大型城市的人力资本和创新资源禀赋较为充裕,公共服务在驱动地区城市技术进步中更多地表现为"锦上添花";中小城市的优质教育、医疗资源相对较为匮乏,对创新人才和资本的吸纳能力相对较弱,故而公共服务的改善对技术进步的促进作用更为明显。

表 7.11 报告了公共服务通过收入水平影响环境污染的异质性检验结果,表中第(1)列和第(4)列对应式(7.4),第(2)列和第(5)列对应式(7.5),第(3)列和第(6)列对应式(7.6)。其中,第(1)—(3)列为特大、大型城市的估计结果,第(4)—(6)列为中小城市的估计结果。表中结果显示,特大、大型城市与中小城市中公共服务对环境污染的影响系数均在1%的水平上为负,表明二者均能够降低城市PM2.5浓度。就公共服务对收入水平的影响而言,特大、大型城市与中小城市中公共服务对收入水平的影响系数均为正且显著,说明公共服务的优化显著提高了地方收入水平。上述结果符合中介效应的判别标准,意味着对于两类城市而言,公共服务均能够通过收入水平的中介渠道影响环境污染。具体而言,公共服务促进了收入水平的提升,进而加剧了环境污染状况。

表 7.11 不同城市规模下公共服务—收入水平—环境污染的影响差异

变量	特大、大型城市			中小城市		
	因变量 =ENV	因变量 =$AGDP$	因变量 =ENV	因变量 =ENV	因变量 =$AGDP$	因变量 =ENV
	(1)	(2)	(3)	(4)	(5)	(6)
PG	-0.1914***	0.3854***	-0.2069***	-0.1140***	0.2639***	-0.1209***
	(-6.12)	(9.91)	(-6.47)	(-3.98)	(7.72)	(-4.16)
控制变量	控制	控制	控制	控制	控制	控制
样本量	2130	2130	2130	2430	2430	2430
R	0.3400	0.8522	0.3417	0.1803	0.8408	0.1811
F 统计量	144.38***	1616.56***	127.21***	68.63***	1648.15***	60.35***

注:括号内为 t 检验统计量;***、**、* 分别表示 1%、5% 和 10% 的显著性水平。

观察估计系数可以看出，特大、大型城市公共服务的污染抑制效应和收入提升效应均明显高于中小城市。进一步地，经计算，特大、大型城市公共服务通过收入水平影响环境污染的直接和间接效应分别为 -0.2069 和 0.0156，总效应为 -0.1913；中小城市通过收入水平影响环境污染的直接和间接效应分别为 -0.1209 和 0.0069，总效应为 -0.1140。可以看到，特大、大型城市公共服务对环境污染的总体抑制作用更显著，与表 7.10 所得到的结果一致。与此同时，公共服务对特大、大型城市收入水平的提升幅度更高，导致其污染抑制效应被削弱的程度相对较深。可能的原因在于随着特大、大型城市的公共服务水平进一步提升，其生产效率在规模和溢出作用的支持下将大幅提高，同时，由于人口吸纳能力得到改善，外来人口的大量流入又为生产活动提供了充足的劳动力，从而进一步增加产出，给环境状况造成压力。相对而言，中小城市由于人口和产业密度相对较低，规模和溢出效应相对较弱，公共服务提升和人口流入所带来的经济产出增加和收入提升比较有限，因而公共服务通过提高收入水平加剧环境污染的作用效果也相对较弱。

表 7.12 报告了公共服务通过产业结构影响环境污染的异质性检验结果，表中第（1）列和第（4）列对应式（7.7），第（2）列和第（5）列对应式（7.8），第（3）列和第（6）列对应式（7.9）。其中，第（1）—（3）列为特大、大型城市的估计结果，第（4）—（6）列为中小城市的估计结果。表中结果显示，特大、大型城市与中小城市中公共服务对环境污染的影响系数均在 1% 的水平上为负，表明二者均能够降低城市 PM2.5 浓度。就公共服务对产业结构的影响而言，特大、大型城市与中小城市中公共服务对产业结构的影响系数均为正且显著，说明公共服务的优化显著提高了地方第三产业比重。上述结果符合中介效应的判别标准，意味着对于两类城市而言，公共服务均能够通过产业结构的中介渠道影响环境污染。具体而言，公共服务促进了第三产业比重的提升，进而改善环境污染状况。

观察估计系数可以看出，特大、大型城市公共服务的污染抑制效应和产业结构升级效应均明显高于中小城市。进一步测算发现，特大、大型城市公共服务通过产业结构影响环境污染的直接、间接效应分别为 -0.2069 和 -0.0217，总效应为 -0.2286，中介效应占比达 9.49%；中小城市通过产业结构影响环境污染的直接、间接效应分别为 -0.1209 和 -0.0073，总效应为 -0.1282，中介效应占比达 5.69%。该结果表明公共服务对特大、大型城市产业结构升级的驱动作用更大，从而进一步强化了其污染抑制效应。对此，可能的解释是特大、大型城市第三产业发展较为成熟，现代服务业与公共服务的融合发展不仅能够有效提升第三产业的质量，促进生产性服务业向更高价值链迈进，还有助于制造业实现新旧动能转换，从而提升效率。相对而言，不少中小城市的产业转型起步较晚，第三产业基础相对薄弱，受要素禀赋特征和经济发展水平的影响，盲目发展生产性服务业会对经济结构施加更多不必要的负担和调整成本（韩峰和阳立高，2020），故上述城市的产业结构升级效应相对较小。

表7.12 不同城市规模下公共服务—产业结构—环境污染的影响差异

变量	特大、大型城市			中小城市		
	因变量=ENV	因变量=STR	因变量=ENV	因变量=ENV	因变量=STR	因变量=ENV
	(1)	(2)	(3)	(4)	(5)	(6)
PG	-0.2287***	0.1724***	-0.2069***	-0.1282***	0.0912**	-0.1209***
	(-7.06)	(3.79)	(-6.47)	(-4.39)	(2.00)	(-4.16)
控制变量	控制	控制	控制	控制	控制	控制
样本量	2130	2130	2130	2430	2430	2430
R	0.3203	0.3218	0.3417	0.1682	0.3231	0.1811
F统计量	132.09***	132.98***	127.21***	63.08***	138.92***	60.35***

注：括号内为t检验统计量；***、**、*分别表示1%、5%和10%的显著性水平。

其次，本书将样本划分为东部和中西部两个地区，考察了不同地区的公共服务对环境污染的异质性影响路径。

表7.13报告了公共服务通过技术进步影响环境污染的异质性检验结果，表中第（1）列和第（4）列对应式（7.1），第（2）列和第（5）列对应式（7.2），第（3）列和第（6）列对应式（7.3）。其中，第（1）—（3）列为东部地区的估计结果，第（4）—（6）列为中西部地区的估计

结果。

表 7.13 中第（1）列显示，东部地区公共服务对环境污染的影响系数在 1% 的水平上为负；观察第（2）、第（3）列的情况发现，公共服务对技术进步的影响系数在 1% 的水平上为正，技术进步对环境污染的影响系数在 1% 的水平上为负，表明存在中介效应；进一步检验第（3）列中公共服务对环境污染的系数，发现其为负但不显著，表明东部地区公共服务通过技术进步对环境污染的影响为完全中介效应。这表明对于东部地区而言，公共服务能够通过提升技术进步这一间接渠道改善环境污染。可能的解释是，如前文所发现，东部地区公共服务的改善能够进一步深化地方的规模和溢出效应，对人口吸引、经济发展和效率提升的作用更为显著。公共服务通过深化人力资本积累、鼓励知识溢出等渠道驱动企业生产设备和技术的更新，降低能源消耗，进而有效抑制了工业污染排放。与此同时，尽管东部地区的公共服务提升能够在一定程度上减缓环境污染，但这一影响可能被人口和经济活动集聚所新增的污染排放所稀释。

表中第（4）列显示，中西部地区公共服务对环境污染的影响系数在 1% 的水平上为负；观察第（2）、第（3）列的情况发现，公共服务对技术进步的影响系数为正，但不显著，技术进步对环境污染的影响系数在 1% 的水平上为负，意味着中西部地区公共服务和技术进步对环境污染具有明显的抑制作用，但其通过技术进步影响环境污染的作用路径不明显。可能的原因在于中西部地区的经济发展和工业集聚水平相对不高，人力资本积累不足，公共服务的质量和利用效率相对较低，难以释放知识溢出效应，从而对技术进步的影响不显著。

表 7.13　不同地区公共服务—技术进步—环境污染的影响差异

变量	东部地区			中西部地区		
	因变量 = ENV	因变量 = TEC	因变量 = ENV	因变量 = ENV	因变量 = TEC	因变量 = ENV
	(1)	(2)	(3)	(4)	(5)	(6)
PG	-0.0694***	0.5513***	-0.0374	-0.1150***	0.0908	-0.1027***
	(-2.66)	(5.02)	(-1.46)	(-4.27)	(1.00)	(-3.84)

续表

变量	东部地区			中西部地区		
	因变量 =ENV	因变量 =TEC	因变量 =ENV	因变量 =ENV	因变量 =TEC	因变量 =ENV
	(1)	(2)	(3)	(4)	(5)	(6)
控制变量	控制	控制	控制	控制	控制	控制
样本量	1616	1616	1616	2944	2944	2944
R	0.4106	0.8271	0.4460	0.1954	0.7546	0.2267
F统计量	149.98***	1028.56***	151.38***	95.50***	1186.35***	98.92***

注：括号内为t检验统计量；***、**、*分别表示1%、5%和10%的显著性水平。

表7.14报告了公共服务通过收入水平影响环境污染的异质性检验结果，表中第（1）列和第（4）列对应式（7.4），第（2）列和第（5）列对应式（7.5），第（3）列和第（6）列对应式（7.6）。其中，第（1）—（3）列为东部地区的估计结果，第（4）—（6）列为中西部地区的估计结果。

表中第（1）列显示，东部地区公共服务对环境污染的影响系数为负，但不显著；观察第（2）、第（3）列的情况发现，公共服务对收入水平的影响系数在1%的水平上为正，而收入水平对环境污染的影响系数不显著。这说明东部地区公共服务的改善能够提高收入水平，但其通过收入水平影响环境污染的作用路径不明显。换言之，东部地区公共服务水平的提升不会通过改善收入水平而加剧环境污染，这可能是由于收入提升同时引致了效率改进和污染增加，正负效应相互抵消，导致这一影响路径不显著。

表中第（4）列显示，中西部地区公共服务对环境污染的影响系数在1%的水平上为负；观察第（2）、第（3）列的情况发现，公共服务对收入水平的影响系数在1%的水平上为正，收入水平对环境污染的影响系数在1%的水平上为正，表明存在中介效应；进一步检验第（3）列中公共服务对环境污染的影响系数，发现其显著为负，表明中西部地区公共服务通过收入水平对环境污染的影响为部分中介效应。这意味着对于中西部地区而言，公共服务通过改善收入水平的间接渠道加剧了环境污染。

可能的解释是当前不少中西部城市仍以重工业为主导产业，另有部分城市属于以自然资源的开采和加工为主导产业的资源型城市，生产模式以"高投入、高消耗、高污染"为特征，尽管优化公共服务能够带来一定的环境改善效应，但在其促进经济增长的过程中，由于短期内难以改进地区技术水平，很有可能给环境状况造成压力。

表7.14　　不同地区公共服务—收入水平—环境污染的影响差异

变量	东部地区			中西部地区		
	因变量=ENV	因变量=AGDP	因变量=ENV	因变量=ENV	因变量=AGDP	因变量=ENV
	（1）	（2）	（3）	（4）	（5）	（6）
PG	-0.0347	0.3830***	-0.0374	-0.0891***	0.3785***	-0.1027***
	(-1.40)	(9.96)	(-1.46)	(-3.43)	(12.75)	(-3.84)
控制变量	控制	控制	控制	控制	控制	控制
样本量	1616	1616	1616	2944	2944	2944
R	0.4460	0.8820	0.4460	0.2254	0.8579	0.2267
F统计量	173.08	992.99	151.38***	112.25	2328.04	98.92***

注：括号内为t检验统计量；***、**、*分别表示1%、5%和10%的显著性水平。

表7.15报告了公共服务通过产业结构影响环境污染的异质性检验结果，表中第（1）列和第（4）列对应式（7.7），第（2）列和第（5）列对应式（7.8），第（3）列和第（6）列对应式（7.9）。其中，第（1）—（3）列为东部地区的估计结果，第（4）—（6）列为中西部地区的估计结果。

表中第（1）列显示，东部地区公共服务对环境污染的影响系数在5%的水平上为负；观察第（2）、第（3）列的情况发现，公共服务对产业结构的影响系数在1%的水平上为正，产业结构对环境污染的影响系数在1%的水平上为负，表明存在中介效应；进一步检验第（3）列中公共服务对环境污染的影响系数，发现其为负但不显著，表明东部地区公共服务通过产业结构对环境污染的影响为完全中介效应。这意味着对于东部地区而言，公共服务能够通过促进服务业集聚这一间接渠道改善环境污染。一方面,先进地区第三产业的发展基础较扎实,现代服务业与公共服务的融合发展能够有效提升第三产业的质量,促进生产性服务业向更高价值链发展。另一方面,东部地区的职业教育培训、信息服务平台、智能排污设施等高质量公共服务有助于制造业实现新旧动能转换,从而提升效率,减缓环境污染。

表中第(4)列显示,中西部地区公共服务对环境污染的影响系数在1%的水平上为负;观察第(5)—(6)列的情况发现,公共服务对产业结构的影响系数在1%的水平上为正,产业结构对环境污染的影响系数在1%的水平上为负,表明存在中介效应;进一步检验第(3)列中公共服务对环境污染的影响系数,发现其显著为负,表明中西部地区公共服务通过产业升级对环境污染的影响为部分中介效应。这意味着对于中西部地区而言,公共服务不仅能够直接缓解环境污染,还通过改善产业结构的渠道减缓了环境污染。通过优化教育、能源、交通等公共服务,改善了中西部地区的投资营商环境,有助于培育壮大科技、物流、电子商务等生产性服务业,使传统产业逐步向战略性新兴产业、现代服务业转型,从而缓解生态环境压力。

表7.15　　不同地区公共服务—产业结构—环境污染的影响差异

变量	东部地区			中西部地区		
	因变量=ENV	因变量=STR	因变量=ENV	因变量=ENV	因变量=STR	因变量=ENV
	(1)	(2)	(3)	(4)	(5)	(6)
PG	0.0254**	0.2468***	-0.0374	-0.1220***	0.1911***	-0.1027***
	(-2.18)	(5.89)	(-1.46)	(-4.53)	(4.74)	(-3.84)
控制变量	控制	控制	控制	控制	控制	控制
样本量	1616	1616	1616	2944	2944	2944
R	0.4378	0.4516	0.4460	0.2086	0.2760	0.2267
F统计量	167.41***	177.03***	151.38***	101.69***	147.06***	98.92***

注:括号内为t检验统计量;***、**、*分别表示1%、5%和10%的显著性水平。

第三节 公共服务通过环境污染影响城市规模的中介路径分析

一 基准回归结果

本节基于中国285个地级市的面板数据考察了公共服务通过环境污染影响城市规模的中介效应。Hausman检验在1%的水平下显著,故采用固定效应模型。表7.16报告了全样本数据的回归模型估计结果。其中,第(1)、第(2)列反映了式(7.10)的估计结果,第(3)、第(4)列反映了式(7.11)的估计结果,第(5)、第(6)列反映了式(7.12)的估计结果。

表7.16 基准回归结果

变量	因变量=POP (1)	因变量=POP (2)	因变量=ENV (3)	因变量=ENV (4)	因变量=POP (5)	因变量=POP (6)
PG	-0.7658*** (-6.79)	-0.8237*** (-8.27)	-0.1034*** (-4.95)	-0.0730*** (-3.69)	-0.7848*** (-7.09)	-0.8436*** (-8.61)
PG^2	0.0506** (2.17)	0.0566*** (2.75)			0.0509** (2.23)	0.0586*** (2.90)
ENV					-0.1710*** (-12.88)	-0.1500*** (-12.07)
$AGDP$	0.0751*** (8.30)	-0.1117*** (-10.71)	0.0723*** (7.14)	0.0389*** (3.10)	0.0874*** (9.80)	-0.1062*** (-10.35)
TEC	0.0931*** (26.06)	0.0355*** (9.85)	-0.0600*** (-14.76)	-0.0505*** (-11.69)	0.0829*** (23.05)	0.0282*** (7.85)
STR	0.0566*** (6.50)	-0.0343*** (-4.12)	-0.0932*** (-9.43)	-0.0904*** (-8.98)	0.0407*** (4.71)	-0.0484*** (-5.86)
FIN		0.2066*** (26.85)		-0.0683*** (-7.44)		0.1976*** (26.00)
FDI		-0.0016 (-0.88)		0.0452*** (20.49)		0.0051*** (2.74)

续表

变量	因变量=POP (1)	因变量=POP (2)	因变量=ENV (3)	因变量=ENV (4)	因变量=POP (5)	因变量=POP (6)
HOU		0.1048*** (16.18)				0.1035*** (16.24)
UNEM		-0.0084 (-1.74)				-0.0055 (-1.15)
NDVI		0.1402*** (2.88)		-0.5060*** (-8.48)		0.0534 (1.10)
REG				-0.2934*** (-7.22)		
_cons	4.9587*** (36.48)	3.7960*** (27.55)	3.3564*** (39.18)	7.0959*** (15.82)	5.5339*** (39.36)	4.3975*** (30.47)
样本量	4560	4560	4560	4560	4560	4560
R^2统计量	0.3685	0.5108	0.1586	0.2576	0.3924	0.5272
F统计量	491.88***	439.57***	198.73***	182.63***	453.57***	426.61***

注：括号内为t检验统计量；***、**、*分别表示1%、5%和10%的显著性水平。

从表7.16中第（2）、第（6）列的估计结果来看，无论是否包含环境污染变量，公共服务对城市规模的影响均在1%的水平上显著且为正，表明公共服务与城市规模具有明显的正向关联，符合中介效应的判别标准。关于公共服务和环境污染对城市规模的直接影响已经在本书的第五章进行了充分探讨，在此不过多赘述。进一步地，观察表中第（3）、第（4）列的结果可以看出，在控制了一系列其他变量之后，公共服务的系数显著为负，说明公共服务对城市PM2.5浓度具有明显的负向作用。综合第（2）、第（6）列的结果，可以判定环境污染是公共服务影响城市规模的中介变量，即公共服务可以通过改善环境污染状况促进城市规模的扩张，命题3得到支持。当前中国城市公共服务供给的完善有助于缓解环境污染，进而提升城市的吸引力，促进城市规模扩张。这一发现为地方政府完善基本公共服务制度体系，建立"以公共服务促发展"的新理念、新机制提供了事实基础，即通过完善公共服务供给有助于改善城市环境治理，进而实现城市可持续发展。

从公共服务对环境污染的作用效果来看，公共服务水平每提升10%，PM2.5浓度下降约0.84个百分点，说明公共服务对城市PM2.5浓度具有明显的抑制作用。具体而言，一方面，公共服务设施的完善能够优化企业的生产经营环境，提高企业的生产效率，并使其拥有更多精力实施生产技术改进与工艺升级，从而减少工业污染排放。另一方面，医疗和教育等公共服务的完善能够改善人民生活水平，从而更好地发挥人才和知识的集聚效应，提高科技水平，进而改善环境质量。该结论与Adewuyi（2016）、Lopez等（2011）学者基于碳排放和水污染等数据得到的研究结论类似，说明增加公共服务能够缓解环境污染问题。相较已有研究，本书基于PM2.5浓度数据进行分析，并注重探究中国地级市层面公共服务与环境污染的影响及机制。另外，Yuxiang和Chen（2010）的研究表明中国省级政府公共服务投入会提高能源强度，从而加剧污染排放。可能的解释是早期地区公共服务建设大多以实现GDP增长为主要目标，生产快速扩张导致了能源强度大幅增加，同时民生类公共服务供给效率低且准入门槛较高，导致大部分人未能享受到公共服务，从而削弱了其环境改善效应。近年来，地方政府的GDP考核指标趋向弱化，更加关注经济发展质量和效率，以及民生改善，公共服务的环境治理效应明显增强。因而在优化政府公共服务职能与加强生态文明建设的背景下探讨公共服务与环境污染的关系具有重要的现实意义。

就公共服务对环境污染影响的控制变量而言，从第（4）列的估计结果来看，收入水平的估计系数在1%的水平上显著为正，表明收入水平的提高会加剧环境污染。可能的解释是经济规模的扩大和要素的过度集中在一定程度上引致了拥挤效应（朱英明等，2012），从而造成环境损害。同时，随着收入水平提高而增加的生产和消费性能源消耗亦有可能导致环境污染排放的加剧。技术进步的系数为负，且通过了1%的显著性检验，表明技术进步有助于减缓环境污染，与严太华和朱梦成（2021）的研究结论一致。这可能与技术进步的偏向性有关，当技术进步偏向能源节约时，污染状况将有所缓解。产业结构的系数显著为负，服务业与工业产值之比每提升10%，环境污染水平将下降0.9个百分点，说明相较于工业而言，服务业的生产流程和生产环境更为清洁，产业结构向服务业调整将会缓解污染排放。金融水平的系数显著为负，表明金融水平的提升具有一定的减排作用,可能的原因是良好的融资环境有助于企业更新先进的生产设备和从事科技研发活动,从而提高能源利用效率,减少工业污染排放。对外开放度的系数在1%的水平上为正,说明扩大对外开放水平可能会引致"污染避难所"效应(张友国,2015),即外商直接投资带来的经济增长、产业结构变化和污染密集型行业转移,将使当地的污染状况更为严峻。植被覆盖率的估计系数显著为负,可能的原因是大面积的植被覆盖对环境污染具有一定的净化作用。同时,植被覆盖率高的地区往往工业布局相对分散,工业集聚水平不高,故而工业污染相对较轻。环境规制的系数显著为负,意味着环境规制强度较高的地区污染状况较轻,可能的解释是严格的环境规制不仅对企业的污染排放具有约束作用,还能够通过"波特假说"引导企业进行清洁生产技术和工艺的升级与创新(Pei 等,2019),从而提升行业能源利用效率,减轻污染排放。

二 稳健性检验

关于公共服务和环境污染对城市规模的作用效果的相关检验已经在本书的第五章进行详述,本节主要就公共服务影响环境污染的结果进行稳健性检验。

首先,为检验潜在的内生性问题,本书对公共服务与 PM2.5 浓度进行了 Davidson-MacKinnon 检验和 Hausman 检验,结果均在 1% 的水平下显著,表明公共服务可能存在内生性问题。为控制公共服务对环境污染影响的估计结果的内生性,本书依次采用坡度指数和公共服务的滞后一期项作为工具变量,运用 2SLS 方法进行估计,表 7.17 报告了估计结果。LM 检验和弱识别检验结果在 1% 的水平上显著,表明工具变量不存在识别不足和弱识别问题,即工具变量的选择是合理有效的。表中第(1)—(3)列为以坡度指数作为工具变量的估计结果,第(4)—(6)列为以公共服务滞后一期作为工具变量的估计结果。

运用两种不同的工具变量分别控制了核心变量的内生性后,核心指标的方向和显著性未发生明显变化,公共服务的估计系数显著为负,表明公共服务与环境依然存在显著的负向相关,模型结果是稳健的。值得注意的是,表 7.17 中,公共服务系数的绝对值相对于表 7.16 明显增大,说明不考虑内生性问题可能会低估公共服务的环境改善效应。上述分析再度支持了命题3中公共服务、环境污染与城市规模的中介机制。

表7.17　　　　　　　　控制内生性的2SLS估计结果

	IV = 坡度指数			IV = l.PG		
	(1)	(2)	(3)	(4)	(5)	(6)
PG	-0.5138***	-0.8359***	-0.9413***	-0.4000***	-0.1253***	-0.0686**
	(-21.73)	(-5.29)	(-5.13)	(-19.66)	(-3.84)	(-2.20)
控制变量	控制	控制	控制	控制	控制	控制
样本量	4560	4560	4560	4560	4560	4560
LM检验	2012.61***	95.35***	71.26***	2664.62***	1707.24***	1686.09***
弱识别检验	3802.12***	97.47***	72.35***	8019.69***	3006.09***	2938.66***
F统计量	471.94***	156.12***	127.34***	386.49***	270.52***	209.67***

注：括号中为标准误，***、**、*分别表示1%、5%和10%的显著性水平。

为进一步验证上述结果的稳健性，本书试图通过以下方法进行稳健性检验。(1)变更核心解释变量。基于本书的指标体系，采用主成分分析法提取第一个因子作为公共服务的另一替代变量。(2)调整样本。为排除潜在极端值对模型结果的影响，本书采用两种方法对样本进行调整。一是剔除北京、天津、上海和重庆直辖市的样本数据进行估计，二是对样本进行5%的缩尾处理后再估计。表7.18报告了基于固定效应面板模型的稳健性检验结果。

表7.18　　　　　　　　稳健性检验结果

变量	替换变量		调整样本	
	(1)	(2)	(3)	(4)
PG	-0.2957***	-0.2001***	-0.0745***	-0.0761***
	(-4.05)	(-2.85)	(-3.76)	(-4.06)
控制变量	控制	控制	控制	控制
样本量	4560	4560	4496	4052
R	0.1570	0.2566	0.2569	0.3031

续表

变量	替换变量		调整样本	
	(1)	(2)	(3)	(4)
F 统计量	196.33***	181.70***	179.36***	204.38***

注：括号内为 t 检验统计量；***、**、* 分别表示 1%、5% 和 10% 的显著性水平。

表 7.18 第（1）、第（2）列中的公共服务由主成分分析法测算的公共服务指数表征；第（3）、第（4）列分别为剔除直辖市样本和 5% 缩尾处理的结果。稳健性检验结果显示，公共服务的系数在 1% 的水平下显著未负，表明其对环境污染有显著的负向影响，与基础回归的估计结果基本一致。模型中其他变量的方向与显著性与前文基本无异，再次表明基础回归结果具有较强的稳健性。

三 异质性分析

在第五章中，通过一系列异质性检验考察了公共服务和环境污染对城市规模的差异化影响。本节着重探讨公共服务对环境污染影响的异质性影响，包括不同类型公共服务、不同城市规模、不同地理区域以及不同研究时段的异质性影响。

首先，为考察不同类型公共服务对城市环境污染的影响差异，本书参考韩峰和李玉双（2019）的做法，将基础教育和医疗服务的相关指标归入民生类公共服务，并将能源利用、基础设施和公共环境的相关指标归入基础类公共服务，通过熵权法测度各市民生类和基础类公共服务的供给水平，利用式（7.11）对模型进行估计。具体结果如表 7.19 所示。其中，第（1）—（3）列为基础类公共服务的估计结果，第（4）—（6）列为民生类公共服务的估计结果，2SLS 模型估计采用对应公共服务的滞后一期水平作为工具变量。

模型估计结果显示，民生类公共服务与基础类公共服务均能够降低城市 PM2.5 浓度，但基础类公共服务的系数绝对值和显著性均明显大于民生类公共服务。从 2SLS 模型的估计结果来看，基础类公共服务每提高 10%，城市 PM2.5 浓度下降 0.48 个百分点；民生类公共服务每提高 10%，城市 PM2.5 浓度下降 0.14 个百分点，作用效果略低于基础类公服务。从影响的显著性来看，基础类公共服务对环境污染具有明显负向影响，而民生类公共服务的系数未通过显著性检验。

以上结果表明，基础类公共服务和民生类公共服务均对环境污染有一定减缓作用，但与民生类公共服务相比，基础类公共服务对于城市环境质量的改进作用更为明显。造成此种差异的原因可能包括以下两方面。一是基础类公共服务可以更直接地作用于经济活动，如完善交通基础设施可以直接减少运输成本、改善地区可达性，引致要素集聚并增加企业的区域竞争力，从而改进工业生产能力和效率，减少污染排放；而教育和医疗这类民生型公共服务主要通过人力资本积累效应对城市经济活动和环境产生影响，这一过程涉及人才的吸纳、培养等多个环节，所需的时间更长，特别是当其低于一定门槛值时，其作用效果可能会不显著（邹文杰和蔡鹏鸿，2015）。二是相对于基础类公共服务，民生类公共服务的供给相对不足，且户籍门槛相对较高，可及性有限，难以发挥其对高质量人力资本的积累作用。当前中国教育和医疗资源短缺的现象仍较为严重，优质教育和医疗资源的覆盖和辐射范围均比较有限，供需缺口仍比较大。从本书的测算来看，样本期内各市的民生类公共服务指数远低于基础类公共服务指数水平，也印证了这一推论。因而就目前来看，民生类公共服务的污染减缓效应未能够有效发挥。在强调"以人为本"的新型城镇化进程中，加大民生类公共服务的供给力度，降低公共服务的获取门槛，方能推动人口的深度城镇化，从而更好地发挥公共服务的人力资本积累作用。

表 7.19　　不同类型公共服务对城市规模的影响差异

变量	基础类公共服务			民生类公共服务		
	FE	FE	2SLS	FE	FE	2SLS
	(1)	(2)	(3)	(4)	(5)	(6)
PG	-0.0774***	-0.0646***	-0.0476*	-0.0168	0.0047	-0.0141
	(-4.58)	(-4.02)	(-1.90)	(-0.91)	(0.27)	(-0.51)
控制变量	控制	控制	控制	控制	控制	控制
样本量	4560	4560	4560	4560	4560	4560

续表

变量	基础类公共服务			民生类公共服务		
	FE	FE	2SLS	FE	FE	2SLS
	(1)	(2)	(3)	(4)	(5)	(6)
F 统计量	197.68***	183.04***	209.60***	191.74***	180.35***	208.63***

注：固定效应模型的括号内为 t 检验统计量；2SLS 模型的括号内为 t 检验统计量；***、**、* 分别表示 1%、5% 和 10% 的显著性水平。

为检验不同等级城市的公共服务对环境污染的异质性影响，本书依照国务院《关于调整城市规模划分标准的通知》对城市规模的界定，将样本划分为中小城市和特大、大型城市，分别进行模型估计。表 7.20 报告了估计结果。其中，第 (1) — (3) 列为特大、大型城市的估计结果，第 (4) — (6) 列为中小城市的估计结果，2SLS 模型估计采用坡度指数作为工具变量。

表 7.20　　不同城市规模下公共服务对环境污染的影响差异

变量	特大、大型城市			中小城市		
	FE	FE	2SLS	FE	FE	2SLS
	(1)	(2)	(3)	(4)	(5)	(6)
PG	−0.2400***	−0.2069***	−1.5945***	−0.1473***	−0.1209***	−0.1726
	(−7.03)	(−6.47)	(−6.02)	(−4.97)	(−4.16)	(−1.32)
控制变量	控制	控制	控制	控制	控制	控制
样本量	2130	2130	2130	2430	2430	2430
F 统计量	154.81***	127.21***	66.81***	54.91***	60.35***	58.32***

注：固定效应模型的括号内为 t 检验统计量；2SLS 模型的括号内为 t 检验统计量；***、**、* 分别表示 1%、5% 和 10% 的显著性水平。

固定效应估计结果显示，特大、大型城市与中小城市的公共服务系数均在 1% 的水平上为负，表明二者均能够降低城市 PM2.5 浓度。特大、大型城市公共服务每提高 10%，城市 PM2.5 浓度下降 2.07 个百分点；中小城市公共服务每提高 10%，城市 PM2.5 浓度下降 1.21 个百分点，作用效果略低于特大、大型城市。2SLS 估计结果显示，特大、大型城市公共服务对雾霾污染具有明显负向影响，而中小城市公共服务的系数为负，但未通过显著性检验。综合来看，各类城市规模下公共服务水平的提高均对环境污染具有明显的抑制作用，且该作用随着城市规模扩大而不断增强。

造成这一差异的可能原因是大城市的要素流动性强，吸纳资本、劳动力等要素和资源配置的能力更强（邵帅等，2019），同时，企业运营机制、排污设备建设等相较于中小城市也更为集约高效，更有利于发挥公共服务的要素集聚、知识溢出等效应，因而加强公共服务供给能够有效控制工业扩张引致的污染排放，对环境质量的改进作用也越明显。而就小城市而言，一方面人口规模较少，工业集聚水平不高，公共服务的利用效率相对较低，难以释放规模效应与知识溢出效应，对环境的作用效果未能有效发挥；另一方面，许多地区的生产技术、资源利用效率等方面的基础比较落后，工业生产方式粗放，产业结构不够优化，导致公共服务对环境污染的减缓效果不显著。如一些东北老工业城市面临劳动力流失以及严峻的产业结构转型升级挑战，其冬季供暖设施的使用也加剧了污染排放。这一结果意味着在城市规模扩张的进程中稳步增加公共服务供给可以有效缓解城市发展进程中的拥堵效应，改善环境污染水平。同时也侧面反映了大城市对公共服务的需求更为紧迫；规模相对滞后的小城市则需有针对性地优化公共服务布局，推进人力资本等要素集聚，稳步转型发展。近年来，国家大力推动大都市圈发展，各类要素向核心城市集聚致使城市规模迅速扩张，在此过程中，公共服务水平与城市规模扩张相匹配则显得尤为重要。

考虑到公共服务、收入水平和环境污染等经济、环境因素均表现出一定区域差异，本书将样本区分为东部、中部和西部三个地区，探讨公共服务水平对环境污染影响的区域差异性。表 7.21 报告了基于不同地区的固定效应模型估计结果。

估计结果显示，东部地区公共服务的估计系数为负数，但未通过显著性检验；中部和西部地区公共服务的系数显著为负。中部和西部地区公共服务每提高 10%，城市 PM2.5 浓度分别下降 1.15 个和 0.86 个百分点。这一结果表明，公共服务对环境污染的影响具有明显的区域异质性。

可能的原因在于东部地区本身发展水平较高，人民对环境质量的要求也更高，其产业层次更多以第三产业和高新技术产业为主（郭炳南等，2022），在基础类公共服务设施共享和清洁设备、能源的利用方面全国领先，公共服务的污染减缓效应已经进入了边际效益递减的阶段。另一个可能的解释是，如第五章的实证结果显示，东部地区作为人口流入的主要地区，公共服务提升对城市规模的促进作用最为明显，尽管公共服务提升能够在一定程度上减缓环境污染，但这一影响可能会被人口和经济活动集聚所新增的污染排放稀释与消解，尤其是当前东部地区民生类公共服务的供给仍难以满足现有人口规模的需求，故未能产生明显的环境污染抑制效应。就其他地区而言，中部和西部地区公共服务的减排作用效果均显著，但中部地区的作用效果要大于西部地区。可能的解释是中部地区的经济社会发展程度更高，生产效率、产业结构和技术水平等方面均优于西部地区，基础设施建设相对较为完善，政府的公共服务供给重点逐步转向注重民生发展、质量提升与布局优化，因而对环境治理的效果更显著。同时，不少中部城市仍以污染较高的重工业为主导产业，优化公共服务能够带来明显的环境改善效应。西部地区的技术水平相对较低，产业结构和集聚水平有待提升，部分城市人口规模相对较少，公共服务以规模扩大为主，供给质量和效率相对不高，在客观上会弱化公共服务的环境治理效应。

表 7.21　　不同地区公共服务对环境污染的影响差异

变量	东部地区		中部地区		西部地区	
	(1)	(2)	(3)	(4)	(5)	(6)
PG	-0.0181	-0.0374	-0.1438***	-0.1148***	-0.1231***	-0.0859**
	(-0.60)	(-1.46)	(-3.50)	(-2.98)	(-3.32)	(-2.39)
控制变量	控制	控制	控制	控制	控制	控制
样本量	1616	1616	1600	1600	1344	1344
R	0.2209	0.446	0.0968	0.2348	0.2136	0.2831
F 统计量	106.96***	151.38***	40.01***	57.12***	81.89***	59.33***

注：括号内为 t 检验统计量；***、**、* 分别表示 1%、5% 和 10% 的显著性水平。

最后,"十二五"时期以来,政府加大对大气污染的治理力度。2010年,国务院印发《关于推进大气污染联防联控工作改善区域空气质量的指导意见》,2012年,国家发展和改革委员会发布《重点区域大气污染防治"十二五"规划》,2013年,发布《大气污染防治行动计划》。在此期间,各省市相继出台了大气污染防治实施方案。为此,本书将样本分为2012年前后两个部分,分析公共服务水平对环境污染影响的时期差异性。表7.22报告了基于不同时段的固定效应模型估计结果。其中,第(1)—(3)列为样本年份小于等于2012年的估计结果,第(4)—(6)列为样本年份大于2012年的估计结果,2SLS模型估计采用坡度指数作为工具变量。

固定效应估计结果显示,2012年以前,公共服务对环境污染的影响为负,但不显著;2012年之后,公共服务与环境污染呈现显著的负向相关,公共服务水平提升10%,城市PM2.5浓度下降0.53个百分点。2SLS估计结果显示,2012年以前,公共服务对环境污染的影响在1%的水平上显著为正;2012年之后,公共服务对环境污染的影响在1%的水平上显著为负。就分时期结果而言,2012年之后公共服务的污染减缓效应明显高于2012年之前的结果。可能的原因是"十二五"之前,政府对环境污染的规制力度相对较轻,民众的环境保护意识不强,环境治理意愿不强烈,且这一时期各城市的发展注重基于高要素投入的经济规模扩张,公共服务大多以促进经济生产为主要目标,故提升公共服务水平难以对环境污染产生明显的抑制作用;"十二五"时期以来,各级政府不断加大环境治理力度,系列政策的发布给企业的清洁转型带来压力,也提升了民众的环境保护意识。在各项政策"多管齐下"的合力之下,公共服务的雾霾治理效应得到更好的释放。

表7.22 不同时段公共服务对环境污染的影响差异

变量	年份≤2012			年份>2012		
	FE	FE	2SLS	FE	FE	2SLS
	(1)	(2)	(3)	(4)	(5)	(6)
PG	-0.0209	-0.0136	1.4761***	-0.0957***	-0.0532*	-1.5880***
	(-0.81)	(-0.54)	(3.89)	(-3.16)	(-1.90)	(-6.06)

续表

变量	年份≤2012			年份>2012		
	FE	FE	2SLS	FE	FE	2SLS
	(1)	(2)	(3)	(4)	(5)	(6)
控制变量	控制	控制	控制	控制	控制	控制
样本量	2565	2565	2565	1995	1995	1995
F统计量	131.77***	93.33***	38.04***	314.59***	222.20***	84.87***

注：固定效应模型的括号内为t检验统计量；2SLS模型的括号内为t检验统计量；***、**、*分别表示1%、5%和10%的显著性水平。

第 八 章

研究结论、政策建议与展望

本书的研究围绕公共服务和环境污染对城市规模的影响展开。首先，从新经济地理学、区域经济学、环境经济学和公共经济学等理论出发，构建了一个包含公共服务和环境污染的空间均衡模型，通过数理模型推导和反事实分析，从理论上探讨了公共服务和环境污染影响城市规模的作用机制、空间效应和中介效应，并提出了三个命题。在此基础上，运用系统广义矩阵估计、负二项回归、2SLS、中介效应模型，以及空间杜宾模型等计量方法，借助中国省级和地市级层面的数据、遥感信息数据以及 CMDS 微观数据，从以下三个方面开展了实证研究：第一，对公共服务和环境污染影响城市规模的作用效果予以检验；第二，对公共服务和环境污染影响城市规模的空间效应进行验证；第三，对公共服务通过环境污染这一中介变量影响城市规模的路径进行考察，并进一步对公共服务通过技术进步、收入水平和产业结构三种路径改变环境污染的路径予以识别，最终完成对"公共服务—环境污染—城市规模"这一影响路径的完整验证与分析。本章将对本书的主要结论进行归纳总结，并提出相应的政策建议。

第一节 研究结论

本书在理论分析的基础上提出三个研究命题，并通过实证研究分别予以检验，最终得出以下三个主要结论。

一 城市规模同时受到公共服务和环境污染这两项"向心力"和"离心力"的影响

第一,公共服务对城市规模具有"U"形关系,公共服务对城市规模促进作用占主导地位。从面板回归的结果来看,在公共服务水平与城市规模互相匹配的初期阶段,受到生产率效应、福利效应以及税收负担效应等因素的共同作用,公共服务不能有效增加城市规模。从长远来看,增加公共服务对城市规模具有显著的正向影响,表明公共服务作为影响人们生活质量的重要因素,对吸引人口集聚的积极作用占据主导地位。该结论在控制了时间滞后效应和内生性影响后依然稳健。从CMDS微观数据的结果来看,公共服务对城市规模的影响表现为非线性的正向关系。当公共服务水平较低时,其对城市规模的拉动作用不明显,当公共服务水平高于全国平均水平时,其对城市规模扩张的积极作用方能更好地释放。

第二,环境污染对城市规模具有明显的抑制作用。从面板回归的结果来看,随着污染排放水平的增加,城市人口规模呈现明显下降。从CMDS微观数据的结果来看,环境污染对城市人口吸引力具有明显的负向影响,污染状况严重的城市对人口的驱散作用更强。上述结果表明环境污染是影响城市人口集聚的重要因素,将环境污染纳入城市规模的影响模型中,探析其对城市规模的影响,有助于更深刻地认识环境发展与社会经济活动的关系,为政府优化城市规模,构建绿色、高效、可持续的城市体系提供更多经验支持。

第三,就公共服务的异质性影响而言,从不同类型公共服务的影响差异来看,民生类公共服务对于城市人口规模增长的拉动作用相较基础类公共服务更为显著;从不同城市规模的差异化影响来看,特大、大型城市公共服务对于城市人口规模增长的促进作用更为显著,且随着公共服务水平提高,这一差异将愈加明显;从不同地理区域的差异化影响来看,东部地区公共服务提升对城市规模的促进作用最显著,中部地区次之,西部地区的作用强度最弱;从不同污染程度的差异化影响来看,轻微污染区域内公共服务对城市人口规模的拉动作用更明显。

第四,就环境污染的异质性影响而言,从不同城市规模的差异化影响来看，特大、大型城市环境污染对于城市人口规模的抑制作用更为明显；从不同地理区域的差异化影响来看，西部地区环境污染与城市规模呈现明显的负向关系，而东部和中部地区环境污染对城市规模的负作用则不明显；从不同污染程度的差异化影响来看，污染较轻区域内环境污染的负外部性较弱，严重污染区域内环境污染对人口的驱赶效应更为明显。

二 公共服务和环境污染对城市规模的影响具有明显的空间溢出效应

第一，公共服务对城市规模的影响具有明显的空间溢出效应。从静态空间杜宾模型的回归结果来看，公共服务在扩大本市人口规模的同时，还能够对邻近城市，以及经济水平相近城市的人口规模产生明显的空间外溢效应。动态空间杜宾模型的结果同样支持了这一观点。同时，公共服务长期效应的作用效果明显大于短期效应，意味着公共服务对城市规模的影响逐步深化，在长期内对城市规模的影响程度更深。

第二，环境污染对城市规模的影响具有明显的空间溢出效应。从静态空间杜宾模型的回归结果来看，环境污染对城市规模表现出显著的空间溢出效应，本地环境污染水平及相应的城市人口规模易受到邻近地区环境污染水平的影响。从动态空间杜宾模型的结果来看，环境污染对城市规模亦呈现出明显的跨区影响机制。从作用效果的强度来看，环境污染长期效应的作用效果明显大于短期效应，表明其对城市规模的影响逐步深化。

第三，就公共服务的空间异质性影响而言，从不同类型公共服务的差异化影响来看，民生类公共服务不仅能够有效促进城市自身人口规模扩张，还对邻近城市的人口规模具有明显的空间外溢效应，基础类公共服务的增加对城市规模存在一定的促进作用，但作用效果弱于民生类公共服务。从不同地区的差异化影响来看，增加中部地区公共服务不仅能够有效促进城市自身人口规模扩张，还对邻近城市的人口规模具有明显的空间外溢效应。从不同时段的差异化影响来看，2012年以前，公共服务对本地区和邻近地区城市规模扩张的促进作用尚未得到发挥；2012年之后，增加公共服务不仅能够有效促进城市自身人口规模扩张，本地公共服务的增加还能够对经济发展水平相近城市带来正向的空间溢出效应。

第四，就环境污染的空间异质性影响而言，从不同地区的差异化影响来看，东部地区环境污染的直接、间接和总效应估计参数均显著为负，且间接效应的作用效果明显大于直接效应，说明环境污染的空间扩散效应会对区域内城市规模造成显著的抑制作用。中部和西部地区环境污染对城市规模的影响则更多表现为空间溢出效应。从不同时段的差异化影响来看，2012年以前，地区的环境污染状况尚未成为显著影响人口迁移决策的主要原因；2012年之后，环境污染不仅显著抑制了本地人口集聚，还通过空间溢出效应阻碍了邻近地区城市规模的扩张。

三 公共服务通过减缓环境污染促进城市规模扩张，公共服务通过技术进步、收入水平和产业结构三种路径影响环境污染

第一，环境污染是公共服务影响城市规模的中介变量。基准回归结果表明，公共服务对城市PM2.5浓度具有明显的抑制作用，公共服务可以通过改善环境污染状况促进城市规模的扩张。这表明当前中国城市公共服务水平的提高有助于改善城市环境治理，进而提升城市的吸引力，拉动城市人口集聚。从不同等级城市的差异化影响来看，特大、大型城市中公共服务通过降低城市PM2.5浓度促进城市规模扩张的作用效果更强。从分地区的差异化影响来看，中部地区公共服务通过抑制环境污染而拉动城市规模的作用效果最明显，其次为西部地区。从分时期的差异化影响来看，2012年以前，公共服务未能通过污染抑制的中介渠道推动城市规模扩张；2012年之后，公共服务能够通过减缓环境污染促进城市规模的提升。

第二，公共服务通过技术进步影响环境污染。基于全样本的回归结果显示，公共服务可以通过投资乘数效应及人力资本的积累效应促进技术进步，进而改善环境污染状况。从不同等级城市的差异化影响来看，虽然特大、大型城市公共服务对环境污染的总体抑制作用更显著，但公共服务对中小城市技术进步的提升幅度相对较大，中小城市通过技术进步缓解环境污染的中介效应也更明显。从分地区的差异化影响来看，东部地区公共服务通过技术进步对环境污染的影响为完全中介效应，公共服务能够通过提升技术进步的间接渠道改善环境污染；对于中西部地区

而言，公共服务对环境污染具有明显的抑制作用，但其通过技术进步影响环境污染的作用路径不明显。

第三，公共服务通过收入水平影响环境污染。基于全样本的回归结果显示，公共服务能够通过降低居民生活成本并优化营商环境显著改善收入水平，但高密度的城市公共服务所引致的高强度开发同时也会加大能源消耗，并导致要素过度集中，从而加剧环境污染状况。从不同等级城市的差异化影响来看，特大、大型城市公共服务对环境污染的总体抑制作用更显著，但由于公共服务对特大、大型城市收入水平的提升幅度更高，导致其污染抑制效应被削弱的程度相对较深。相对而言，中小城市公共服务提升和人口流入所带来的经济产出增加和收入提升比较有限。从分地区的差异化影响来看，东部地区公共服务水平的提升不会通过改善收入水平而加剧环境污染。对于中西部地区而言，公共服务通过改善收入水平的间接渠道加剧了环境污染。

第四，公共服务通过产业结构影响环境污染。基于全样本的回归结果显示，公共服务的完善带动了交通、物流和信息服务等相关生产性服务业的发展，随着产业结构向服务业方向调整，污染排放将逐步下降。从不同等级城市的差异化影响来看，对于特大、大型城市与中小城市而言，公共服务均能够通过产业结构的中介渠道影响环境污染，但公共服务对特大、大型城市产业结构升级的驱动作用更大，从而进一步强化了其污染抑制效应。从分地区的差异化影响来看，东部地区的公共服务主要通过促进服务业集聚的间接渠道改善环境污染，而中西部地区的公共服务不仅能够直接缓解环境污染，还通过改善产业结构的渠道减缓环境污染。

第二节　政策建议

根据上述研究结论，本书提出如下政策建议。

一　构建综合考虑公共服务和环境污染的城镇化发展策略

本书的研究表明，城市规模同时受到公共服务和环境污染这两项"向心力"和"离心力"的影响，增加公共服务对城市人口集聚具有正向促进作用，而环境污染加剧则对城市规模产生抑制作用。因此，在推进城市发展的同时应系统考虑公共服务与环境污染对城市规模的综合影响。探究城市规模优化的路径，不仅要从经济维度关注效率的影响，还应从公共服务与环境污染的协同视角出发寻求系统的应对策略，树立生态城镇化的观念，以构建绿色、高效、可持续的城市体系为目标，将以人为本和生态文明理念全面融入城镇化建设的全过程。具体而言，第一，健全公共服务供给体系，强化政府公共服务改革。顶层设计方面，打造自上而下专业、高效的公共服务执行系统，探索在公共服务专业领域设立法定机构，通过制度安排引导公共服务成为地方政府政绩考核的重要标尺。供给主体方面，完善公共服务的政府采购制度，发挥社会主体在公共服务提供和管理方面的作用，设计政府和社会组织共同参与的多元供给模式。供给内容方面，深化公共服务供给侧改革，根据不同城市的规模、资源禀赋、产业发展水平等特征，细化公共服务领域，优化公共服务结构，提升公共服务供给效率与质量。第二，加强城镇化进程中的环境治理，坚持绿色发展政策。从生产角度，大力发展资源节约型和环境友好型产业，推广可再生能源的利用，树立生态安全理念，充分考虑地区环境承载能力，促进能源投入的集约利用，重视能源的再生循环利用，全面推动重点领域低碳循环发展，提高资源的利用效率。从生活角度，全面提高居民的环境保护意识，鼓励绿色低碳的生活和出行方式，推进污水收集管网建设改造、生活垃圾的无害化处理等方法，减少生活垃圾和污水排放。从政府角度，应建立以生态效益为核心的城镇化绿色评价体系，明晰地方城镇化过程中的生态环境问题。同时，要优化政府治理方式，在环境、卫生和健康等领域建设城市数字化管理平台和感知系统，促进城市环境治理水平科学化、精细化、智能化。此外，环境治理离不开法规政策的完善。应完善环保法规，选择适宜的环境规制手段，发挥环境规制对污染排放的抑制作用，降低污染排放，提高城市的宜居性。

二 实施差异化的公共服务供给策略

本书的研究表明，公共服务对城市规模的影响具有显著的异质性，对于不同地理区域，以及不同规模的城市，公共服务的作用效果不尽相同。这就要求地方政府部门坚持以需求为导向的公共服务供给原则，根据自身发展水平和要素禀赋,实施差异化的公共服务供给策略。具体而言,第一,依据地区发展水平因城施策。研究发现,对于人口规模较高、经济发展基础较好的东部地区城市和特大、大型城市而言,公共服务的正效应能够更好地释放。对于此类城市,应充分尊重城镇化的客观规律,警惕拥挤效应与环境污染效应对城市发展带来的负面影响,通过提高公共服务对流动人口的可及性和提高公共服务供给质量等手段,进一步提高城市的人口承载力。同时,依托新一代信息技术支撑公共服务供给,加快智慧型城市建设,积极推动城市高质量发展。相对地,对于人口规模、经济发展水平等各方面相对落后的城市,不应盲目扩大公共服务规模,而应该根据本地区发展需求,有针对性地布局公共服务。在发展初期,可以利用适宜的基础设施类公共服务吸引先进地区的高技术产业转移,建立产业和技术转移合作基地,引入外来资本投资,促进经济活动不断集中,从而撬动规模效益和集聚效应;在具备一定产业基础之后,关注周边大城市对资源的集聚效应,在提高开放水平的同时,通过完善的民生类公共服务和配套激励政策吸引高技术人才,强化新型技术人才的储备与积累,增强自身吸引力。第二,以人民需求为导向,建设人民满意的服务型政府。本书的研究表明,民生类公共服务对吸引人口集聚的作用效果更强。为此,政府应重点关注医疗、教育等民生类公共服务领域,充实基础教育和医疗资源,努力消除资源不均衡现象,以进一步强化教育和医疗类公共服务在劳动力集聚和人力资本积累方面发挥的作用,更多地培养、吸纳高素质人才,服务于高质量城镇化发展。此外,随着我国进入新发展阶段,公共服务不断趋于数字化、专业化,与数字技术相结合的公共服务应用日益普遍,如互联网教育、医疗健康大数据平台等。这就要求政府在公共服务供给的过程中不仅关注供给质量的提升,还要重视民众需求变迁。

三 设计跨区域的公共服务和污染治理政策

本书的研究表明,公共服务和环境污染均表现出显著的空间溢出效应,不仅影响本地区城市规模,还会对周边地区的城市规模产生溢出作用。为此,在政策制定过程中,有必要将空间因素纳入其中。具体而言,第一,探索跨区公共服务建设的新模式,充分发挥公共服务的"互相看齐"效应，推动优质公共服务的城市发挥辐射带动作用。合作机制方面，要构建地方政府之间跨区公共服务合作的体制机制。通过建立常设性的协作协调机构来统筹跨区业务，探索建立不同地区有关部门的数据共享模式，系统整合数据信息，有助于实现政务数据跨部门、跨区域的共同维护和利用，提高区域政务服务便利化水平和公共事务协作效率。同时，明确公共服务协作的内容范围及地理空间，统一相关地区公共服务的建设、供给和管理标准。从合作形式来看，可以借助物联网、云计算、大数据等新技术，积极发展远程医疗、教育联盟等多种形式的公共服务合作，共同搭建医疗、教育培训资源的交流平台和数据中心，推动区域间健康医疗等方面的大数据共建共享，深化多领域的公共服务合作。第二，加强城市之间的污染联合防控。考虑到本地环境污染会对周边地区城市规模产生负向影响，需要构建跨区域协作的污染治理模式。从联防联控机制来看，要完善跨区域环境污染联防联控的体制机制，明确环保责任、政策标准、执法尺度、利益补偿等问题，构建信息共享、污染共治、案件共查、生态共建、应急共处、责任共担的合作协调机制。从具体合作形式来看，一是可以依托信息技术，建立大气网格化监测综合平台、智慧环保平台等区域环境监测平台，实现环境数据的信息共享与实时监控。二是开展区域污染联合行动，如在城市交界等重点区域开展联动执法及交叉执法等。三是推动能源类基础设施共建共享。如污染物的统一收集和集中治理，尽量避免重复建设和"各自为战"的低效局面。

四 将公共服务供给作为污染防治的重要手段

本书的研究表明，公共服务供给显著改善了城市雾霾污染水平，且伴随着城市规模扩大，公共服务供给能够更有力地降低城市雾霾污染。因此，可以将增加公共服务供给作为降低空气污染的手段之一。具体而言，第一，以新发展理念引领公共服务建设，重视公共服务的减排属性，将减排纳入公共服务实施成效评估体系的指标内容之一。基于地区发展水平，科学制定相应指标，定期对公共服务的减排效果予以评估。强调公共服务对绿色发展的作用，设计相应的政策和配套措施，搭建平台，优化市场环境，更好地释放公共服务对环境污染的抑制作用，推动公共服务更有效地支撑绿色、清洁生产。明确各部门相应的权责，完善公共服务环境治理的评价、问责与监督机制。第二，在推进城市发展的过程中，应在稳步增加公共服务供给的同时，合理规划布局各类城市公共服务，大力发展绿色公共服务，以公共服务推动智慧城市、韧性城市建设。具体来看，对于公共服务基础较好的发达城市，可以通过发展公共交通、鼓励绿色出行、优化道路建设、完善智慧交管系统等方式来缓解城市规模扩张过程中的拥堵效应，改善空气质量，或是通过改进污水处理、清洁采暖、智慧充电站及各类能源类公共服务等方式，逐步构建清洁低碳、循环高效的现代能源资源体系，减少各类污染物的排放，改善空气质量。对于公共服务水平相对较低的城市，要因地制宜解决通路、通水、通电、通网络等问题，补齐短板，避免由于公共服务不足造成的效率低下和能源浪费的行为。此外，还应通过加强宣传推广、专业培训等方式，倡导绿色发展方式和生活方式，提高人民的环境保护意识。

五 充分发挥公共服务的技术进步效应和产业结构效应来推动雾霾污染治理

第一，依托公共服务支撑产业技术创新。本书的研究显示，公共服务可以通过投资乘数效应及人力资本的积累效应促进技术进步，进而改善环境污染状况。为此，要通过公共服务的完善优化创新环境，深化创新要素积累，从而释放公共服务对技术创新的激励作用。具体而言，针对地方产业创新发展过程中常见的信息不对称、专业人才和资金短缺、风险高、推广难等问题，围绕地方重点产业与优势产业，在产业链上游，依托新一代信息技术布局管理咨询、大数据分析等专业公共服务平台，在中游，培育发展金融投资、市场推广、职业教育培训等公共服务，在下游，围绕交通通信、物流、市场推广等领域完善公共服务，进一步加强公共服务与产业技术创新的联动作用，推进公共服务与产业创新发展的深度融合。第二，深化公共服务与服务业的融合，释放公共服务对产业结构的优化和升级效应。本书的研究发现，公共服务的完善推动了产业结构向服务业方向调整，从而减缓了污染排放。优化公共服务供给不仅能够直接带动相关服务业的发展，还可以通过培育高水平人力资本加快服务业转型。为此，要充分发挥公共服务对服务业发展的促进作用，以缓解污染排放。一方面，公共服务中的交通、信息通信等维度与生产性服务业相关联。要依托高质量的公共服务推动生产性服务业向专业化和价值链高端延伸,通过发展智慧交通、现代物流、信息服务等相关生产性服务业,推动现代服务业同先进制造业融合,为新兴制造业发展创造良好的环境,从而带动绿色、清洁生产,减少产业发展的能源消耗与污染排放,实现减排。另一方面,公共服务中的教育、医疗等维度则与公益性、基础性服务业相关。通过完善公共服务,推动健康、养老、教育、文化等服务业向高品质和多样化升级,能够提高人民生活质量,从而深化人力资本积累,进一步推动产业升级和节能减排。此外,对于第三产业基础相对较弱的西部地区及中小型城市而言,需通过公共服务的供给侧改革进一步推动教育、医疗和社会保障等基本公共服务的均等化,积累产业升级所需的人力资本等要素。在此基础上,根据地方资源禀赋和发展需求布局与第三产业相关的公共服务,尽量避免产业结构"同构化"和"低度化",培育区域特色产业集群,逐步实现产业高质量转型,从而减缓环境污染。

第三节 研究展望

本书构建了空间均衡模型,对公共服务和环境污染影响城市规模的作用效果、中介机制和空间效应进行了理论分析,并通过严谨的实证设计和计量模型予以检验。虽然本书为城市规模的相关研究带来了一定的理论贡献和实践启示,但受数据可得性及笔者所学知识所限,本书尚存在一些不足之处。今后,笔者将试图从以下方面进行拓展。

一 基于微观数据的深入研究

在样本的选择方面,出于数据可得性考虑,本书主要采用了2004—2019年中国285个地级市的面板数据进行实证分析。虽然样本量符合实证分析的要求,但主要是从宏观角度对城市层面的人口规模变化状况进行考察,基于微观数据的讨论则较为欠缺。例如,随着外来人口在迁入城市公共服务可得性的提高,流动人口对公共服务和环境质量的迁移偏好是否会发生变化,这一变化是否对城市规模具有影响,有待进一步挖掘;另外,基于常住人口数据的相关研究亦具有一定的现实意义。上述基于微观数据的考察不仅可以作为宏观数据分析的重要补充，还有助于揭示公共服务和环境污染影响城市人口集聚的微观特征。因此，在未来的研究中，基于流动人口调查数据，以及第七次全国人口普查数据等微观数据的研究是一个值得拓展的方向。

二　对政府公共服务供给模式的深入研究

本书主要通过构建指标体系，对城市公共服务综合水平予以评价，分析了改变公共服务水平对城市规模的影响，但忽略了对地区之间公共服务竞争，以及跨区公共服务供给等具体公共服务供给行为进行探讨。随着政府公共职能重心的转变，公共服务供给作为政府职能和综合治理手段的地位不断凸显，公共服务供给模式呈现多样化。与此同时，地方政府通过各类公共服务供给模式吸引人才的现象愈加普遍。创新的公共服务供给模式是否具有额外的增量效应，不同公共服务供给模式将对城市规模产生何种影响，不同类型的城市分别适用于何种供给模式，有待进一步研究。为此，在今后的研究中，细化对政府公共服务供给模式的研究具有一定的研究价值和现实意义。

三　面向城市群的深入研究

本书主要对全国样本进行分析，并在异质性分析中，比较了不同规模、不同地理区位城市的异质性影响，但面向城市群的研究仍相对匮乏。有研究指出，城市群可能对周边城市具有"虹吸"效应；另有研究认为，城市群的资源会向周围城市辐射，从而为其带来正向溢出影响。当城市群增加公共服务供给时，其对城市群内部及城市群周边城市的人口集聚具有何种影响，尚待进一步讨论。为此，选取具有代表性的城市群，深入探究城市群公共服务和环境污染对相关城市人口集聚变化的影响，是未来研究的方向之一。

参考文献

安虎森、邹璇：《最优城市规模选择与农产品贸易成本》，《财经研究》2008年第7期。

蔡世峰：《公共投入对中国碳强度驱动的影响——基于 ECM 及 VAR 模型》，《管理现代化》2016年第1期。

曹广忠、刘嘉杰、刘涛：《空气质量对中国人口迁移的影响》，《地理研究》2021年第1期。

常素欣：《公共服务、外部性与工业集聚》，《工业技术经济》2017年第3期。

陈斌开、林毅夫：《发展战略、城市化与中国城乡收入差距》，《中国社会科学》2013年第4期。

陈大峰、闫周府、王文鹏：《城市人口规模、产业集聚模式与城市创新——来自271个地级及以上城市的经验证据》，《中国人口科学》2020年第5期。

陈洁仪、张少华、潘丽群：《中国城市规模分布特征研究——基于2010—2019年普查数据的分析》，《产业经济评论》2022年第1期。

陈诗一、陈登科：《雾霾污染、政府治理与经济高质量发展》，《经济研究》2018年第2期。

陈诗一、刘朝良、冯博：《资本配置效率、城市规模分布与福利分析》，《经济研究》2019年第2期。

陈诗一、张军：《中国地方政府财政支出效率研究：1978—2005》，《中国社会科学》2008年第4期。

陈思霞、卢洪友：《公共支出结构与环境质量：中国的经验分析》，《经济评论》2014年第1期。

陈思霞、卢盛峰：《分权增加了民生性财政支出吗？——来自中国"省直管县"的自然实验》，《经济学》（季刊）2014年第4期。

陈威、王菡、董亚宁：《西北地区人口流动决策的影响因素研究——基于新空间经济学视角》，《西北人口》2022年第1期。

陈甬军、丛子薇：《更好发挥政府在区域市场一体化中的作用》，《财贸经济》2017年第2期。

程鹏、陈筱云、林浩、甘家武：《基本公共服务均等化能降低市场分割程度吗？——基于省级面板数据的实证检验》，《云南财经大学学报》2018年第7期。

程叶青、王哲野、张守志、叶信岳、姜会明：《中国能源消费碳排放强度及其影响因素的空间计量》，《地理学报》2013年第10期。

储德银、何鹏飞、梁若冰：《主观空气污染与居民幸福感——基于断点回归设计下的微观数据验证》，《经济学动态》2017年第2期。

储德银、建克成：《财政政策与产业结构调整——基于总量与结构效应双重视角的实证分析》，《经济学家》2014年第2期。

邓慧慧、薛熠、杨露鑫：《公共服务竞争、要素流动与区域经济新格局》，《财经研究》2021年第8期。

邓慧慧、杨露鑫：《雾霾治理、地方竞争与工业绿色转型》，《中国工业经济》2019年第10期。

邓翔、张卫：《大城市加重地区环境污染了吗？》，《北京理工大学学报》（社会科学版）2018年第1期。

邓智团、樊豪斌：《中国城市人口规模分布规律研究》，《中国人口科学》2016年第4期。

邓忠奇、宋顺锋、曹清峰：《中国城市规模之谜：一个综合分析框架》，《财贸经济》2019年第9期。

丁凡琳、陆军：《社会福利视角下最优城市规模研究——基于中国地级市数据的分析》，《北京社会科学》2019年第7期。

丁鸿君、周玉龙、孙久文：《中国小城市的最优规模》，《城市问题》2017年第9期。

董亚宁、顾芸、杨开忠、范博凯：《公共服务、城市规模与人才区位——基于新空间经济学理论的分析》，《科技进步与对策》2021年第1期。

董源、郑晓冬、方向明：《公共服务对城市居民幸福感的影响》，《城市问题》2020年第2期。

董直庆、王辉：《环境规制的"本地—邻地"绿色技术进步效应》，《中国工业经济》2019年第1期。

都阳、蔡昉、屈小博、程杰：《延续中国奇迹：从户籍制度改革中收获红利》，《经济研究》2014年第8期。

豆建民、刘欣：《中国区域基本公共服务水平的收敛性及其影响因素分析》，《财经研究》2011年第10期。

杜龙政、赵云辉、陶克涛、林伟芬：《环境规制、治理转型对绿色竞争力提升的复合效应——基于中国工业的经验证据》，《经济研究》2019年第10期。

段成荣、赵畅、吕利丹：《中国流动人口流入地分布变动特征（2000—2015）》，《人口与经济》2020年第1期。

段瑞君：《中国城市规模及其影响因素研究——来自284个地级及以上城市的经验证据》，《财经研究》2013年第9期。

段巍、吴福象、王明：《政策偏向、省会首位度与城市规模分布》，《中国工业经济》2020年第4期。

范丹、梁佩凤、刘斌：《雾霾污染的空间外溢与治理政策的检验分析》，《中国环境科学》2020年第6期。

冯亚平：《城市规模、公共服务满意度与居民主观幸福感——以武汉城市圈为例》，《中国人口·资源与环境》2015年第1期。

冯宗宪、王凯莹：《中国省域碳强度集群的空间统计分析》，《资源科学》2014年第7期。

付文林、沈坤荣：《均等化转移支付与地方财政支出结构》，《经济研究》2012年第5期。

付云鹏、马树才、宋琪：《中国区域碳排放强度的空间计量分析》，《统计研究》2015年第6期。

谷继建、郑强、肖端：《绿色发展背景下FDI与中国环境污染的空间关联分析》，《宏观经济研究》2020年第9期。

顾芸、董亚宁：《地方品质对异质性劳动力流动的影响——基于中国CMDS微观调查数据的分析》，《财经科学》2021年第11期。

关海玲、张鹏:《财政支出、公共产品供给与环境污染》,《工业技术经济》2013年第10期。

关楠、黄新飞、李腾:《空气质量与医疗费用支出——基于中国中老年人的微观证据》,《经济学》(季刊) 2021年第3期。

管新帅、王思文:《地方公共品供给、网络集体行动与"反搭便车"效应》,《经济问题》2015年第11期。

郭炳南、王宇、张浩:《数字经济发展改善了城市空气质量吗——基于国家级大数据综合试验区的准自然实验》,《广东财经大学学报》2022年第1期。

郭凯明、王藤桥:《基础设施投资对产业结构转型和生产率提高的影响》,《世界经济》2019年第11期。

郭力:《中国城市规模效率与最优规模的生态考量——基于地级市面板数据的分析》,《城市问题》2018年第2期。

郭鹏飞、胡歆韵:《基础设施投入、市场一体化与区域经济增长》,《武汉大学学报》(哲学社会科学版) 2021年第6期。

韩峰、李玉双:《产业集聚、公共服务供给与城市规模扩张》,《经济研究》2019年第11期。

韩峰、阳立高:《生产性服务业集聚如何影响制造业结构升级?——一个集聚经济与熊彼特内生增长理论的综合框架》,《管理世界》2020年第2期。

韩剑萍、苟思远、黄庆旭、何春阳、朱磊:《成渝城市群近40年城市规模分布演变——基于K-S检验的滚动样本回归》,《经济地理》2019年第8期。

何文举、刘慧玲、颜建军:《基本公共服务支出、收入水平与城市人口迁移关系——以湖南省市域中心城市为例》,《经济地理》2018年第12期。

何小钢、张耀辉:《技术进步、节能减排与发展方式转型——基于中国工业36个行业的实证考察》,《数量经济技术经济研究》2012年第3期。

侯慧丽:《城市公共服务的供给差异及其对人口流动的影响》,《中国人口科学》2016年第1期。

呼倩、夏晓华、黄桂田:《中国产业发展的流动劳动力工资增长效应——

来自流动人口动态监测的微观证据》,《管理世界》2021 年第 10 期。

胡建辉、李博、冯春阳:《城镇化、公共支出与中国环境全要素生产率——基于省际面板数据的实证检验》,《经济科学》2016 年第 1 期。

胡志平:《公共服务高质量供给与"中等收入陷阱"跨越》,《学习与探索》2019 年第 6 期。

胡宗义、朱丽、唐李伟:《中国政府公共支出的碳减排效应研究——基于面板联立方程模型的经验分析》,《中国人口·资源与环境》2014 年第 10 期。

黄宝敏:《经济集聚能否"一箭双雕":增长效应与节能减排效应的空间计量分析》,《现代经济探讨》2020 年第 7 期。

黄寿峰:《财政分权对中国雾霾影响的研究》,《世界经济》2017 年第 40 卷第 2 期。

江三良、邵宇浩:《产业集聚是否导致"污染天堂"——基于全国 239 个地级市的数据分析》,《产经评论》2020 年第 4 期。

姜楠:《环保财政支出有助于实现经济和环境双赢吗?》,《中南财经政法大学学报》2018 年第 1 期。

蒋小荣、汪胜兰:《中国地级以上城市人口流动网络研究——基于百度迁徙大数据的分析》,《中国人口科学》2017 年第 2 期。

金春雨、吴安兵:《工业经济结构、经济增长对环境污染的非线性影响》,《中国人口·资源与环境》2017 年第 10 期。

金刚、沈坤荣:《以邻为壑还是以邻为伴?——环境规制执行互动与城市生产率增长》,《管理世界》2018 年第 12 期。

金培振、张亚斌、彭星:《技术进步在二氧化碳减排中的双刃效应——基于中国工业 35 个行业的经验证据》,《科学学研究》2014 年第 5 期。

金田林、王振东、岳利萍:《国有经济演进、所有制歧视与城市规模分布》,《经济问题探索》2020 年第 2 期。

柯善咨、赵曜:《产业结构、城市规模与中国城市生产率》,《经济研究》2014 年第 4 期。

郎昱、沈冰阳、施昱年、叶剑平:《城市人口迁移、住房供需均衡与房价——基于限购与限贷政策实施力度的分组实证分析》,《城市问题》2022 年第 1 期。

李斌、卢娟：《异质性公共服务对产业结构升级影响路径与溢出效应研究——基于286个地级市数据的实证分析》，《现代财经》（天津财经大学学报）2017年第37卷第8期。

李从欣、李国柱、崔文静：《京津冀环境污染时空演进研究——基于影响因素时空异质性》，《当代经济管理》2020年第8期。

李国年：《政府支出与碳排放关系研究——基于中国1980—2011年数据》，《经济问题》2014年第3期。

李浩、袁晓玲、李毓：《城市化水平、生态环境质量对居民幸福感影响的实证分析——基于中国家庭追踪调查数据》，《河南社会科学》2019年第2期。

李华、董艳玲：《基本公共服务均等化是否缩小了经济增长质量的地区差距?》，《数量经济技术经济研究》2020年第7期。

李佳佳、罗能生：《税收安排、空间溢出与区域环境污染》，《产业经济研究》2016年第6期。

李兰冰、阎丽、黄玖立：《交通基础设施通达性与非中心城市制造业成长：市场势力、生产率及其配置效率》，《经济研究》2019年第12期。

李琦、倪志良：《公共服务支出提升了居民收入差距容忍度吗?——基于公共服务获得感的中介效应研究》，《经济问题探索》2021年第8期。

李荣锦、高愿愿：《基于面板联立方程模型的我国公共支出对碳排放的影响》，《生态经济》2019年第2期。

李松林、刘修岩：《中国城市体系规模分布扁平化：多维区域验证与经济解释》，《世界经济》2017年第11期。

李卫兵、张凯霞：《空气污染对企业生产率的影响——来自中国工业企业的证据》，《管理世界》2019年第10期。

李晓春、马轶群：《我国户籍制度下的劳动力转移》，《管理世界》2004年第11期。

李怡达、余华义：《新经济地理学框架下对我国城市适宜规模探讨——一个理论扩展和实证分析》，《经济问题探索》2016年第10期。

梁进社、刘洋：《论中国城市规模划分》，《城市发展研究》2020年第3期。

梁婧、张庆华、龚六堂：《城市规模与劳动生产率：中国城市规模是否过小?——基于中国城市数据的研究》,《经济学》(季刊)2015年第3期。

梁琦、陈强远、王如玉:《户籍改革、劳动力流动与城市层级体系优化》,《中国社会科学》2013年第12期。

林伯强、蒋竺均:《中国二氧化碳的环境库兹涅茨曲线预测及影响因素分析》,《管理世界》2009年第4期。

林李月、朱宇、柯文前、王建顺:《基本公共服务对不同规模城市流动人口居留意愿的影响效应》,《地理学报》2019年第4期。

刘芳、钟太洋:《城市人口规模、空间扩张与人均公共财政支出——基于全国285个城市面板数据分析》,《地域研究与开发》2019年第2期。

刘丰华、沈宏亮:《地方财政支出、人口迁移与房价》,《经济与管理研究》2020年第7期。

刘欢:《户籍管制、基本公共服务供给与城市化——基于城市特征与流动人口监测数据的经验分析》,《经济理论与经济管理》2019年第8期。

刘欢、席鹏辉:《中国存在环境移民吗?——来自空气质量指数测算改革的自然实验》,《经济学动态》2019年第12期。

刘建民、陈霞、吴金光:《财政分权、地方政府竞争与环境污染——基于272个城市数据的异质性与动态效应分析》,《财政研究》2015年第9期。

刘金凤、魏后凯:《城市高房价如何影响农民工的定居意愿》,《财贸经济》2021年第2期。

刘金凤、魏后凯:《城市公共服务对流动人口永久迁移意愿的影响》,《经济管理》2019年第11期。

刘蓉、刘楠楠、黄策:《地区间外溢性公共品的供给承诺与匹配率研究》,《经济研究》2013年第10期。

刘生龙、胡鞍钢:《交通基础设施与经济增长:中国区域差距的视角》,《中国工业经济》2010年第4期。

刘涛、陈思创、曹广忠:《流动人口的居留和落户意愿及其影响因素》,《中国人口科学》2019年第3期。

刘修岩、李松林:《房价、迁移摩擦与中国城市的规模分布——理论模型与结构式估计》,《经济研究》2017年第7期。

刘修岩、李松林、秦蒙:《城市空间结构与地区经济效率——兼论中国城镇化发展道路的模式选择》,《管理世界》2017年第1期。

刘亦文、文晓茜、胡宗义:《中国污染物排放的地区差异及收敛性研究》,《数量经济技术经济研究》2016年第4期。

卢小君、张新宇:《中小城市基本公共服务水平区域均等化的动态分析》,《地域研究与开发》2017年第4期。

陆杰华、孙晓琳:《环境污染对我国居民幸福感的影响机理探析》,《江苏行政学院学报》2017年第4期。

陆铭、陈钊:《城市化、城市倾向的经济政策与城乡收入差距》,《经济研究》2004年第6期。

罗丽英、杨云:《公共产品供给、技术进步率与国家创新能力》,《贵州财经学院学报》2013年第1期。

罗勇根、杨金玉、陈世强:《空气污染、人力资本流动与创新活力——基于个体专利发明的经验证据》,《中国工业经济》2019年第10期。

毛丰付、王琦、潘加顺:《城市体系与中国省域发展：结构主义视角的实证研究》,《贵州财经大学学报》2019年第4期。

欧阳艳艳、黄新飞、钟林明:《企业对外直接投资对母国环境污染的影响：本地效应与空间溢出》,《中国工业经济》2020年第2期。

潘士远、朱丹丹、徐恺:《中国城市过大抑或过小?——基于劳动力配置效率的视角》,《经济研究》2018年第9期。

潘爽、叶德珠:《交通基础设施对市场分割的影响——来自高铁开通和上市公司异地并购的经验证据》,《财政研究》2021年第3期。

庞军、龚亚珍、石媛昌、李梓瑄:《中国的能源回弹效应及其对实现"十三五"节能目标的影响》,《中国环境科学》2018年第5期。

裴宇、朱英明、王念:《空气污染、行业效率与工业集聚研究》,《生态经济》2021年第9期。

祁玲玲、赖静萍:《政府行为、政治信任与主观幸福感》,《学术研究》2013年第7期。

冉启英、朱为利、任思雨:《财政分权、金融集聚与城市高质量发展》,《华东经济管理》2021年第9期。

饶晓辉、刘方:《政府生产性支出与中国的实际经济波动》,《经济研究》

2014 年第 11 期。

任喜萍:《我国城市公共服务资源配置空间格局及驱动机制》,《当代经济管理》2018 年第 10 期。

容开建、宋晨晨:《财政收入目标与公共服务扭曲——来自 230 个城市的经验研究》,《产业经济评论》2018 年第 3 期。

邵帅、张可、豆建民:《经济集聚的节能减排效应:理论与中国经验》,《管理世界》2019 年第 1 期。

沈坤荣、金刚、方娴:《环境规制引起了污染就近转移吗?》,《经济研究》2017 年第 5 期。

沈悦、任一鑫:《环境规制、省际产业转移对污染迁移的空间溢出效应》,《中国人口·资源与环境》2021 年第 2 期。

师博、沈坤荣:《政府干预、经济集聚与能源效率》,《管理世界》2013 年第 10 期。

师博、张新月:《技术积累、空间溢出与人口迁移》,《中国人口·资源与环境》2019 年第 2 期。

施佰发、陈伟雄:《交通基础设施对经济增长影响的研究进展——基于经济要素流动视角的近期文献综述》,《管理现代化》2021 年第 3 期。

宋美喆、刘寒波:《地方政府策略互动行为下的区域基本公共服务收敛性研究》,《中南大学学报》(社会科学版) 2018 年第 1 期。

孙久文、苏玺鉴:《我国城市规模结构的空间特征分析——"一市独大"的空间特征、效率损失及化解思路》,《西安交通大学学报》(社会科学版) 2021 年第 3 期。

孙文凯、罗圣杰:《基于几种自有住房处理方法的中国城镇 CPI 重新估计》,《世界经济》2011 年第 8 期。

覃成林、刘佩婷:《行政等级、公共服务与城市人口偏态分布》,《经济与管理研究》2016 年第 11 期。

谭建立、赵哲:《财政支出结构、新型城镇化与碳减排效应》,《当代财经》2021 年第 8 期。

唐娟莉:《河南省区域基本公共服务均等化水平测度》,《统计与决策》2016 年第 7 期。

田时中:《财政分权视角下中国环境污染综合评价:1998—2015——基于

省际工业污染面板数据的实证》,《华东经济管理》2017年第5期。

万丽娟、刘敏、尹希果:《财政分权、经济集聚与环境污染——基于省级面板数据的实证研究》,《重庆大学学报》(社会科学版)2020年第5期。

万伦来、陈莹、娜仁:《空气污染对区域人力资本的影响:理论与实证》,《华东经济管理》2021年第8期。

汪克亮、许如玉、赵斌:《新型基础设施投资能否降低雾霾污染?——理论机制与经验证据》,《南京财经大学学报》2022年第2期。

王班班、齐绍洲:《有偏技术进步、要素替代与中国工业能源强度》,《经济研究》2014年第2期。

王军平:《住房价格上涨对CPI的传导效应——兼论我国CPI编制体系的缺陷》,《经济学家》2006年第6期。

王丽莉、乔雪:《我国人口迁移成本、城市规模与生产率》,《经济学》(季刊)2020年第1期。

王念、朱英明:《城市收缩对能源效率的影响及作用机制》,《现代经济探讨》2021年第1期。

王乾、冯长春:《城市规模的分布及演进特征——基于18个国家统计数据的实证研究》,《经济地理》2019年第9期。

王乾、冯长春、甘霖:《中国城市规模的空间分布演进及其动力机制》,《城市问题》2019年第6期。

王伟同、魏胜广:《人口向小城市集聚更节约公共成本吗》,《财贸经济》2016年第6期。

王喜平、罗金芳:《京津冀生态福利绩效及时空演变研究》,《科技管理研究》2020年第21期。

王小鲁、夏小林:《优化城市规模 推动经济增长》,《经济研究》1999年第9期。

王晓轩:《城市抢人大战的方案:公共支出吸引户籍人口流入》,《华东经济管理》2019年第12期。

王雪微、杨旭、吴相利、王颖:《东北能源资源型城市转型的环境时空演变效应》,《环境科学与技术》2021年第2期。

王垚、年猛、王春华:《产业结构、最优规模与中国城市化路径选择》,

《经济学》(季刊)2017年第2期。

王媛：《官员任期、标尺竞争与公共品投资》，《财贸经济》2016年第10期。

王智勇、李瑞：《人力资本、技术创新与地区经济增长》，《上海经济研究》2021年第7期。

王自锋、孙浦阳、张伯伟、曹知修：《基础设施规模与利用效率对技术进步的影响：基于中国区域的实证分析》，《南开经济研究》2014年第2期。

韦东明、顾乃华、韩永辉：《"省直管县"改革促进了县域经济包容性增长吗?》，《财经研究》2021年第12期。

魏守华、孙宁、姜悦：《Zipf定律与Gibrat定律在中国城市规模分布中的适用性》，《世界经济》2018年第9期。

魏守华、杨阳、陈珑隆：《城市等级、人口增长差异与城镇体系演变》，《中国工业经济》2020年第7期。

温忠麟、叶宝娟：《中介效应分析：方法和模型发展》，《心理科学进展》2014年第5期。

文雯、王奇：《城市人口规模与环境污染之间的关系——基于中国285个城市面板数据的分析》，《城市问题》2017年第9期。

吴传清、李姝凡：《长江经济带工业废气污染治理效率的时空演变及其影响因素研究》，《中国环境管理》2020年第2期。

吴开泽、黄嘉文：《居住模式、住房类型与大城市流动人口留城意愿：基于广州的实证研究》，《华东师范大学学报》(哲学社会科学版)2020年第4期。

吴明娥：《财政分权与地方公共资本投入结构偏向——基于1994—2017年中国省级面板数据的实证分析》，《西南民族大学学报》(人文社会科学版)2021年第6期。

吴雪萍、赵果庆：《中国城市人口集聚分布——基于空间效应的研究》，《人文地理》2018年第2期。

吴玉玲：《居住意愿、户口身份与我国流动人口的教养观念》，《清华大学学报》(哲学社会科学版)2020年第1期。

伍如昕：《城市化、基本公共服务供给与居民主观幸福感——基于56个城市微观数据的经验分析》,《人口与发展》2017年第3期。

席鹏辉、梁若冰:《城市空气质量与环境移民——基于模糊断点模型的经验研究》,《经济科学》2015年第4期。

夏怡然、陆铭:《城市间的"孟母三迁"——公共服务影响劳动力流向的经验研究》,《管理世界》2015年第10期。

项本武、张亚丽:《基于环境友好视角的中国最优城市规模研究——来自DMSP/OLS夜间灯光数据的经验证据》,《中国地质大学学报》(社会科学版)2017年第3期。

肖挺:《环境质量是劳动人口流动的主导因素吗?——"逃离北上广"现象的一种解读》,《经济评论》2016年第2期。

肖严华、侯伶俐、毛源远:《经济增长、城镇化与空气污染——基于长三角城市群的实证研究》,《上海经济研究》2021年第9期。

协天紫光、樊秀峰、张营营:《城市化进程中政府公共支出决策与绿色全要素生产率:援助之手还是攫取之手》,《经济问题探索》2019年第11期。

谢小平、王贤彬:《城市规模分布演进与经济增长》,《南方经济》2012年第6期。

辛冲冲、陈志勇:《中国基本公共服务供给水平分布动态、地区差异及收敛性》,《数量经济技术经济研究》2019年第8期。

徐慧敏、胡守庚:《夜光遥感视角下的中国城市规模的时空演变》,《武汉大学学报》(信息科学版)2021年第1期。

许和连、邓玉萍、徐慧:《外商直接投资导致了中国的环境污染吗?——基于中国省际面板数据的空间计量研究》,《管理世界》2012年第2期。

许莉、万春:《京津冀城市圈公共服务供给水平测度及其区域差异分析》,《调研世界》2020年第5期。

许宪春、唐杰、殷勇、郭万达:《居民住房租赁核算及对消费率的影响——国际比较与中国的实证研究》,《开放导报》2012年第2期。

闫桂权、何玉成、张晓恒:《绿色技术进步、农业经济增长与污染空间溢出——来自中国农业水资源利用的证据》,《长江流域资源与环境》2019年第12期。

严太华、朱梦成：《技术创新、产业结构升级对环境污染的影响》，《重庆大学学报》（社会科学版）2021年。

杨东亮、李朋鹜：《人口集聚的经济效应：基于工具变量的实证研究》，《人口学刊》2019年第3期。

杨刚强、李梦琴、孟霞、李嘉宁：《官员晋升激励、标尺竞争与公共品供给——基于286个城市的空间杜宾模型实证》，《宏观经济研究》2017年第8期。

杨光：《省际间基本公共服务供给均等化绩效评价》，《财经问题研究》2015年第1期。

杨巧、陈诚：《经济集聚、住房支付能力与流动人口城市迁移意愿》，《现代财经》（天津财经大学学报）2019年第1期。

杨思涵、佟孟华、张晓艳：《环境污染、公众健康需求与经济发展——基于调节效应和门槛效应的分析》，《浙江社会科学》2020年第12期。

杨晓军、陈浩：《中国城乡基本公共服务均等化的区域差异及收敛性》，《数量经济技术经济研究》2020年第12期。

杨晓军：《城市环境质量对人口流迁的影响——基于中国237个城市的面板数据的分析》，《城市问题》2019年第3期。

杨义武、林万龙、张莉琴：《地方公共品供给与人口迁移——来自地级及以上城市的经验证据》，《中国人口科学》2017年第2期。

姚战琪、夏杰长：《资本深化、技术进步对中国就业效应的经验分析》，《世界经济》2005年第1期。

姚震宇、张松林：《高质量发展中城市便利性影响城市生产率的实证研究》，《南通大学学报》（社会科学版）2021年第2期。

叶林祥、张尉：《主观空气污染、收入水平与居民幸福感》，《财经研究》2020年第1期。

殷强、丁建军、李峰：《大数据时代精准扶贫公共服务平台构建研究——基于公共服务供给分析框架的视角》，《吉首大学学报》（社会科学版）2018年第3期。

于红、杨林、郑潇：《河长制能实现"以邻为壑"到"守望相助"的协同治理吗？——来自七大流域准自然实验的检验》，《软科学》2022年第6期。

于井远：《公共服务质量与城乡收入差距：机制分析及中国经验》，《云南财经大学学报》2021 年第 4 期。

于井远、王金秀：《区域性优惠政策有效缩小了城乡收入差距吗？——基于西部大开发的准自然实验分析》，《经济问题探索》2019 年第 8 期。

余东华、邢韦庚：《政绩考核、内生性环境规制与污染产业转移——基于中国 285 个地级以上城市面板数据的实证分析》，《山西财经大学学报》2019 年第 5 期。

余吉祥、沈坤荣：《城市建设用地指标的配置逻辑及其对住房市场的影响》，《经济研究》2019 年第 4 期。

余吉祥、周光霞、段玉彬：《中国城市规模分布的演进趋势研究——基于全国人口普查数据》，《人口与经济》2013 年第 2 期。

袁晓玲、邸勍、李朝鹏：《中国环境质量的时空格局及影响因素研究——基于污染和吸收两个视角》，《长江流域资源与环境》2019 年第 9 期。

袁志刚、林燕芳：《劳动力迁移、经济活动空间分布与中国未来区域一体化趋势——一个空间与经济地理学文献综述的视角》，《社会科学战线》2020 年第 10 期。

原新、刘旭阳、赵玮：《青年流动人才城市选择的影响因素——基于不同规模城市的比较研究》，《人口学刊》2021 年第 2 期。

原嫄、孙欣彤：《城市化、产业结构、能源消费、经济增长与碳排放的关联性分析——基于中国省际收入水平异质性的实证研究》，《气候变化研究进展》2020 年第 6 期。

臧新、赵炯：《外资区域转移背景下 FDI 对我国劳动力流动的影响研究》，《数量经济技术经济研究》2016 年第 3 期。

詹国彬：《公共服务与城镇化质量的关联测度》，《政治学研究》2016 年第 4 期。

占华：《政策不稳定性如何影响环境污染——基于地市级官员变更的实证检验》，《中国经济问题》2021 年第 3 期。

张帆、徐宁、吴锋：《共享社会经济路径下中国 2020—2100 年碳排放预测研究》，《生态学报》2021 年第 24 期。

张海峰：《人力资本集聚与区域创新绩效——基于浙江的实证研究》，《浙江社会科学》2016 年第 2 期。

张建清、严妮飒：《长江中游城市群基本公共服务均等化的测度与特征分析》，《生态经济》2017 年第 1 期。

张杰、付奎：《信息网络基础设施建设能驱动城市创新水平提升吗？——基于"宽带中国"战略试点的准自然试验》，《产业经济研究》2021 年第 5 期。

张军、高远、傅勇、张弘：《中国为什么拥有了良好的基础设施？》，《经济研究》2007 年第 3 期。

张开志、高正斌、张莉娜、成前：《"候鸟式"流动亦或"永久"迁移？——基于社会融入视角的公共服务可及性与人口流迁选择》，《经济与管理研究》2020 年第 7 期。

张琦、熊曦：《长江中游城市群大中小城市协调发展演变趋势分析》，《商业经济研究》2020 年第 5 期。

张权：《公共支出效率促进产业结构升级的实现机制与经验辨识》，《财贸经济》2018 年第 5 期。

张睿、张勋、戴若尘：《基础设施与企业生产率：市场扩张与外资竞争的视角》，《管理世界》2018 年第 1 期。

张同功、张隆、赵得志、初桂民：《公共教育支出、人力资本积累与经济增长：区域差异视角》，《宏观经济研究》2020 年第 3 期。

张扬、姚志毅：《中国城市集聚与最优规模研究》，《江西社会科学》2018 年第 12 期。

张友国：《碳排放视角下的区域间贸易模式：污染避难所与要素禀赋》，《中国工业经济》2015 年第 8 期。

赵达、沈煌南：《中国 CPI 感知偏差再评估：新视角、新方法与新证据》，《经济学动态》2021 年第 5 期。

赵方、袁超文：《中国城市化发展——基于空间均衡模型的研究》，《经济学》（季刊）2017 年第 4 期。

赵峰、冯吉光、白佳飞：《产业转移与大气污染：空间扩散与治理》，《财经科学》2020 年第 12 期。

赵佳佳、王建林：《我国跨区域人口迁移与财政支出的空间溢出效应——"用脚投票"视角下的面板数据模型研究》，《商业研究》2018 年第 11 期。

赵静湉、陈彦光、李双成:《京津冀城市用地形态的双分形特征及其演化》,《地理科学进展》2019 年第 1 期。

周芳丽:《城市规模与环境污染:规模效应还是拥挤效应——基于地级城市面板数据的实证分析》,《大连理工大学学报》(社会科学版) 2020 年第 2 期。

周亮、车磊、周成虎:《中国城市绿色发展效率时空演变特征及影响因素》,《地理学报》2019 年第 10 期。

周强、史薇:《市政基础设施投资对城市全要素生产率的影响: 2004—2017》,《兰州学刊》2021 年第 11 期。

周亚虹、宗庆庆、陈曦明:《财政分权体制下地市级政府教育支出的标尺竞争》,《经济研究》2013 年第 11 期。

朱传耿:《外商直接投资对城市发展的影响效应研究》,《中国软科学》2004 年第 3 期。

朱英明、杨连盛、吕慧君、沈星:《资源短缺、环境损害及其产业集聚效果研究——基于 21 世纪我国省级工业集聚的实证分析》,《管理世界》2012 年第 11 期。

踪家峰、李蕾:《Tiebout 模型的研究: 50 年来的进展》,《税务研究》2007 年第 3 期。

邹薇、张芬:《农村地区收入差异与人力资本积累》,《中国社会科学》2006 年第 2 期。

邹文杰、蔡鹏鸿:《公共卫生支出、人口聚集与医疗卫生服务均等化》,《上海财经大学学报》2015 年第 3 期。

邹一南:《特大城市户籍管制的自增强机制研究》,《人口与经济》2017 年第 2 期。

Abdel-Rahman, H. M. and A. Anas, "Chapter 52 Theories of Systems of Cities", *Handbook of Regional and Urban Economics*, Vol. 4, 2004.

Adewuyi, A. O., "Effects of Public and Private Expenditures on Environmental Pollutionpp: A Dynamic Heterogeneous Panel Data Analysis", *Renewable and Sustainable Energy Reviews*, Vol. 65, 2016.

Afonso, A. and D. Furceri, "Government Size, Composition, Volatility and

Economic Growth", *European Journal of Political Economy*, Vol. 26, 2010.

Aghion, P. and P. Howitt, "A Model of Growth through Creative Destruction", *Econometrica*, Vol. 60, No. 2, 1992.

Agrawal, A., A. Galasso and A. Oettl, "Roads and Innovation", *The Review of Economics and Statistics*, Vol. 99, No. 3, 2017.

Akpalu, W. and A. K. Normanyo, "Gold Mining Pollution and the Cost of Private Healthcare the Case of Ghana", *Ecological Economics*, Vol. 142, 2017.

Albouy, D., "What are Cities Worth? Land Rents, Local Productivity, and the Total Value of Amenities", *Review of Economics and Statistics*, Vol. 98, No. 3, 2016.

Albouy, D., K. Behrens and F. Robert-Nicoud, et al., "The Optimal Distribution of Population Across Cities", *Journal of Urban Economics*, Vol. 110, 2019.

Allen, T. and C. Arkolakis, "Trade and the Topography of the Spatial Economy", *The Quarterly Journal of Economics*, Vol. 129, No. 3, 2014.

Allison, T., "Socioeconomic Assessment Guidance Report: Determining the Effects of Amenity Characteristics on Business Location Decisions. Economics and Law Section. Environmental Assessment and Information Sciences Division", *Argonne National Laboratory*, 1993.

Alonso, W., *Location and Land Use*, Cambridge Mass: Harvard University Press, 1964.

Anderlini, J., "Airpocalypse Drives Expats out of Beijing", *Financial Times*, Vol. 4, 2013.

Angelopoulos, K., J. Malley and A. Philippopoulos, "Time-Consistent Fiscal Policy Under Heterogeneity: Conflicting or Common Interests?", *CESifo Working Paper Series*, 2011.

Aragón, F. M., J. J. Miranda and P. Oliva, "Particulate Matter and Labor Supply: the Role of Caregiving and Non-Linearities", *Journal of Environmental Economics and Management*, Vol. 86, 2017.

Arshad, S., S. Hu and B. N. Ashraf, "Zipfs Law, the Coherence of the Urban System and City Size Distribution: Evidence from Pakistan", *Physica A: Statistical Mechanics and its Applications*, Vol. 513, 2019.

Anselin, L., "Local Indicators of Spatial Association—LISA", *Geographical Analysis*, Vol. 27, 1995.

Au, C. C. and J. V. Henderson, "Are Chinese Cities Too Small?", *Review of Economic Studies*, Vol. 73, No. 3, 2006.

Auerbach, F., "Das Gesetz Der Bevolkerungsk on Centration", *Petermanns Geographische Mitteilungen*, Vol. 59, 1913.

Bagne, D. J., "Principles of Demography", *Johnson Wiley and Sons*, New York, 1969.

Bai, C. E., C. T. Hsieh and Y. Qian, "The Return to Capital in China", *NBER Working Paper*, 2006.

Barman, T. R. and M. R. Gupta, "Public Expenditure, Environment, and Economic Growth", *Journal of Public Economic Theory*, Vol. 12, No. 6, 2010.

Baron, R. M. and D. A. Kenny, "The Moderator-Mediator Variable Distinction in Social Psychological Research: Conceptual, Strategic, and Statistical Considerations", *Journal of Personality and Social Psychology*, Vol. 51, No. 6, 1986.

Barro, R. J., "Government Spending in a Simple Model of Endogeneous Growth", *Journal of Political Economy*, Vol. 98, No. 5, 1990.

Bayer Timmins, C., "On the Equilibrium Properties of Locational Sorting Models", *Journal of Urban Economics*, Vol. 57, No. 3, 2005.

Bayraktar, N. and B. Moreno-Dodson, "How Can Public Spending Help You Grow? An Empirical Analysis for Developing Countries", *World Bank Policy Research Working Paper*, 2012.

Beatty T. K. M. and J. P. Shimshack, "Air Pollution and Children's Respiratory Health: A Cohort Analysis", *Journal of Environmental Economics and Management*, 2014, Vol. 67, No. 1.

Behrens, K., G. Duranton and F. Robert-Nicoud, "Productive Cities: Sorting, Selection, and Agglomeration", *Journal of Political Economy*,

Vol. 122, No. 3, 2014.

Bernauer, T. and V. Koubi, "States as Providers of Public Goods: How Does Government Size Affect Environmental Quality", *SSRN Electronic Journal*, 2006.

Besley, T. and A. Case, "Incumbent Behavior: Vote-Seeking, Tax-Setting, and Yardstick Competition", *American Economic Review*, Vol. 85, No. 1, 1995.

Bewley, T. F., "Critique of Tiebout's Theory of Local Public Expenditures", *Econometrica*, Vol. 49, No. 3, 1981.

Blanchard, O. and R. Perotti, "An Empirical Characterization of the Dynamic Effects of Changes in Government Spending and Taxes on Output", *The Quarterly Journal of Economics*, Vol. 117, No. 4, 2002.

Bleaney, M., N. Gemmell and R. Kneller, "Testing the Endogenous Growth Model: Public Expenditure, Taxation, and Growth over the Long Run", *Canadian Journal of Economics*, Vol. 34, 2001.

Borck, R., "Public Transport and Urban Pollution", *Regional Science and Urban Economics*, Vol. 77, 2019.

Borck R. and M. Pflüger, "Green Cities? Urbanization, Trade, and the Environment", *Journal of Regional Science*, Vol. 59, No. 4, 2019.

Borck, R., "Will Skyscrapers Save The Planet? Building Height Limits and Urban Greenhouse Gas Emissions", *Regional Science and Urban Economics*, Vol. 58, 2016.

Borck, R. and J. K. Brueckner, "Optimal Energy Taxation in Cities", *Journal of the Association of Environmental Resource Economists*, Vol. 5, 2018.

Borck, R. and T. Tabuchi, "Pollution and City Size: Can Cities be too Small", *Journal of Economic Geography*, Vol. 19, No. 5, 2019.

Boschma, R. A. and M. Fritsch, "Creative Class and Regional Growth: Empirical Evidence from Seven European Countries", *Economic Geography*, Vol. 85, No. 4, 2009.

Brock, W. A. and M. S. Taylor, "The Green Solow Model", *Journal of Economic Growth*, Vol. 15, 2010.

Broner, F., P. Bustos and V. Carvalho, "Sources of Comparative Advantage in Polluting Industries", *NBER Working Paper*, 2012.

Bronzini, R. and B. P. Piselli, "Determinants of Long-Run Regional Productivity with Geographical Spillovers: the Role of R&D, Human Capital and Public Infrastructure", *Regional Science and Urban Economics*, Vol. 39, No. 2, 2009.

Brueckner, J. K., "A Tiebout / Tax-Competition Model", *Journal of Public Economics*, Vol. 772, 2000.

Brueckner, J. K., "Urban Growth Boundaries: An Effective Second-Best Remedy for Unpriced Traffic Congestion", *Journal of Housing Economics*, Vol. 16, No. 3 – 4, 2007.

Bryan G. and M. Morten, "Economic Development and the Spatial Allocation of Labor: Evidence from Indonesia", *London School of Economics and Stanford University*, 2015.

Buchanan, J. M. and C. J. Goetz, "Efficiency Limits of Fiscal Mobility: An Assessment of the Tiebout Model", *Journal of Public Economics*, Vol. 1, No. 1, 1972.

Burbidge, J. B. and G. M. Myers, "Population Mobility and Capital Tax Competition", *Regional Science and Urban Economics*, Vol. 24, C4, 1994.

Burton, E., "The Compact City: Just or Just Compact? A Preliminary Analysis", *Urban Studies*, Vol. 37, No. 11, 2000.

Cao, B., K. Fu and J. Tao, et al., "GMM-Based Research on Environmental Pollution and Population Migration in Anhui Province, China", *Ecological Indicators*, Vol. 51, 2015.

Castells-Quintana, D., "Malthus Living in a Slum: Urban Concentration, Infrastructure and Economic Growth", *Journal of Urban Economics*, Vol. 98, 2017.

Ch, R., D. A. Martin and J. F. Vargas, "Measuring the Size and Growth of Cities Using Nighttime Light", *Journal of Urban Economics*, 2020.

Chauvin, J. P., E. Glaeser and Y. Ma, et al., "What is Different About Urbanization in Rich and Poor Countries? Cities in Brazil, China, India and the

United States", *Journal of Urban Economics*, Vol. 98, 2017.

Chen, J. and Q. Zhou, "City Size and Urban Labor Productivity in China: New Evidence from Spatial City-Level Panel Data Analysis", *Economic Systems*, Vol. 412, 2017.

Chen, Y. and A. Whalley, "Green Infrastructure: the Effects of Urban Rail Transit on Air Quality", *American Economic Journal: Economic Policy*, Vol. 4, No. 1, 2012.

Chenery, H., S. Robinson and M. Syrquin, "Industrialization and Growth: A Comparative Study", *World Bank Group*, 1986.

Chen, Y., F. Meng and J. Chen, et al., "Impacts of Local Public Expenditure on CO_2 Emissions in Chinese Cities: A Spatial Cluster Decomposition Analysis", *Resources, Conservation and Recycling*, Vol. 164, 2021.

Chu, Y., Liu Y. and Y. Lu, et al., "Propensity to Migrate and Willingness to Pay Related to Air Pollution among Different Populations in Wuhan, China", *Aerosol and Air Quality Research*, Vol. 17, No. 3, 2017.

Ciccone A. and R. Hall, *Productivity and the Density of Economic Activity*, Cambridge, MA, 1993.

Copeland, B. R. and M. S. Taylor, "Trade, Growth, and the Environment", *Journal of Economic Literature*, Vol. 42, No. 1, 2004.

Copeland, B. R. and M. S. Taylor, "North-South Trade and the Environment", *The Quarterly Journal of Economics*, Vol. 109, No. 3, 1994.

Cuberes, D., "Sequential City Growth: Empirical Evidence", *Journal of Urban Economics*, Vol. 69, 2011.

Dahlberg, M., M. Eklöf and P. Fredriksson, et al., "Estimating Preferences for Local Public Services Using Migration Data", *Urban Studies*, Vol. 492, 2012.

De Palma, A., Y. Papageorgiou and J. Thisse, et al., "About the Origin of Cities", *Journal of Urban Economics*, Vol. 111, 2019.

Degolyer, M. E., *Hong Kong's Silent Epidemic: Public Opinion Survey on Air Pollution, Environment and Public Health*, Hong Kong: Civic Exchange, 2008.

Dehan, E., J. Mfadsen and J. D. Piotroski, "Do Weather-Induced Moods Affect The Processing of Earnings News", *Journal of Accounting Research*, Vol. 55, No. 3, 2017.

Deng, Z., M. Qin and S. Song, "Re-Study on Chinese City Size and Policy Formation", *China Economic Review*, Vol. 60, 2020.

Deryugina, T., Heutel G. and Miller N. G., et al., "The Mortality and Medical Costs of Air Pollution: Evidence from Changes in Wind Direction", *NBER Working Paper*, 2016.

Desmet, K. and E. Rossi-Hansberg, "Urban Accounting and Welfare", *American Economic Review*, Vol. 103, No. 6, 2013.

Destefanis, S. and V. Sena, "Public Capital and Total Factor Productivity: New Evidence from the Italian Regions, 1970 – 1998", *Regional Studies*, Vol. 39, No. 5, 2005.

Diamond, R., "The Determinants and Welfare Implications of US Workers Diverging Location Choices by Skill: 1980 – 2000", *American Economic Review*, 2016, Vol. 106, No. 3.

Divino, J. A., D. T. G. N. Maciel and W. Sosa, "Government Size, Composition of Public Spending and Economic Growth in Brazil", *Economic Modelling*, 2020, Vol. 91.

Du, L., H. Wang and H. Xu, "Analysis of Spatial-Temporal Association and Factors Influencing Environmental Pollution Incidents in China", *Environmental Impact Assessment Review*, Vol. 82, 2020.

Duranton, G., "Urban Evolutions: The Fast, the Slow, and the Still", *American Economic Review*, Vol. 97, No. 1, 2007.

Duranton, G. and D. Puga, "The Growth of Cities", *Handbook of Economic Growth*, 2014.

Duranton, G. and D. Puga, *Chapter 48 in Handbook of Regional and Urban Economics*, Vol. 4, 2004.

Eaton, J. and Z. Eckstein, "Cities and Growth: Theory and Evidence from France and Japan", *Regional Science and Urban Economics*, Vol. 27, No. 4, 1997.

Eeckhout, J., "Gibrats Law for All Cities", *American Economic Review*, Vol. 94, No. 5, 2004.

Egidi, G., and L. Salvati, et al., "The Long Way to Tipperary: City Size and Worldwide Urban Population Trends, 1950 – 2030", *Sustainable Cities and Society*, Vol. 60, 2020.

Elhorst, J. P., *Spatialeconometrics: From Cross-Sectional Data to Spatial Panels*, Heidelberg, New York, Dordrecht, London: Springer, 2014.

Ertur, C. and W. Koch, "Growth, Technological Interdependence and Spatial Externalities: Theory and Evidence", *Journal of Applied Econometrics*, Vol. 22, No. 6, 2007.

Ezcurra, R. and V. Rios, "Volatility and Regional Growth in Europe: Does Space Matter?", *Spatial Economic Analysis*, Vol. 10, No. 3, 2015.

Fajgelbaum, P. D. and C. Gaubert, "Optimal Spatial Policies, Geography, and Sorting", *The Quarterly Journal of Economics*, Vol. 1352, 2020.

Farrokhi, F., and D. Jinkins, "Wage Inequality and the Location of Cities", *Journal of Urban Economics*, Vol. 111, 2019.

Ferguson, M., K. Ali and M. R. Olfert, et al., "Voting with Their Feet: Jobs versus Amenities", *Growth and Change*, Vol. 38, No. 1, 2007.

Fernández-Huertas, M. J., A. Ferrer-I-Carbonell and A. Saiz, "Immigrant Locations and Native Residential Preferences: Emerging Ghettos or New Communities?", *Journal of Urban Economics*, Vol. 112, 2019.

Silva, F., J. P. Elhorst and R. Neto, "Urban and Rural Population Growth in a Spatial Panel of Municipalities", *Regional Studies*, Vol. 51, No. 6, 2017.

Fischer, M. M., "A Spatial Mankiw-Romer-Weil Model: Theory and Evidence", *The Annals of Regional Science*, Vol. 47, 2011.

Flatters, F., V. Henderson and P. Mieszkowski, "Public Goods, Efficiency, and Regional Fiscal Equalization", *Journal of Public Economics*, Vol. 32, 1974.

Flavin, P., "State Government Public Goods Spending and Citizens Quality of Life", *Social Science Research*, Vol. 78, 2019.

Fujita, M., *Urban Economic Theory*, Cambridge University Press, Cambridge, 1989.

Futagami, K., Y. Morita and A. Shibata, "Dynamic Analysis of an Endogenous Growth Model with Public Capital", *Scandinavian Journal of Economics*, Vol. 95, 1993.

Gaigne, C., S. Riou and J. Thisse, "Are Compact Cities Environmentally Friendly", *Journal of Urban Economics*, Vol. 722, 2012.

Galiani, S. and S. Kim, "Understanding Long-Run Economic Growth: Geography, Institutions, and the Knowledge Economy", University of Chicago Press, *chapter Political Centralization and Urban Primacy: Evidence from National and Provincial Capital in the Americas*, 2011.

Galinato, G. I. and S. P. Galinato, "The Effects of Government Spending on Deforestation Due to Agricultural Land Expansion and CO_2 Related Emissions", *Ecological Economics*, Vol. 122, 2016.

Gibrat, R., *Les Inegalitéseconomiques*, Paris: Recueil Sirey Press, 1931.

Glaeser, E. L., *World of Cities: The Causes and Consequences of Urbanization in Poorer Countries*, Cambridge, MA, 2013.

Glaeser, E. L. and M. E. Kahn, "The Greenness of Cities: Carbon Dioxide Emissions and Urban Development", *Journal of Urban Economics*, Vol. 67, No. 3, 2010.

Glaeser, E. L. and J. M. Shapiro, "Urban Growth in the 1990s: Is City Living Back", *Journal of Regional Science*, Vol. 43, No. 1, 2003.

Glaeser, E. L., J. Gyourko and R. Saks, "Why Is Manhattan So Expensive? Regulation and the Rise in Housing Prices", *The Journal of Law and Economics*, Vol. 482, 2005.

Glaeser, E. L., J. Kolko and A. Saiz, "Consumer City", *Journal of Economic Geography*, Vol. 1, No. 1, 2001.

Glaeser, E. L., G. A. M. Ponzetto and K. Tobio, "Cities, Skills and Regional Change", *Regional Studies*, Vol. 48, No. 1, 2012.

Glaeser, E. L. and J. A. Scheinkman, "Economic Growth in a Cross-Section of Cities", *Harvard Institute of Economic Research Working Papers*, Vol. 36,

No. 1, 1995.

Gottlieb, D. and G. Joseph, "College-To-Work Migration of Technology Graduates and Holders of Doctorates within the United States", *Journal of Regional Science*, Vol. 46, No. 4, 2006.

Graves, E. A., "Life-Cycle Empirical Analysis of Migration and Climate, By Race", *Journal of Urban Economics*, Vol. 62, 1979.

Greiner, A., "Fiscal Policy in an Endogenous Growth Model with Public Capital and Pollution", *The Japanese Economic Review*, Vol. 56, No. 1, 2005.

Guo, B., Y. Wang and X. Zhang, et al., "Temporal and Spatial Variations of Haze and Fog and the Characteristics of PM2.5 during Heavy Pollution Episodes in China from 2013 to 2018", *Atmospheric Pollution Research*, Vol. 11, No. 10, 2020.

Grossman, G. M. and A. B. Krueger, "Environmental Impacts of a North American Free Trade Agreement", *CEPR Discussion Papers*, Vol. 8, No. 2, 1992.

Gupta, M. R., "Rural-Urban Migration, Informal Sector and Development Policies a Theoretical Analysis", *Journal of Development Economics*, Vol. 41, No. 1, 1993.

Gurak, D. T. and M. M. Kritz, "The Interstate Migration of US Immigrants: Individual and Contextual Determinants", *Social Forces*, Vol. 78, No. 3, 2000.

Halkos, G. E. and E. A. Paizanos, "The Effects of Fiscal Policy on CO_2 Emissions: Evidence from the U.S.A", *Energy Policy*, Vol. 88, 2016.

Hamilton, B. W., "Zoning and Property Taxation in a System of Local Governments", *Urban Studies*, Vol. 12, 1975.

Hamilton, B. W., "The Effects of Property Taxes and Local Public Spending on Property Values: A Theoretical Comment", *Journal of Political Economy*, Vol. 84, 1976.

Hanna, R. and P. Oliva, "The Effect of Pollution on Labor Supply: Evidence from a Natural Experiment in Mexico City", *Journal of Public Economics*, Vol. 122, 2015.

Hao, Y., N. Ba and S. Ren, et al., "How Does International Technology Spillover Affect Chinas Carbon Emissions? A New Perspective through Intellectual Property Protection", *Sustainable Production and Consumption*, Vol. 25, 2021.

He, C., T. Chen and X. Mao, et al., "Economic Transition, Urbanization and Population Redistribution in China", *Habitat International*, Vol. 51, 2016.

He, G., M. Fan and M. Zhou, "The Effect of Air Pollution on Mortality in China: Evidence from the 2008 Beijing Olympic Games", *Journal of Environmental Economics and Management*, Vol. 79, 2016.

Heberle, R., "The Causes of Rural-Urban Migration A Survey of German Theories", *American Journal of Sociology*, Vol. 43, No. 6, 1938.

Henderson, J. V., "Cities and Development", *Journal of Regional Science*, Vol. 50, No. 1, 2010.

Henderson, J. V. and A. J. Venables, "The Dynamics of City Formation", *Review of Economic Dynamics*, Vol. 122, 2009.

Henderson, J. V. and H. G. Wang, "Urbanization and City Growth: The Role of Institutions", *Regional Science and Urban Economics*, Vol. 37, No. 3, 2007.

Henderson, V., "The Sizes and Types of Cities", *The American Economic Review*, Vol. 64, 1974.

Henderson, V., "Medium Size Cities", *Regional Science and Urban Economics*, Vol. 27, No. 6, 1997.

Henderson, V. and R. Becker, "Political Economy of City Sizes and Formation", *Journal of Urban Economics*, Vol. 48, No. 3, 2000.

Herberle, R., "The Causes of Rural-Urban Migration: A Survey of German Theories", *American Journal of Sociology*, Vol. 43, No. 6, 1938.

Herzog, H. W. and A. M. Schlotimann, "State and Local Tax Deductibility and Metropolitan Migration", *National Tax Journal*, Vol. 392, 1986.

Hoyt, W. H., "Competitive Jurisdictions, Congestion, and the Henry George Theorem", *Regional Science and Urban Economics*, Vol. 21, No. 3, 1991.

Hoyt, W. H., "Tax Competition, Nash Equilibria, and Residential Mobility", *Journal of Urban Economics*, Vol. 34, No. 3, 1993.

Hsieh, C. T. and E. Moretti, "Housing Constraints and Spatial Misallocation", *American Economic Journal: Macroeconomics*, Vol. 112, 2019.

Hua, Y., R. Xie and Y. Su, "Fiscal Spending and Air Pollution in Chinese Cities: Identifying Composition and Technique Effects", *China Economic Review*, Vol. 47, 2018.

Imelda, "Indoor Air Pollution and Infant Mortality: A New Approach", *AEA Papers and Proceedings*, Vol. 108, 2018.

Ioannides, Y. M. and S. Skouras, "US City Size Distribution: Robustly Pareto, But Only in the Tail", *Journal of Urban Economics*, Vol. 73, No. 1, 2013.

Ioannides, Y. M. and H. G. Overman, "Zipfs Law for Cities: An Empirical Examination", *Regional Science and Urban Economics*, Vol. 32, 2003.

Islam, A. M. and R. E. López, "Government Spending and Air Pollution in the US", *International Review of Environmental and Resource Economics*, Vol. 8, No. 2, 2015.

Jevons, W. S., *The Coal Question*, London: Macmillan and Co., Ltd., 1865.

Jiang, W., W. Gao and X. Gao, et al., "Spatio-Temporal Heterogeneity of Air Pollution and Its Key Influencing Factors in the Yellow River Economic Belt of China from 2014 to 2019", *Journal of Environmental Management*, Vol. 296, 2021.

Kain, J. F., "The Journey-To-Work as a Determinant of Residential Location", *Papers in Regional Science*, Vol. 9, No. 1, 2005.

Kanemoto, Y., "Theories of Urban Externalities", *North-Holland*, 1980.

Kapoor, R. and K. Lim, "The Impact of Acquisitions on the Productivity of Inventors at Semiconductor Firms: A Synthesis of Knowledge-Based and Incentive-Based Perspectives", *Academy of Management Journal*, Vol. 50, No. 5, 2007.

Kim, Y., J. Manley and V. Radoias, "Medium and Long-Term Consequences of Pollution on Labor Supply: Evidence from Indonesia", *IZA Journal of Labor Economics*, Vol. 6, No. 1, 2017.

Knapp, T. A. and E. Gravest, "On the Role of Amenities in Models of Migration and Regional Development", *Journal of Regional Science*, Vol. 29, No. 1, 1989.

Kourtit, K., P. Nijkamp and M. H. Wahlström, "How to Make Cities the Home of People: A Soul and Body, Analysis of Urban Attractiveness", *Land Use Policy*, Vol. 111, 2021.

Krugman, P., "Increasing Returns and Economic Geography", *Journal of Political Economy*, Vol. 99, 1991.

Krugman, P. and A. J. Venables, "Globalization and the Inequality of Nations", *The Quarterly Journal of Economics*, Vol. 110, 1995.

Leal, A. R., B. W. Husted and M. A. Flores Segovia, "Environmental Performance Spillovers among Mexican Industrial Facilities: The Case of Greenhouse Gases", *Journal of Business Research*, Vol. 135, 2021.

Lee, E. S., "A theory of migration", *Demography*, Vol. 3, No. 1, 1966.

Lelieveld, J., J. S. Evans and M. Fnais, et al., "The Contribution of Outdoor Air Pollution Sources to Premature Mortality on A Global Scale", *Nature*, Vol. 525, 2015.

Levy, M., "Gibrats Law for (all) Cities: Comment", *American Economic Review*, Vol. 99, No. 4, 2009.

Lewis, W. A., "Economic Development with Unlimited Supplies of Labour", *The Manchester School of Economic and Social Studies*, Vol. 22, 1954.

Li, H., Y. D. Wei and Y. Wu, "Urban Amenity, Human Capital and Employment Distribution in Shanghai", *Habitat International*, Vol. 91, 2019.

Li, Y. and X. Liu, "How Did Urban Polycentricity and Dispersion Affect Economic Productivity? A Case Study of 306 Chinese Cities", *Landscape and Urban Planning*, Vol. 173, 2018.

Li, Z., H. Folmer and J. Xue, "To What Extent Does Air Pollution Affect Happiness? The Case of the Jinchuan Mining Area", *China, Ecological Economics*, Vol. 99, 2014.

Liao, F. H. and Y. D. Wei, "Space, Scale, and Regional Inequality in Provincial China: A Spatial Filtering Approach", *Applied Geography*, Vol. 61, 2015.

Lin, B. and Y. Chen, "Will Land Transport Infrastructure Affect the Energy and Carbon Dioxide Emissions Performance of Chinas Manufacturing Industry?", *Applied Energy*, Vol. 260, 2020.

Liu, C. H., S. S. Rosenthal and W. C. Strange, "The Vertical City: Rent Gradients, Spatial Structure, and Agglomeration Economies", *Journal of Urban Economics*, Vol. 106, 2018.

Liu, S., N. He and Y. Shi, et al., "The Roles Logistics Agglomeration and Technological Progress Play in Air Pollution—New Evidence in Sub-Regions of Chongqing, China", *Journal of Cleaner Production*, Vol. 317, 2021.

Liu, Y. and J. Shen, "Modelling Skilled and Less-Skilled Interregional Migrations in China, 2000–2005", *Population, Space and Place*, Vol. 23, No. 4, 2017.

Liu, Y., J. Stillwell and J. Shen, et al., "Interprovincial Migration, Regional Development and State Policy in China, 1985–2010", *Applied Spatial Analysis and Policy*, Vol. 7, No. 1, 2014.

Liu, Y., X. Zhang and X. Pan, et al., "The Spatial Integration and Coordinated Industrial Development of Urban Agglomerations in the Yangtze River Economic Belt", *China, Cities*, Vol. 104, 2020.

Liu, Z. and L. Yu, "Stay or Leave? The Role of Air Pollution in Urban Migration Choices", *Ecological Economics*, Vol. 177, 2020.

López, R. and A. Palacios, "Why Has Europe Become Environmentally Cleaner? Decomposing the Roles of Fiscal, Trade and Environmental Policies", *Environmental and Resource Economics*, Vol. 58, No. 1, 2014.

López, R., G. I. Galinato and A. Islam, "Fiscal Spending and the Environment: Theory and Empirics", *Journal of Environmental Economics and Management*, Vol. 622, 2011.

Mellander, C., R. Florida and K. Stolarick, "Here to Stay—The Effects of Community Satisfaction on the Decision to Stay, Spatial Economic Analysis",

Taylor & Francis Journals, Vol. 6, No. 1, 2011.

Michaelides, M., "The Effect of Local Ties, Wages, and Housing Costs on Migration Decisions", *The Journal of Socio-Economics*, Vol. 402, 2011.

Mills, E., "An Aggregative Model of Resource Allocation in A Metropolitan Area", *American Economic Review*, 1967, Vol. 57.

Mitra, A. and Nagar J. P., "City Size, Deprivation and Other Indicators of Development: Evidence from India", *World Development*, Vol. 106.

Moran, P., "Notes on Continuous Stochastic Phenomena", *Biometrika*, Vol. 37, No. 1/2, 1950.

Morikawa, M., "Population Density and Efficiency in Energy Consumption: An Empirical Analysis of Service Establishments", *Energy Economics*, Vol. 34, 2013.

Morokvasic, M., "Gender, Labor, and Migration", *The Encyclopedia of Global Human Migration*, Oxford, UK: Blackwell Publishing Ltd., 2013.

Munnell, A. H., "Why Has Productivity Growth Declined? Productivity and Public Investment", *New England Economic Journal*, Vol. 1, 1990.

Muth, R. F., "Migration: Chicken or Egg?", *Southern Economic Journal*, Vol. 37, No. 3, 1971.

Muth, R. F., *Cities and Housing*, Chicago: University of Chicago Press, 1969.

Nagy, D., "City Location and Economic Development", *Meeting Papers Society for Economic Dynamics*, 2016.

Oates, W. E., "The Effects of Property Taxes and Local Public Spending on Property Values: An Empirical Study of Tax Capitalization and the Tiebout Hypothesis", *Journal of Political Economy*, Vol. 77, No. 6, 1969.

Olson, M., *The Logic of Collective Action: Public Goods and the Theory of Groups*, Cambridge: Harvard University Press, 1965.

Pan, X., Q. Liu and X. Peng, "Spatial Club Convergence of Regional Energy Efficiency in China", *Ecological Indicators*, Vol. 51, 2015.

Partridge M. D. and D. S. Rickman, "Do We Know Economic Development When We See It", *Review of Regional Studies*, Vol. 33, No. 1, 2003.

Pei, Y. , Y. Zhu and S. Liu, et al. , "Environmental Regulation and Carbon Emission: The Mediation Effect of Technical Efficiency", *Journal of Cleaner Production*, Vol. 236, 2019.

Pflüger, M. , "City Size, Pollution and Emission Policies", *Journal of Urban Economics*, Vol. 2, 2021.

Pflüger, M. and T. Tabuchi, "The Size of Regions with Land Use for Production", *Regional Science and Urban Economics*, Vol. 40, 2011.

Pun, V. C. , J. Manjourides and H. Suh, "Association of Ambient Air Pollution with Depressive and Anxiety Symptoms in Older Adults: Results from the NSHAP Study", *Environmental Health Perspectives*, Vol. 125, No. 3, 2017.

Rahut, D. B. , A. Ali and B. Behera, "Domestic Use of Dirty Energy and Its Effects on Human Health: Empirical Evidence from Bhutan", *International Journal of Sustainable Energy*, Vol. 36, No. 10, 2017.

Rappaport, J. , "Consumption Amenities and City Population Density", *Regional Science and Urban Economics*, Vol. 38, No. 6, 2008.

Rappaport, J. , "The Increasing Importance of Quality of Life", *Journal of Economic Geography*, 2009, Vol. 9, No. 6.

Ravenstein, E. G. , "The Laws of Migration", *Journal of the Statistical Society of London*, 1885.

Roback, J. , "Wages, Rents, and the Quality of Life", *Journal of Political Economy*, Vol. 90, No. 6, 1982.

Romer, P. M. , "Endogenous Technological Change", *Journal of Political Economy*, Vol. 98, No. 5, 1990.

Rosen, S. , "Wage-Based Indexes of Urban Quality of Life", *Current Issues in Urban Economics*, Johns Hopkins University Press, Baltimore, 1979.

Scott, A. J. , "Jobs or Amenities? Destination Choices of Migrant Engineers in the USA", *Papers in Regional Science*, Vol. 89, No. 1, 2010.

Shen, J. , "Explaining Interregional Migration Changes in China, 1985 – 2000, Using A Decomposition Approach", *Regional Studies*, Vol. 49, No. 7, 2015.

Shi, X. and Z. Xu, "Environmental Regulation and Firm Exports: Evidence from the Eleventh Five-Year Plan in China", *Journal of Environmental Economics and Management*, Vol. 89, 2018.

Simon, C., "Industrial Reallocation across US Cities, 1977–1997", *Journal of Urban Economics*, Vol. 56, 2004.

Simon, C., C. Nardinelli, "Human Capital and the Rise of American Cities, 1900–1990", *Regional Science and Urban Economics*, Vol. 32, 2002.

Sjaastad, L. A., "The Costs and Returns of Human Migration", *Journal of Political Economy*, Vol. 70, 1962.

Solow, R. M., "A Contribution to the Theory of Economic Growth", *Quarterly Journal of Economics*, Vol. 1, 1956.

Song, Y., D. Liu and Q. Wang, "Identifying Characteristic Changes in Club Convergence of Chinas Urban Pollution Emission: A Spatial-Temporal Feature Analysis", *Energy Economics*, Vol. 98, 2021.

Soo, K. T., "Zipfs Law and Urban Growth in Malaysia", *Urban Studies*, Vol. 44, No. 1, 2007.

Stiglitz, J. E., "The Theory of Local Public Goods Twenty-Five Years after Tiebout: A Perspective", *NBER Working Paper*, 1956.

Su, H. L., "On the City Size Distribution: A Finite Mixture Interpretation", *Journal of Urban Economics*, Vol. 116, 2020.

Sun, C., W. Zhang and X. Fang, et al., "Urban Public Transport and Air Quality: Empirical Study of China Cities", *Energy Policy*, 2019, Vol. 135.

Swan, T. W., "Economic Growth and Capital Accumulation", *Economic Record*, Vol. 32, No. 2, 1956.

Taylor, C. A., "Spatial Utility Equilibrium and City Size Distribution in A Central Place System", *Journal of Urban Economics*, Vol. 19, No. 1, 1986.

Thünen, J., "The Isolated State", *The Economics of Population*, Routledge, 1998.

Tombs, T. and X. Zhu, "Trade, Migration, and Productivity: A Quantitative Analysis of China", *American Economic Review*, Vol. 109, No. 5, 2019.

"World Population Ageing 2013", *United Nation*, New York, 2013.

Venables, A. J., "Spatial Disparities in Developing Countries: Cities, Regions, and International Trade", *Journal of Economic Geography*, Vol. 5, No. 1, 2005.

Vendryes, T., "Migration Constraints and Development: Hukou and Capital Accumulation in China", *China Economic Review*, Vol. 22, No. 4, 2011.

Verhoef, E. T., "Second-Best Congestion Pricing Schemes in the Monocentric City", *Journal of Urban Economics*, Vol. 58, No. 3, 2005.

Wang, F. and M. Wu, "Does Air Pollution Affect the Accumulation of Technological Innovative Human Capital? Empirical Evidence from China and India", *Journal of Cleaner Production*, 2020.

Wang, N., Y. Zhu and Y. Pei, "How Does Economic Infrastructure Affect Industrial Energy Efficiency Convergence? Empirical Evidence from China", *Environment, Development, and Sustainability*, Vol. 23, 2021.

Warner, M. and A. Hefetz, "Applying Market Solutions to Public Services", *Urban Affairs Review*, Vol. 38, No. 1, 2002.

Weber, A., "Theory of the Location of Industries", *CSISS Classics*, 1909.

Welsch, H., "Environment and Happiness: Valuation of Air Pollution Using Life Satisfaction Data", *Ecological Economics*, Vol. 58, No. 4, 2006.

Welsch, H. and C. Ochsen, "The Determinants of Aggregate Energy Use in West Germany: Factor Substitution, Technological Change, and Trade", *Energy Economics*, Vol. 27, No. 1, 2005.

Whisler, R. L., B. F. Waldorf and G. F. Mulligan, et al., "Quality of Life and the Migration of the College-Educated: A Life-Course Approach", *Growth and Change*, Vol. 39, No. 1, 2008.

Wilson, J. D., "A Theory of Interregional Tax Competition", *Journal of Urban Economics*, Vol. 19, No. 3, 1986.

Wing, Chan K. and W. Buckingham, "Is China Abolishing the Hukou System?", *The China Quarterly*, Vol. 195, 2008.

Xiao, C. and A. M. Mccright, "Explaining Gender Differences in Concern About Environmental Problems in the United States", *Society & Natural Resources*, Vol. 25, No. 11, 2012.

Xu, X. and K. Sylwester, "Environmental Quality and International Migration", *Kyklos*, Vol. 69, No. 1, 2016.

Yakubenko, S., "Giants and Midgets: The Effect of Public Goods Provision on Urban Population Concentration", *Cities*, Vol. 107, 2020.

Yi, M., Y. Wang and M. Sheng, "Effects of Heterogeneous Technological Progress on Haze Pollution: Evidence from China", *Ecological Economics*, Vol. 169, 2020.

Yu, Y., J. Huang and N. Zhang, "Industrial Eco-Efficiency, Regional Disparity, and Spatial Convergence of Chinas Regions", *Journal of Cleaner Production*, Vol. 204, 2018.

Yuxiang, K. and Z. Chen, "Government Expenditure and Energy Intensity in China", *Energy Policy*, Vol. 382, 2010.

Zang, B. L., P. Lv and C. M. J. Warren, "Housing Prices, Rural-Urban Migrants Settlement Decisions and Their Regional Differences in China", *Habitat International*, Vol. 50, 2015.

Zelinsky, W., "The Hypothesis of the Mobility Transition", *Ekistics*, Vol. 32, No. 192, 1971.

Zhang, J. and J. Zhang, "How Does Social Security Affect Economic Growth? Evidence From Cross-Country Data", *Journal of Population Economics*, Vol. 17, No. 3, 2004.

Zhang, P. and Y. Hao, "Rethinking China's Environmental Target Responsibility System: Province-Level Convergence Analysis of Pollutant Emission Intensities in China", *Journal of Cleaner Production*, Vol. 242, 2020.

Zhang, Q., S. Liu and T. Wang, et al., "Urbanization Impacts on Greenhouse Gas No. GHG) Emissions of the Water Infrastructure in China: Trade-Offs among Sustainable Development Goals No. SDGs)", *Journal of Cleaner Production*, Vol. 232, 2019.

Zhang, W. and K. M. Kockelman, "Optimal Policies in Cities with Congestion and Agglomeration Externalities: Congestion Tolls, Labor Subsidies, and Place-Based Strategies", *Journal of Urban Economics*, Vol. 95, 2016.

Zhang, X., X. Zhang and X. Chen, "Happiness in the Air: How Does a Dirty Sky Affect Mental Health and Subjective Well-Being", *Journal of Environmental Economics and Management, Vol. 85, 2017.

Zhou, X., et al., "Temporal and Spatial Variations of Air Pollution across China from 2015 to 2018", Journal of Environmental Sciences, Vol. 112.

Zipf, G. K., Human Behavior and the Principle of Least Effort, Cambridge: Addison-Wesley, 1949.

Zodrow, G. R. and Mieszkowski P., "Pigou, Tiebout, Property Taxation, and the Underprovision of Local Public Goods", Journal of Urban Economics, Vol. 19, No. 3, 1986.